REG WHITAKER · DAS ENDE DER PRIVATHEIT

Reg Whitaker

Das Ende der Privatheit

Überwachung, Macht und soziale
Kontrolle im Informationszeitalter

Aus dem Englischen von
Inge Leipold

Verlag Antje Kunstmann

INHALT

Einführung

Heute, im ausgehenden 20. Jahrhundert, heißt es, wir lebten in einer neuen »Informationsökonomie«, Information sei Macht und der Informationsvorsprung eines Landes der Schlüssel zu seinem Erfolg im globalen Wettstreit. Wir werden von Lobpreisungen einer »Informationellen Revolution«, die über die Welt hinwegfege, ebenso wie mit Warnungen davor überschwemmt. Niemand, der auf irgendeine Weise mit zeitgenössischen Medien zu tun hat, kann vor den neuen Informationstechnologien die Augen verschließen, die angeblich unser politisches, wirtschaftliches, soziales und kulturelles Umfeld von Grund auf neu gestalten.

Wie bei vielen anderen Theorien zur Jahrtausendwende und der Zeit danach neigt man auch in diesem Fall zu Übertreibungen und Kassandrarufen, was die neuen Technologien sowie ihre Begleiterscheinungen und Folgen betrifft. Denjenigen, die auf Anhieb fest umrissene Szenarien für die Zukunft skizzieren, sollten wir eher mit Mißtrauen begegnen. Dennoch, neue Technologien und die dazugehörigen neuen Kommunikationsmöglichkeiten beeinflussen unser Leben in der Tat nachhaltig, und über ihre ernstzunehmenden Folgen können wir bislang lediglich – sachlich mehr oder weniger begründete – Mutmaßungen anstellen.

Als Politologe interessiere ich mich vor allem für die Frage der Macht: wie und durch wen sie ausgeübt wird. Mein Buch konzentriert sich daher hauptsächlich auf die Bedeutung der neuen Informationstechnologien im Zusammenhang mit politischer Macht. Insbesondere faszinieren mich jene Theorien, die sich mit Überwachung als Mechanismus der Machtausübung befassen. Marx hat die Beziehung zwischen ökonomischer und politischer Macht im Zeitalter des Kapitalismus scharfsinnig analysiert, die spezifischen

Machtmechanismen und -techniken jedoch weitgehend außer acht gelassen. Eine andere Denkrichtung, für die das Werk des verstorbenen französischen Philosophen Michel Foucault als beispielhaft gelten kann, betonte Überwachung und den strategischen Gebrauch von Information als Mittel sozialer Kontrolle. Die Metapher des »Panopticons«, mit der ich mich im zweiten Kapitel eingehender befasse, trifft dies sehr genau. Heutzutage verschwimmen die Grenzen zwischen Staat und Gesellschaft, zwischen öffentlichem und privatem Bereich zunehmend, und es heißt, der Staat befinde sich auf dem Rückzug. Der Begriff einer umfassenden Durch- und Überschaubarkeit – der »Panoptik« – hat vor allem den Vorteil, daß er der formalen Staatsgewalt im Verhältnis zur inoffiziellen Machtausübung außerhalb staatlicher Strukturen keinen Vorrang einräumt. Dies ist eines der Hauptthemen des Buchs.

Im ersten Kapitel erörtere ich, welche Rolle Information bei der Ausweitung des staatlichen Einflußbereichs im 20. Jahrhundert spielte. Die Aufgabe der Nachrichtendienste, das zielgerichtete Sammeln geheimer Information, war seit jeher, in Kriegs- wie in Friedenszeiten, ein wirkungsvolles Instrument staatlicher Machtausübung. Daraus erwuchs in unserem Jahrhundert eine Schlüsselmetapher für Macht: der Orwellsche Staat, in dem totalitäre Kontrolle auf einem Informationsmonopol beruht. Selbst liberale Demokratien waren von diesem Machtmodell fasziniert und versuchten, einige seiner wesentlichen Eigenschaften konkret zu verwirklichen. Allerdings ist das Orwellsche Modell völlig irreführend, wenn es um das Wesen von Macht im kommenden Jahrhundert geht. Die neuen Informationstechnologien machen es notwendig, unsere grundlegenden Vorstellungen von Macht neu zu formulieren. Der Staat wurde dezentralisiert, und Macht wird zunehmend verteilt und aufgesplittert. Das bedeutet nicht, daß sie nicht mehr so sehr auf den Menschen lastet; lediglich ihre Ursprünge sind nicht mehr so einfach aufzudecken, und ihre Auswirkungen werden sehr unterschiedlich erlebt.

Kapitel 3 befaßt sich mit dem Wesen der neuen Informationstechnologien und einigen ihrer Auswirkungen auf die Gesellschaft.

Wir haben guten Grund zu der Annahme, daß diese Technologien in der Lage sind, unsere Wahrnehmung unserer selbst grundlegend zu verändern und auf diese Weise die Begriffe Gemeinwesen und Staatsbürgertum nachhaltig zu beeinflussen. Diese Veränderungen lassen sich am treffendsten als Herausbildung einer vernetzten Gesellschaft beschreiben. Um diese Veränderungen aufzuspüren, befasse ich mich hauptsächlich mit der Populärkultur, die meiner Ansicht nach besonders sensibel auf derlei Veränderungen reagiert und viel über ihre Auswirkungen auf den Menschen aussagt.

Die breite Spektrum von Überwachungstechniken, wie sie heute und wohl auch in nächster Zukunft eingesetzt werden, reicht weit über die Kontrollmöglichkeiten der totalitären Staaten der unmittelbaren Vergangenheit hinaus. Kapitel 4 bietet einen Überblick über einige der neuen Überwachungstechnologien, die in zahlreichen Bereichen des Alltagslebens für unzählige Formen sozialer Kontrolle entwickelt und eingesetzt werden. Das Ausmaß, in dem diese Technologien das Leben ganz gewöhnlicher Leute durchschaubar machen, ist erschreckend.

Das darauffolgende Kapitel befaßt sich mit einigen beunruhigenden Folgeerscheinungen von Datenbanken sowie mit der Macht, die der Besitz detaillierter Informationen über Bürger – das, was man gelegentlich als Datenüberwachung bezeichnet –, Unternehmen und Staaten verleiht. Kennzeichnend für die Informationsgesellschaft ist eine neue Form der Entfremdung: Unsere Datenprofile entziehen sich weitgehend unserer Kontrolle, doch sie können unsere wahre Persönlichkeit überschatten und unterdrücken. Unternehmen und Regierungsinstitutionen arbeiten nach dem Prinzip des Risikomanagements. Datenprofile stufen Leute als geringes oder hohes Risiko ein. Wer in die Risikokategorie fällt, wird unter Umständen von der umfassenden Teilnahme am Wirtschafts- und gesellschaftlichen Leben ausgeschlossen.

In Kapitel 6 wende ich mich einem heiklen Thema zu: Warum erhebt die Öffentlichkeit so relativ wenig Einspruch gegen das Vordringen der neuen Überwachungstechnologien in die Privatsphäre des einzelnen und die umfassende Macht der Datenüberwachung?

Die Antwort auf diese Frage lautet meiner Meinung nach, daß diese neue Form alles durch- und überschauender Macht eher als Gewinn denn als Bedrohung wahrgenommen wird. Zudem ist sie bemerkenswert anpassungsfähig und in der Lage, multikulturelle, geschlechtsspezifische und andere Unterschiede einzuebnen. Eben dieses Anpassungsvermögen begünstigt andererseits eine Aufsplitterung der Öffentlichkeit in vielfältige »Verbraucher«-Identitäten und trägt kaum zur Schaffung eines gemeinsamen Selbstverständnisses als Bürger eines demokratischen Gemeinwesens bei.

Das abschließende Kapitel wirft einen Blick in die Zukunft und befaßt sich mit der Frage nach den politischen Auswirkungen, die die globale Ausbreitung der neuen Informationstechnologien und das Entstehen einer vernetzten Gesellschaft aller Wahrscheinlichkeit nach haben werden. Der »virtuelle Feudalismus« stellt ein durchaus einleuchtendes Modell dar. Ich persönlich lehne dieses Modell ab, da es die vielfältigen nachteiligen Auswirkungen der neuen globalen Ordnung nicht ausreichend berücksichtigt, ebensowenig die Möglichkeit, daß demokratische Kräfte die neuen Technologien nutzen, um weltumspannende Netzwerke des Widerstands zu bilden. Zudem wird meiner Meinung nach die der neuen globalen Ordnung eigene Instabilität dazu führen, daß sich die Regierungen notwendigerweise erneut – wenn auch in begrenzterem Umfang – als Steuerungs- und Regulierungsinstanzen einschalten.

Damit kehrt meine Argumentation zu ihrem Ausgangspunkt zurück. Das Buch beginnt mit einer Erörterung der Rolle, die die Nachrichtenerhebung und das Sammeln von Informationen spielt, und befaßt sich abschließend mit dem Thema nationale Sicherheit sowie mit den Nachrichtendiensten, die bei der Überwachung und Kontrolle der neuen globalen Ordnung kooperieren. Eine der bedeutsamsten Folgen dieser neuen Form von Überwachung war die Relativierung des Orwellschen Modells zentralisierter Staatsgewalt. Die Einführung der neuen Informationstechnologien hat den Großen Bruder seiner Funktion beraubt. Ironischerweise könnte die der neuen Ordnung innewohnende Instabilität jedoch dazu führen, daß man erneut seiner Hilfe bedarf. Diesmal würde er allerdings lediglich als außenstehender Berater fungieren. Macht wird in der vernetzten Welt aufgesplittert und diffus sein, doch nach wie vor eine wichtige Rolle dabei spielen, wie diese Welt sich selber organisiert und für ihr Fortbestehen sorgt. Die Frage, wie diese Macht ausgeübt wird, wird letztlich darüber entscheiden, als wie menschlich oder unmenschlich diese Welt sich erweisen wird.

Viel wird vom Willen und der Entschlossenheit demokratischer Gruppierungen abhängen, die aus der neuen, globalen bürgerlichen Gesellschaft hervorgehen und politisch einflußreiche Netzwerke bilden, um die Machtmaschinerie des Staates und der Unternehmen zu überwachen, zu kritisieren, einzuschränken und zu kontrollieren. Ich biete keinerlei Anleitung zu politischem Widerstand. Derlei wäre anmaßend und auch verfrüht. Ich habe in diesem Buch lediglich versucht, umrißhaft darzustellen, wie sich unter dem Einfluß anhaltenden technologischen Wandels die Parameter der Macht verändern, und auf einige der möglichen Folgen und Auswirkungen hinzuweisen.

Noch eine Anmerkung dazu, was das vorliegende Buch nicht leistet. Der Titel läßt darauf schließen, daß es keine Privatsphäre mehr geben wird. Neue Überwachungstechnologien schaffen in zunehmenden Maße »gläserne Bürger« und schränken unerbittlich die privaten Freiräume ein, in denen die Menschen bislang Zuflucht suchen und in die sie sich zurückziehen konnten, um sich auf sich selbst zu besinnen. Dies ist in der Tat besorgniserregend. Gelehrte, Anwälte und politisch engagierte Menschen haben eine ganze Reihe von Theorien entwickelt, wie man die Privatsphäre durch Vorschriften und gesetzliche Einschränkungen schützen könnte. Auf die diversen Ansätze gehe ich nicht im einzelnen ein. Die verschiedenen Rechtssysteme und eine jeweils unterschiedliche politische Kultur in den westlich orientierten Staaten machen jegliche derartige Erörterung zu einer komplizierten Übung in vergleichender Politik- und Rechtswissenschaft, die den Rahmen dieses Buchs sprengen würde. In jedem Fall verändert die Ausbreitung neuer Informations- und Überwachungstechniken die Anforderungen an den Schutz der Privatsphäre rapide. In meinem Buch geht es mir eher um die Beschreibung dieser Herausforderungen als darum, spezifische Antworten der Öffentlichkeit und der Politik darauf zu formulieren. Mir liegt jedoch sehr wohl daran, auf das Ausmaß dieser Herausforderungen hinzuweisen, die in der Tat gewaltig sind.

1 Das Jahrhundert der Nachrichtendienste

Das 20. Jahrhundert war das Jahrhundert der Nachrichtendienste, des Sammelns von Information. Zwar tat sich auch sonst einiges, und es war ebensosehr ein Jahrhundert erstaunlicher wissenschaftlicher und technologischer Entwicklungen und gleichermaßen erstaunlicher Greueltaten und Exzesse der Grausamkeit. Von allen Aspekten, in denen unser Jahrhundert sich von den vorhergehenden unterscheidet, wollen wir uns jedoch einen Augenblick lang auf diesen besonders interessanten konzentrieren. Wohlgemerkt, es geht hier nicht um Informationen im allgemeinen Sinne, sondern um das systematische, zielgerichtete Sammeln und Sichten, um das Abrufen, die Analyse, die Interpretation und die Sicherung von Informationen. Man braucht es gar nicht zu beschönigen: Wir sprechen hier von Spionage.

Natürlich ist Spionage so alt wie die Geschichtsschreibung selbst. Im Alten Testament heißt es:»Und der Herr redete mit Mose und sprach: Sende Männer aus, die das Land Kanaan erkunden, das ich den Kindern Israels geben will...«[1] Ein ehemaliger Berater der CIA, der sich kaum auf einen göttlichen Auftrag berufen konnte, beschrieb Spionage einmal als»das zweitälteste Gewerbe der Welt und ebenso ehrenwert wie das älteste«[2]. Geheimnisse gab es seit eh und je und immer auch Leute, die sie aufzudecken versuchten. Spionieren – mit der abstoßenden, doch auch verführerischen Verflechtung von Maskierung und Täuschung, Loyalitätsbrüchen und auf illegalem Weg beschafftem Wissen – übte seit jeher einen gewissen Reiz aus und brachte zudem beträchtliche Vorteile mit sich, denn oft bedeuteten gestohlene Geheimnisse für die neuen Besitzer einen Zuwachs an Macht und Gewinn. Seit jeher rief es aber auch Kritiker auf den Plan.

Doch erst in unserem Jahrhundert wurde Spionage zu einer systematisch organisierten, bürokratisierten Tätigkeit, für die eigene Behörden zuständig sind und die über ihre eigenen Technologien sowie ihr eigenes Grundlagenwissen verfügt. Seitdem spielt sie eine Rolle in der Weltpolitik, die sich mehr oder weniger verselbständigt hat. Denken Sie nur an den Zweiten Weltkrieg, den größten globalen Konflikt in der Geschichte, den Sir Winston Churchill den »Krieg der Hexenmeister« nannte. Churchills Zauberer waren Mathematiker und Universitätsprofessoren; zu ihnen zählte auch der Mann, der das Konzept des Computers entwickelte. Die Hexenmeister Englands wurden gemeinsam an einem geheimen Ort auf dem Land namens Bletchley Park untergebracht; dort knackten sie die Codes des deutschen Militärs. Auf diese Weise konnte Churchill in seinem unterirdischen Kommandobunker in London lesen, zu welchem Zeitpunkt das Nazimilitär was plante. Andere Hexenmeister in Washington entschlüsselten die Codes der Japaner. »Die Kenntnis der Absichten der Japaner ermöglichte es den Amerikanern« bei Midway (»der wichtigsten Seeschlacht in diesem [Krieg]«), »ihre unterlegene Flotte von Flugzeugträgern so einzusetzen, daß es ihnen gelang, eine bei weitem überlegene Streitmacht zu zerstören«, so der Militärhistoriker John Keegan.[3] Zwar gewannen die Alliierten den Krieg nicht durch Spionage, doch sie stellte eine beträchtliche Hilfe dar, so wie andererseits ein weniger effizienter Nachrichtendienst den Untergang der Achsenmächte beschleunigte.

Mit dem Manhattan-Projekt und dem die Epoche prägenden Abwurf der Atombomben über Hiroshima und Nagasaki im Jahre 1945 gewann Spionage ungeheuer an Bedeutung. Damals hielten die Amerikaner als einzige den Schlüssel zur geheimen Macht der Kernspaltung in der Hand. Bei ihrem Versuch, diesen Vorsprung aufzuholen, aber auch in großem Maßstab für Spionage setzten die Sowjets ihre wissenschaftlichen und materiellen Ressourcen ein. 1951, als auf dem Höhepunkt des Kalten Krieges Amerikaner kommunistische Soldaten in Korea bekämpften und Senator Joe McCarthy in Amerika Kommunisten jagte, verurteilte Richter Irving Kaufman Julius und Ethel Rosenberg zum Tod auf dem elektrischen

Stuhl, da sie »den Russen die A-Bombe in die Hände gespielt hatten«. Ihre Spionagetätigkeit hatte, so der Richter zu den Angeklagten, »meiner Ansicht nach bereits die kommunistische Aggression in Korea ausgelöst, die mehr als 50 000 Menschenleben gekostet hat; und wer weiß, wie viele Millionen unschuldiger Menschen noch den Preis für Ihren Landesverrat zahlen müssen. In der Tat hat Ihr Verrat ohne jeden Zweifel den Verlauf der Geschichte zuungunsten unseres Landes verändert.«[4] Trotz weltweiter Proteste wurden die Rosenbergs plangemäß hingerichtet; sie hinterließen zwei kleine Söhne. Der Preis für nachrichtendienstliche Tätigkeit war sehr hoch geworden.

STAATEN UND DAS STREBEN NACH WISSEN

Der derzeitige Stellenwert der Spionage läßt sich unmöglich von zwei grundlegenden Entwicklungen des 20. Jahrhunderts trennen: zum einen den ungeheuren Fortschritten der Naturwissenschaften und ihrer praktischen Umsetzung, insbesondere im Rahmen einer zunehmend tödlichen Militärtechnologie; zum anderen einem politischen System, das sich auf souveräne Nationalstaaten gründet, von denen die stärksten sich zu militarisierten Großmächten entwickelten. Eifersüchtig darauf bedacht, reale oder vermeintliche Privilegien sowie ihre Eigenständigkeit zu wahren, strebten die Nationalstaaten danach, ihre nationale Sicherheit mittels militärischer Stärke zu schützen, sei es im Alleingang oder durch Bündnisse. Die Wissenschaft sowie Waffen, die sich mit ihrer Hilfe entwickeln ließen, waren der Schlüssel zur Stärke und damit zur Sicherheit. Aus diesem Grund wurde die Anhäufung von Wissen zu einer der wichtigsten Staatsaktivitäten, und zwar in mehr als einer Hinsicht. Mit staatlicher Unterstützung ergründeten Wissenschaftler die Geheimnisse der Natur und setzten dieses Wissen um, indem sie sich an der heimlichen Entwicklung bestimmter Technologien beteiligten. Zudem wandten die Staaten erhebliche Mittel auf, um sich von anderen Staaten angesammeltes Wissens anzueignen, entweder durch freiwilligen Austausch, wenn dies (innerhalb von Bündnissen) möglich war, oder aber, indem sie es sich, falls nötig, aggressiv und widerrechtlich beschafften (Spionage).

Wie oft bemerkt, wurde die Vorstellung einer freien wissenschaftlichen Forschung dadurch pervertiert: Durch die Alchemie des Krieges und des Kalten Krieges wurden ihre Ergebnisse zu Staatsgeheimnissen, die man zur Errichtung streng bewachter Arsenale des Todes nutzte. Nirgends wurde dies deutlicher als bei der Entwicklung der Kernwaffen. Robert Oppenheimer, der für den wissenschaftlichen Teil des Manhattan-Projekts zuständig war, schlug sich mit dem moralischen Dilemma herum, daß die Kraft, die zu entfesseln er mitgeholfen hatte, auch anderen Zwecken dienen konnte; später stellte er die Entwicklung der Wasserstoffbombe in Frage. Infolgedessen wurde 1945 seine Unbedenklichkeitsbescheinigung widerrufen. Doch Oppenheimers Skrupel waren viel verhaltener als die vieler anderer Wissenschaftler. Einige Atomforscher, etwa Klaus Fuchs, Alan NunnMay und Bruno Pontecervo, waren sogar so weit gegangen, die Angelegenheit selber in die Hand zu nehmen und Informationen an die Sowjetunion weiterzugeben, sowohl vor wie nach dem Bündnis während des Krieges. Sie warfen damit moralische Probleme ganz anderer Größenordnung auf. Albert Einstein, dessen bahnbrechende Erkenntnisse im Bereich der theoretischen Physik zuvor mit die Grundlagen für die Entwicklung der Kernkraft geschaffen hatten, setzte sich vergeblich für den Frieden und eine Zusammenarbeit der Nationen ein.

Die Wissenschaft war der Kriegsführung dienstbar gemacht worden, und die Nachrichtendienste, die eigentlich im Krieg aller gegen alle neue Sicherheit schaffen sollten, verstärkten in Wirklichkeit die Unsicherheit. Spionage wurde jetzt selber immer technischer und eröffnete die Möglichkeit, die am strengsten gehüteten Geheimnisse der anderen Seite immer gründlicher auszuforschen. Zugleich gab sie das verführerische, jedoch uneinlösbare Versprechen, die eigenen Staatsgeheimnisse zu schützen. Mit der Intensivierung ihrer Spionagetätigkeit gerieten die Staaten in einen Circulus vitiosus: Sie strebten nach mehr Sicherheit, doch die Unsicherheit wurde immer noch größer. In einem Jahrhundert, in dem neue Kommunikationstechnologien förmlich aus dem Boden schossen, brachte jede technische Weiterentwicklung eines Kommunikationsmittels auch neue Technologien hervor, das abzufangen, was übermittelt wurde. Die Erfindung von Telegraph und Telephon zog das Abhören von Telephonleitungen, die drahtlose Übertragung per Funk die Entwicklung neuer Techniken nach sich, Signale aus dem »Äther« einzufangen. Nur für autorisierte Empfänger bestimmte Nachrichten wurden verschlüsselt, um neugierige Augen und Ohren zu verwirren – und schon war die Wissenschaft der Dechiffrierung geboren. Raketentechnologie führte zur Raumfahrttechnologie, die ihrerseits die Stationierung von Spionagesatelliten auf Umlaufbahnen um die Erde ermöglichte, um Einzelheiten über die militärische Schlagkraft feindlicher Staaten und ihre Abschußbasen für Präventivschläge herauszufinden. Die gleiche Technologie eröffnete darüber hinaus die Möglichkeit, Massenvernichtungswaffen vom Weltraum aus einzusetzen. Schließlich verhieß die Technologie des »Kriegs der Sterne«, uns durch eine computergenerierte, virtuelle Raketenabwehr-»Kuppel« in der Stratosphäre vor einem Angriff zu schützen. Zum Glück für alle bremsten der eher zufällige Zusammenbruch des Ostblocks und das Ende des Kalten Krieges diesen aberwitzigen Wettlauf.

Der enge Zusammenhang zwischen Wissenschaft, Technologie, militärischer Macht und Spionage wurde oft in der Maxime »Wissen ist Macht« zusammengefaßt. An dieser Devise ist vieles falsch. Wie wir wissen, zermalmte in unserem Jahrhundert unwissende Macht machtloses Wissen, und diejenigen, die solches Wissen lieferten, mußten oft mit ansehen, wie die Früchte ihrer intellektuellen Anstrengungen zu ihrer Unterdrückung benutzt wurden. Trotz all ihrer Paradoxie und Vieldeutigkeit prägte diese Maxime unser Jahrhundert jedoch in noch nie dagewesenem Ausmaß.

Man könnte sie allerdings ergänzen, um der Vielschichtigkeit eines technologischen Zeitalters eher gerecht zu werden. Wissen im althergebrachten philosophischen oder religiösen Sinn hat wenig oder gar nichts mit Information zu tun. Beim Einsatz wissenschaftlicher Erkenntnisse zum Zwecke der Machtausübung mittels technologischer Entwicklungen handelt es sich keineswegs um Erkenntnis im traditionellen Sinne. Vielmehr geht es bei Nachrichtenbeschaffung um das zielstrebige Sammeln von Information, das heißt spezifischer Bruchstücke »nützlichen« Wissens, und nicht so sehr um Wissen als solches. Wissen wird zu Information, die ihrerseits zu »Daten« wird. In der Computerwissenschaft sind Daten Information, die in einer bestimmten (vorzugsweise quantitativen) Form dargestellt wird, damit sie sich verarbeiten läßt. Allgemeiner ausgedrückt: Daten sind zum Zwecke wissenschaftlicher Analyse oder der Entscheidungsfindung organisierte Information. Und daß diese Art Information sehr reale Macht hervorbingen kann, daran besteht wohl kaum ein Zweifel.

EIN SELTSAMES PAAR: SPION UND GELEHRTER

Zwischen der Welt der Nachrichtenbeschaffung und der akademischen Welt bestehen merkwürdige Parallelen. Manchmal kommt es auch zu dramatischen Überschneidungen beider Welten, beispielsweise als der brillante Alan Turing in Bletchley die deutschen Codes entschlüsselte.[5] In den Vereinigten Staaten spielten Akademiker der Eliteuniversitäten eine wichtige Rolle im während des Krieges eingerichteten Office of Strategic Services und in den ersten Tagen der Nachfolgeorganisation in Friedenszeiten, der CIA.[6] Es hieß oft, einige der hervorragendsten Denker der ehemaligen Sowjetunion seien beim KGB oder einem seiner Vorläufer gelandet. Dabei geht es um mehr als die Anziehungskraft, die die moderne Version der Schattenwelt von Mantel und Degen auf Stubengelehrte ausübt. Nachrichtendienste und Akademien betreiben in gewisser Hinsicht das gleiche Geschäft: das systematische, organisierte Sammeln, Analysieren und Interpretieren von Information sowie die Ausarbeitung von Theorien, um die auf diese Weise aufbereiteten Fakten zu erklären. Unser ganzes Jahrhundert hindurch spezialisierten sich Nachrichtendienste wie auch Akademien immer mehr und teilten sich in Unterbereiche auf; zugleich hat die materielle Abhängigkeit akademischer Forschung in zunehmendem Maße Quantität gegenüber Qualität begünstigt: Es ging eher darum, Daten/Information zu sammeln und zu analysieren, als Wissen/Weisheit im traditionellen Sinn zu erwerben. Sowohl Analytiker der Nachrichtendienste wie auch Akademiker neigen dazu, in einem bestimmten Bezugsrahmen zu arbeiten, der ihre Fähigkeiten strukturiert und gelegentlich einengt, um die sich verändernde oder widersprüchliche Wirklichkeit zu verstehen. Beide sind oft frustriert, wenn die Mächtigen, die jedoch weniger wissen, ihre Ratschläge in den Wind schlagen oder gegen ihren Rat handeln. In der Welt der Spionage wimmelt es von Horrorgeschichten über das »Versagen der Nachrichtendienste«, das halsstarrigen, unwissenden, sturen politischen Führern angelastet wird, die nicht willens waren zu hören, was sie nicht hören wollten. In ähnlicher Weise wimmelt es in der Welt der Staatspolitik von akademischen Ideen, die von den Politikern zugunsten mittelmäßiger Kompromisse mit Reichtum und Macht verworfen wurden. Schließlich befanden sich sowohl Spione wie auch Professoren gelegentlich in der unangenehmen, ja gefährlichen Lage, den Mächtigen die Wahrheit sagen zu müssen.

Drei gewichtige Unterschiede zwischen Spion und Akademiker gibt es jedoch. Erstens wird die Information, hinter der ein Nachrichtendienst her ist, absichtlich geheimgehalten. Dies bedingt ein verdecktes Sammeln von Informationen, bei dem Spione systematisch gegen die Gesetze der Länder verstoßen, die sie im Visier haben. Akademiker arbeiten im allgemeinen mit offen zugänglichen Informationsquellen. Spionage spricht daher regelmäßig eine düstere Seite der menschlichen Natur – Lüge, Täuschung, Verrat – an, die im akademischen Leben eine krankhafte Ausnahme und nicht die Regel ist. Zweitens handelt es sich bei Spionage um eine Ware, die bestellt, beschafft und von einem einzigen Kunden – normalerweise dem Staat, in jüngerer Zeit auch Unternehmen – genutzt wird. Akademiker versuchen dagegen, ihre Erkenntnisse so vielen wie möglich mitzuteilen, indem sie sie veröffentlichen. Falls es ihnen nicht gelingt, ein größeres Publikum als eine winzige Gemeinde von Eingeweihten anzusprechen, so liegt dies eher daran, daß sie sich mit einem abgelegenen Thema beschäftigen und in einer nur wenigen verständlichen Fachsprache darüber sprechen, als an äußeren Einschränkungen. Der dritte Unterschied besteht darin, daß Spionage auf Feindseligkeit und einer Konkurrenz zwischen Nationen beruht, die nicht nur endemisch, sondern potentiell tödlich ist. Im akademischen Leben mag es ebenfalls einen Wettstreit geben, doch zumindest das Ideal ist ein friedliches, kooperatives Streben nach Wissen. Abgesehen von diesen offenkundigen Unterschieden ist die grundlegende Ähnlichkeit auffällig. Die beiden Welten mit ihrem gemeinsamen Interesse am Sammeln und Anhäufen von Informationen/Daten als Schlüssel zur Kontrolle – der Natur einerseits, von Völkern und Staaten andererseits – gingen eine Beziehung ein, die vielen bedenklich eng erscheinen mag. Sie hat insbesondere zu einer Technologisierung der Spionage beigetragen, die heute über immer differenziertere Möglichkeiten verfügt, ihre Überwachungsziele aufzuspüren, abzuhören und aus großen Entfernungen und über raffinierte Abwehrbarrieren hinweg zu observieren, von Unterwasserortungsgeräten über Horchposten, die den Äther abtasten, bis hin zu Aufklärungssatelliten, die im Weltall kreisen. Diese Fortschritte – etwa Computer und Internet – sind das Ergebnis einer Zusammenarbeit zwischen Wissenschaft und Spionage unter militärischen Vorzeichen. In der Tat verdankt die Informationelle Revolution, die nun am Ende unseres Jahrhunderts die Welt überrollt, ihre Entstehung weitgehend diesem seltsamen Paar: Spion und Gelehrter.

DAS SPIEGELKABINETT

In der Hobbesschen Welt der Spionage folgt der Information wie ein Schatten ihr Doppelgänger, die Desinformation, dem Nachrichtendienst der Spionageabwehrdienst und der Spionage die Gegenspionage. Michael Howard formulierte dies in bezug auf Militärspionage folgendermaßen:

Jeglicher Überraschungseffekt beruht auf Geheimhaltung, und »Sicherheit« ist eines der klassischen »Prinzipien der Kriegsführung«. Doch nur wenige intelligente Befehlshaber waren je damit zufrieden, lediglich ihre Absichten oder ihre wahre Stärke zu *verschleiern*. Der Kommandant, der dem Feind seinen Willen aufzwingen will – was schließlich und endlich das Ziel militärischer Operationen ist –, wird versuchen, ihn zu *täuschen*, dem Gegner eine falsche Vorstellung zu vermitteln, die diesen dazu verleitet, auf eine Art und Weise vorzugehen, die ihm seine eigene Aufgabe erleichtert ... Kurz gesagt: Er wird versuchen, sich in den feindlichen Befehlshaber hineinzudenken, einzuschätzen, wie dieser die Lage auf beiden Seiten beurteilt, und ihm dann über alle verfügbaren Kanäle die Informationen zukommen lassen, die diesen dazu bringen, seinem eigenen Plan entsprechend zu handeln. Es reicht nicht aus, den Gegner dazu zu bringen, etwas zu *denken*: es ist darüber hinaus notwendig, ihn zu veranlassen, etwas zu *tun*. Das Ziel von Täuschung ist es ... die Handlungen des Gegners zu beeinflussen.[7]

Im Spionagegewerbe gab es zahlreiche aufsehenerregende Fälle von Täuschung. Während des Zweiten Weltkriegs waren die Briten nicht nur in der Lage, Botschaften der Deutschen zu entschlüsseln, sondern es gelang ihnen zudem, mit Hilfe des mittlerweile berühmten Systems des »Doppelspiels«[8] praktisch jeden deutschen Agenten in einen Doppelagenten, gelegentlich vollständig ausgerüstet mit einem fiktiven Netzwerk, »umzudrehen« und den leichtgläubigen deutschen Agentenführern nur die Informationen zukommen zu lassen, die das Nazioberkommando nach dem Willen des Britischen Nachrichtendienstes schlucken sollte. So gab man, mit dramatischen Ergebnissen, Hitler völlig irreführende Hinweise auf Pläne und Absichten der Alliierten. Beispielsweise nagelte 1944 eine frei erfundene US-Einheit eine ganze Heeresgruppe der Wehrmacht am Ärmelkanal fest.

Während der langen Jahre des Kalten Krieges, den Mary Kaldor so treffend als »Imaginary War«, als »imaginären Krieg«, bezeichnete[9], war das hauchdünne Geflecht von Lügen, Gegenlügen und Gegen-Gegenlügen zwischen den großen Nachrichtendiensten des Ostens und des Westens so verworren und undurchschaubar geworden, daß einige kluge Köpfe über dem Auftrag, die Dinge zu entwirren, schließlich offenbar selber wirr wurden. Wie sollte man sich sonst die ausgemergelte, gehetzte Gestalt James Jesus Angletons, des Leiters der Abwehrspionage bei der CIA, erklären, dessen Jagd auf sowjetische Doppelagenten derart fieberhaft, planlos und allumfassend wurde, daß die CIA ihn schließlich aus der völlig einleuchtenden Annahme heraus feuerte, ein sowjetischer Maulwurf könnte ihr und der nationalen Sicherheit wohl kaum soviel Schaden zufügen wie Angletons besessene Jagd auf Maulwürfe.[10] Oder das britische Gegenstück zu Angleton, Peter Wright, den man ebenfalls entließ, weil er überall Verdächtigungen ausstreute; seinen Memoiren gab er voller Stolz den Titel *Spycatcher*[11].

Krieg ein Überläufer von der anderen Seite das, was er zu sein schien, oder war er ein eingeschleuster Geheimagent, der Desinformationen verbreiten sollte? Einmal in Bewegung gesetzt, griffen die Räder des Verdachts in andere Zahnräder, und eine teuflische Maschinerie kam in Gang. Für dieses seltsame Geschäft verwandte man oft die eindrucksvolle Metapher Spiegelkabinett. Der Begriff »*Des*information« illustriert die Vielschichtigkeit wechselseitiger Verdächtigungen. *Des*information ist nicht *Fehl*information. Die echte Information ist hier der Köder, um die Beute zum Anbeißen zu verführen. Doch der Haken muß sorgfältig versteckt und der Köder reizvoll sein, denn schließlich und endlich ist die Beute per definitionem argwöhnisch und kritisch. Es ist nicht so, als verstünden die einzelnen Mitspieler die ungeschriebenen Regeln des Spiels nicht. In Wirklichkeit hat auch die andere Seite ihren Köder und ihre Haken. Es gibt sogar die vage Möglichkeit, daß der Anschein, wenn denn die andere Seite den angebotenen Köder schluckt, grauenhaft täuscht. Unter Umständen wird man, während man den Fang einholt, in Wirklichkeit selber durch ein Täuschungsmanöver eingefangen, das um eine tödliche Nuance raffinierter ist als das eigene.

In den fünfziger Jahren grub der Westen im geteilten Berlin, das sich mitten im Herzen des Kalten Krieges befand, einen Tunnel unter das kommunistische Ostberlin, um den sowjetischen militärischen Nachrichtenaustausch anzuzapfen. Fast ein Jahr lang war der Tunnel in Betrieb; in dieser Zeit wurden nahezu eine halbe Million Gespräche der Sowjets abgehört. Schließlich erklärten diese öffentlich, sie hätten den Tunnel entdeckt. Damit war die Operation beendet. In Wirklichkeit hatte jedoch der geschickt im britischen Geheimdienst plazierte sowjetische Spion George Blake den KGB auf die Pläne für den Tunnelbau hingewiesen, noch ehe man mit den Arbeiten dazu begann. Trotzdem, sie ließen die Gegenseite anfangen und ein Jahr lang weitermachen. Vor allem wollte der KGB den Westen nicht auf die Existenz eines Verräters in ihren eigenen Reihen aufmerksam machen. In der Zeit, in der der Tunnel in Betrieb war, fütterten die Sowjets den Westen vermutlich mit Desinformationen, um ihn zu täuschen und abzulenken, doch es mußten genügend Goldkörnchen zutreffender Information in dem ganzen wertlosen Zeug enthalten sein, um die westlichen Nachrichtendienste in dem Glauben zu wiegen, die Operation funktioniere. Laut westlichen Analytikern, die diese Zeit im Rückblick beurteilten, war die Ausbeute reich. Es stellte sich heraus, daß der KGB dem parallelen militärischen Nachrichtendienst GRU (dem eigentlichen Zielobjekt der Operation) nichts von der Existenz des Tunnels gesagt hatte, sei es aufgrund einer Rivalität zwischen den beiden Geheimdiensten oder infolge einer falschen Interpretation von Informations- beziehungsweise Geheimhaltungspolitik. Selbst jetzt, nachdem zumindest einige CIA- und KGB-Akten Forschern zugänglich gemacht wurden und die Beteiligten bereit sind, sich mehr oder weniger freimütig über ihr damaliges Tun und Treiben zu äußern, bleibt ein Rest von Unklarheit, wer, wenn überhaupt, in dieser trüben Affaire wirklich den Sieg davontrug.[12]

Ist man erst einmal in diesem Spiegelkabinett gefangen, gibt es keine Rettung mehr vor dem Gefühl, eingesperrt zu sein. Ebensowenig wie vor dem äußerst menschlichen Gefühl von Verrat, der in der doppelzüngigen Welt der Spionage zwangsläufig mit im Spiel ist. Die Geschichte der Spionage ist voll von Namen großer Verräter: Kim Philby, Guy Burgess, Donald Maclean, John Cairncross, George Blake, Aldrich Ames: Männer, die ein Doppelleben führten und scheinbar ihrem Land dienten, in Wirklichkeit jedoch heimlich im Dienst der Feinde ihres Landes standen, Männer, die ihre Freunde und Kollegen verkauften und in einigen Fällen möglicherweise sogar Agenten und Informanten, deren Leben ihnen anvertraut war, Gefangenschaft, Folter und Tod auslieferten. Ein schlimmes Geschäft, zweifelsohne, doch es hat eine faszinierende Literatur hervorgebracht, deren Juwel das Werk John Le Carrés ist.

Ein Teil der Faszination, abgesehen von derjenigen, die immer von jener dunklen Seite der menschlichen Natur ausgeht, hängt mit diesem Spiegeleffekt zusammen, den ich beschrieben habe. Unsere Verräter sind die Helden der anderen Seite und umgekehrt. Der Art, wie Überläufer von der anderen Seite im Westen aufgenommen wurden, haftete immer eine gewisse Zweideutigkeit an. Einerseits stellte ihr Verhalten einen Sieg über den Feind dar, vor allem, wenn sie als Doppelagenten an ihrem Platz blieben und innerhalb des feindlichen Nachrichtendienstes Verwirrung stifteten. Zudem demonstrierten sie mit ihrem mutigen Entschluß, Freiheit dem Totalitarismus vorzuziehen, die moralische Überlegenheit unserer Lebensweise. Doch immer blieb ein Bodensatz an Argwohn Menschen gegenüber zurück, die schließlich und endlich *ihr* Land verraten hatten. Allerdings beriefen sie sich, zumindest zu jener Zeit, als westliche Maulwürfe für die UdSSR immer noch aus ideologischen Gründen handelten, auf eine höhere Loyalität als die ihrem Land gegenüber. In den letzten Jahren des Kalten Krieges traten jedoch allmählich Habgier und andere niedere Motive an die Stelle einer prinzipientreuen Verpflichtung auf ein Ideal, wie pervertiert dieses auch jenen erscheinen mochte, die anderer Überzeugung waren. Es war eine Sache, von Kim Philby verraten zu werden, der sich als Soldat im lebenslangen Dienst der proletarischen Revolution betrachtete, eine ganz andere jedoch, wenn es sich bei dem Verräter um einen Aldrich Ames handelte, der von seinen russischen Betreuern 1,8 Millionen Dollar kassierte und sich außerdem eine luxuriöse

Datscha für seinen Ruhestand versprechen ließ. Doch die Ausnutzung menschlicher Schwächen – gerade wenn Erpressung als Waffe eingesetzt wird, vorzugsweise mit dem uralten Druckmittel Sex – ist seit jeher mit dem Geschäft der Spionage verknüpft und verleiht der Spionageliteratur die gleiche betörende Aura von Skandal und Korruption, die auch die Leser von Kriminalromanen in ihren Bann zieht. Spionieren ist, um es noch einmal zu sagen, das »zweitälteste Gewerbe« der Welt und gibt damit einen idealen Rahmen für Geschichten ab, die mit der Faszination von Sex, Täuschung und Tod spielen, gleichzeitig jedoch passende moralische Lehren daraus ziehen.

DIE AUTOMATISIERUNG DER SPIONAGE

Die hohen menschlichen Kosten des Geschäfts der Spionage, Kosten, die auf allen Seiten und für alle Betroffenen anfielen, förderten möglicherweise eine Entwicklung in der zweiten Hälfte unseres Jahrhunderts, die den Schwerpunkt von menschlicher Spionage auf technische Nachrichtenbeschaffung verlagerte. Das Auffangen von Signalen und die Abhörspionage, Technologien, die sich nach wie vor mit exponentieller Geschwindigkeit weiterentwickeln, haben die Fähigkeiten des menschlichen Ohrs zu verblüffenden Extremen gesteigert. Der Großteil hörbarer Kommunikation kann inzwischen von einer Reihe bodenstationierter Lauschposten aufgefangen werden, die miteinander zu einem globalen Netzwerk verknüpft sind. Während des Kalten Krieges richtete die Abhörspionage sich gegen den Ostblock. Als 1983 das koreanische Passagierflugzeug KAL-007 im sowjetischen Luftraum abgeschossen wurde, war die amerikanische Regierung in der Lage, den Medien sofort eine Abschrift der akustischen Aufzeichnung der Gespräche zwischen dem sowjetischen Piloten, der die tödlichen Schüsse abfeuerte, und seiner Bodenkontrolle zu liefern.[13] Eine derartige Abhörspionage war Routine, ungewöhnlich war nur die Freigabe der protokollierten Aufzeichnungen für die Öffentlichkeit.

In der Frühzeit des Kalten Krieges lieferte die Luftaufklärung unschätzbare Bilder von Militäranlagen innerhalb der Sowjetunion, war jedoch auch für Gegenmaßnahmen anfällig, etwa den peinlichen Abschuß des amerikanischen Spionageflugzeugs U-2 und die Gefangennahme seines Piloten Francis Gary Powers im Jahre 1960.[14] Der Beginn des Raumzeitalters Ende der fünfziger Jahre schuf sicherere Transportmöglichkeiten für diese »Augen« am Himmel. Anfangs lieferten Spionagesatelliten, die die Erde umkreisten, Aufnahmen, die gesendet und wieder aufgespürt werden mußten, doch die heutigen Modelle übertragen digitalisierte Bilder in Echtzeit. Mit Hilfe hochauflösender Bilder lassen sich Objekte auf der Erde identifizieren, die kaum einen Viertelmeter groß sind. Abgesehen von ihrer relativen Unverletzlichkeit ist einer der größten Vorteile dieser Spionagesatelliten ihre Fähigkeit, verschiedene Arten von Aufnahmen zu produzieren, indem sie unterschiedliche Abschnitte des elektromagnetischen Spektrums nutzen. Mit Hilfe von Infrarotstrahlen und Infrarotthermographie kann man für das bloße Auge nicht sichtbare Auffälligkeiten entdecken und identifizieren – beispielsweise kann Infrarotthermographie durch das Aufspüren von Temperaturunterschieden an der Erdoberfläche Hinweise auf unterirdische Anlagen geben, und Infrarot- wie auch Infrarotthermostrahlen können nachts »sehen«. Radarwellen können die Wolkendecke durchdringen. Computergestützte Bildverstärkung ermöglicht es, Aufnahmen zu analysieren, einschlägige Daten herauszufiltern und nichtssagende Merkmale auszublenden.[15] Zu den Nachteilen der Satellitenaufklärung zählen das hohe Risiko, das damit verbunden ist, Satelliten mit einer teuren Nutzlast auszusetzen (auch heute noch kommt es zu Fehlstarts), sowie der Mangel an Flexibilität, der durch feste Umlaufbahnen und einen begrenzten Zielbereich bedingt ist. Am Ende des Kalten Krieges mußte der amerikanische Nachrichtendienst feststellen, daß er zuviel in auf den Ostblock gerichtete Spionagesatelliten investiert hatte. Um die Jahrtausendwende wird eine neue Generation kleiner Nachrichtensatelliten fast ununterbrochen Luftaufnahmen von spezifischen Krisenherden an jedem beliebigen Punkt der Erde liefern.[16] In der

Ära nach dem Kalten Krieg geriet die Regierung unter Druck, die ungemein aussagekräftigen Satellitenaufnahmen der wissenschaftlichen und Umweltforschung zugänglich zu machen[17] und sie auch kommerziell zu nutzen; darauf werde ich in einem späteren Kapitel näher eingehen. Technische Nachrichtenbeschaffung reicht jedoch noch weiter. Hochempfindliche seismische Monitoren registrieren jedes noch so geringfügige Zucken der Erdkruste und notieren sorgfältig die genaue Größenordnung unterirdischer Nuklearwaffenversuche. Sie verfolgen genauestens den Kurs von U-Booten durch die stillen Tiefen der Weltmeere. Diese gesamte komplizierte technologische Hardware wird durch die immer schneller wachsende Kapazität des Speicherns, Abrufens und Verarbeitens von Daten sowie durch die Entwicklung hochdifferenzierter Software ergänzt, die »Signale« von »Rauschen« unterscheidet: Durch Kennworte und sogar Stimmkennungen kann man aus der Unmenge von Schrott, die die elektronischen Lauschposten auffangen, die winzige Anzahl brauchbarer Informationen herausfiltern. Ebenso ist die sogenannte AI-(=Künstliche Intelligenz-) Software imstande, aus der Gesamtzahl finanzieller Transaktionen, die zu jedem beliebigen Zeitpunkt an jedem beliebigen Ort der Welt abgewickelt werden, Vorgänge zur Geldwäsche aufspüren, indem sie anormale Muster des Kapitalflusses von normalen unterscheidet.

Automatisierte Nachrichtenbeschaffung ist kostspieliger als der Einsatz von Spionen, erfreut sich jedoch langsam, aber sicher zunehmender Beliebtheit gegenüber dem älteren, traditionellen Rivalen. Abgesehen von den ungeheuren technologischen Möglichkeiten, die sich damit eröffnen, bringt es noch gewisse andere Vorteile mit sich, menschliche Spione durch Apparate zu ersetzen. Maschinen lügen, täuschen und betrügen nicht wissentlich oder absichtlich. Außerdem betrinken sie sich nicht und plaudern dann Geheimnisse aus oder lassen sich im Bett mit jemandem ertappen, mit dem sie nicht verheiratet sind. Werden Geheimnisse nicht durch den Verrat von Verbündeten weitergegeben, denen man vertraut, sondern durch weit entfernte Geräte, die den Himmel und die Meere und die Erde abtasten, dann verringert sich auch das Risiko politischer Komplikationen. In der Tat wurde sowohl den Vereinigten Staaten als auch der Sowjetunion mit der Zeit klar, daß das extraterrestrische Panopticon der Spionagesatelliten, die unermüdlich Röntgenaufnahmen der nuklearen Kapazitäten der Gegenseite anfertigten, in Wirklichkeit einen stabilisierenden Faktor im Machtkampf der Supermächte darstellte. Wenn beide Seiten versicherten, sie verfolgten lediglich friedliche, defensive Absichten, konnte eine automatisierte Spionage diesen Zustand einfach bestätigen oder machte es zumindest weniger wahrscheinlich, daß eine der beiden Seiten insgeheim einen tödlichen Erstschlag vorbereitete. Wäre jedoch die gleiche Information von Maulwürfen in hoher Position weitergegeben worden, wäre es unter Umständen zu einem Skandal mit wer weiß welch katastrophalen Folgen gekommen. So mußten die Rosenbergs sterben, weil sie angeblich der anderen Supermacht zu einem Wissen über Kernwaffen verholfen hatten, mit dem sie das Gleichgewicht des Schreckens zerstören hätte können, das möglicherweise einen dritten Weltkrieg verhindert hat. Spionagesatelliten, die die Erde umkreisen, traute man hingegen zu, das Vertrauen aufzubauen, das es schließlich beiden Supermächten ermöglichte, Verträgen zur Rüstungsbegrenzung zuzustimmen.

In der Welt der Spionage erörtert man nach wie vor die jeweiligen Vorzüge von HUMINT (*human-source Intelligence* = von Menschen gesammelte Informationen) gegenüber TECHINT (*Intelligence gathered by technical means* = technische Nachrichtenbeschaffung). Zu Recht verweist man auf die derzeitigen Grenzen der Technologie, und es gibt zudem stichhaltige Gründe für die Ansicht, TECHINT eigne sich zwar zum Sammeln konkreter Hinweise, etwa um Truppenstationierungen und Kommunikationszentralen aufzuspüren, könne jedoch nie in die Köpfe der Entscheidungsträger eindringen und ihre Motive und Absichten erraten. Es ist zur Genüge bekannt, daß der amerikanische Nachrichtendienst, obwohl er über das aufwendigste und raffinierteste Arsenal an Überwachungstechnologien verfügt, den Zusammenbruch der kommunistischen Welt, das Auseinanderfallen des Ostblocks und die Auflösung der Sowjetunion selber nicht vorhersah. Wie intelligent künftige Apparate zur Nachrichtenbeschaffung auch sein mögen, sie werden von Menschen programmiert und gesteuert, und letztendlich sind es Menschen, die sich der Ergebnisse der Aufklärungsmaschinerie bedienen – oder je nachdem auch nicht. Der Tag, an dem Maschinen menschliche Bediener überflüssig machen, liegt eindeutig im Bereich der Sciencefiction. Allerdings hat das System der Nachrichtenbeschaffung und Spionage die Entwicklung der Kommunikations- und Informationstechnologie zweifelsohne ungeheuer vorangetrieben – und sich dadurch selbst verändert. In diesem Sinne stellt die Frage menschliche versus technische Informationsbeschaffung eine falsche Alternative dar: Mensch und Maschine sind gemeinsam gewachsen.

GLOBALE POLITISCHE ÜBERWACHUNG

Die Welt der Spione wurde durch Aktivitäten berühmt und sogar berüchtigt, die über die verdeckte Beschaffung von Informationen hinausgingen. Um ihren Einflußbereich zu sichern, ging die Weltmacht Amerika zu einer Art geheimer globaler Überwachung über. Ihre Interventionen in verschiedenen Ländern der dritten Welt nahmen alle möglichen Formen an, von heimlich geschürten Unruhen bis hin zu Attentaten und Staatsstreichen. Anstatt nur Informationen zu sammeln, setzte man spezielle nachrichtendienstliche Fähigkeiten und Mittel ein, von Propaganda und Desinformation über politische Manipulation bis hin zu verdeckten Formen militärischer Unterstützung von Rebellen, um in anderen Ländern ganz reale Veränderungen herbeizuführen. Der Lehrbuchfall war Guatemala, als die CIA 1954 einen vorgetäuschten Staatsstreich organisierte, ein inszeniertes Medienereignis, das den Präsidenten derart in Angst und Schrecken versetzte, daß er außer Landes floh und damit Jahrzehnte einer repressiven Militärherrschaft einläutete. Weitere verdeckte Operationen waren nicht so erfolgreich (wenn »erfolgreich« in diesem Fall der angemessene Ausdruck ist), doch auf diese Weise erwarb sich die CIA weltweit den Ruf, heimlich in jeder Weltgegend ihre Hand mit im Spiel zu haben, einen Ruf, der vermutlich in keinem Verhältnis zu ihrer tatsächlichen Fähigkeit steht, mit Erfolg Unheil zu stiften.

Supermächte geraten leicht in Versuchung, zur Durchsetzung ihrer außenpolitischen Interessen auf geheime Interventionen zurückzugreifen. Mit großer Sorgfalt wurden Netzwerke von Agenten, Informanten und leichtgläubigen Idealisten zur Nachrichtenbeschaffung aufgebaut, unterstützt und am Leben gehalten. Es ist nur ein kleiner Schritt, diese Leute aktiv zu Handlungen zu veranlassen, die den Gang der Ereignisse in anderen Ländern ändern sollen. Spionageprofis, die sich auf das Sammeln und die Analyse von Informationen spezialisiert haben, sind nicht immer sonderlich erbaut über das, was die Auftraggeber damit tun, aber den Regierungen sind nun einmal konkrete Ergebnisse lieber als immer noch mehr Analysen. Die besondere Anziehungskraft von Interventionen des Nachrichtendienstes im Gegensatz zu offenen Aktionen beruhte seit jeher auf ihrer Verdecktheit. Waren sie erfolgreich, so hatten die Auftraggeber ihr Ziel erreicht. Schlugen sie fehl, so vermied der Staat, der die Einmischung veranlaßt hatte, die Schmach eines Mißerfolgs. Zumindest theoretisch. In Wirklichkeit hatten Fehlschläge, wie die CIA und die amerikanische Regierung zu ihrem Kummer feststellen mußten, einen fatalen Hang, an die Öffentlichkeit zu dringen. Dennoch schafften anscheinend weder Kontroversen noch Kritik, noch das Ende des Kalten Krieges die Versuchung aus der Welt, mittels geheimer Operationen Außenpolitik zu machen. Und das, obwohl Vorwürfe der Medien und Rügen des Kongresses in den siebziger Jahren zu einem formalen Verbot geführt hatten, Attentate auf ausländische Führer als Mittel amerikanischer Politik einzusetzen.

Die immer differenziertere und raffiniertere Technologie der Nachrichtenbeschaffung spielte auch bei Amerikas Auftreten als Weltpolizei eine wichtige Rolle. Die nach dem Kalten Krieg beschlossene Kontrolle der Verbreitung von Massenvernichtungswaffen stützt sich im wesentlichen auf das Frühwarnsystem des amerikanischen Nachrichtendienstes und seine Fähigkeit, über sein Raster der Land-, See- und Luftüberwachung die »Weltgemeinschaft« vor Aktivitäten sogenannter Verbrecherstaaten zu warnen, die nukleare, chemische und biologische Waffen entwickeln. Außerdem soll es die Einhaltung der Rüstungsbeschränkungsabkommen durch Länder kontrollieren, die bereits im Besitz derartiger Waffen sind, ebenso das Tun und Treiben sowie den Informationsfluß zwischen nichtstaatlichen Akteuren, die als tatsächliche oder potentielle Bedrohung gelten. Zur Durchsetzung dieser Forderungen kann sich natürlich eine unmittelbare Überwachung durch Menschen und deren konkretes Eingreifen als notwendig erweisen – wie die Nervenkriege zwischen den Vereinigten Staaten und der UNO einerseits, Saddam Husseins Irak andererseits bezeugen –, aber das globale technische Herumschnüffeln in allen Ecken und Winkeln der Welt stellt die Ausgangsbasis dafür dar.

INNENPOLITISCHE ÜBERWACHUNG

Eine verdeckte politische Überwachung in globalem Maßstab ist nur eine Möglichkeit, die Nachrichtendienste zu gebrauchen (oder zu mißbrauchen). Von weit größerer Bedeutung für Millionen Menschen war der Einsatz der Geheimdienste im Bereich der inneren Sicherheit: als Mittel zur Unterdrückung abweichender Meinungen, zur Kontrolle von Dissidenten, aufrührerischen oder »gefährlichen« Bevölkerungsschichten, zur zwangsweisen politischen Gleichschaltung und Anpassung und allgemein als immer weiter um sich greifende, zudringliche Überwachung und Regulierung des Alltagslebens. Der totalitäre Polizeistaat ist das eine Extrem; das andere ist in der Praxis nicht eine wirklich »freie« Gesellschaft, sondern ein liberaler demokratischer Staat, der einige autoritäre und illiberale Elemente enthält. Doch ganz unabhängig von ihrer ideologischen Ausrichtung sorgen sich Staaten um ihre nationale Sicherheit, genauer gesagt: *Un*sicherheit. Regierungen aller Couleur setzten Nachrichtendienste zur innenpolitischen Überwachung ein, und jeder Staat, für welche Regierungsform er auch stand, verließ sich zumindest zeitweise auf eine geheime oder politische Polizei, um sich vor vermeintlichen Subversion-, wenn nicht gar Revolutionsgefahren zu schützen. Häufigkeit und Härte der Unterdrückung variierten natürlich sehr – es wäre töricht, die Hexenjagd der McCarthy-Ära in Amerika, so penetrant sie auch war, mit den grauenhaften Verwüstungen der stalinistischen Regimes derselben Epoche gleichzusetzen; ebenso unangebracht wäre es, die Übergriffe von J. Edgar Hoovers FBI mit der flächendeckenden Schnüffelei der ostdeutschen Stasi in einen Topf zu werfen. Doch wie unterschiedlich die innenpolitischen Geheimdienste der verschiedenen Regimes auch organisiert sein mögen, am auffälligsten ist und bleibt die Allgegenwärtigkeit des Phänomens im 20. Jahrhundert. Solange Werkzeuge zur innenpolitischen Überwachung und Kontrolle verfügbar waren, konnte kein Staat der Versuchung widerstehen, sie zu gebrauchen, und nur wenige haben nicht versucht, sie noch weiter zu verfeinern. Staaten, die viele innere und äußere Feinde hatten – ob real oder in der Vorstellung –, bedienten sich dieser Werkzeuge oft auf skrupellose, brutale Weise; Staaten, die auf einen breiten Konsens bauen konnten, setzten diese Werkzeuge häufig zurückhaltender, diskreter und geschickter ein, normalerweise in Zeiten der Gefährdung der nationalen oder staatlichen Sicherheit. Diese relative Selbstbeschränkung hat jedoch oft die negativen Auswirkungen geheimer politischer Überwachung auf die Praxis einer liberalen Demokratie verschleiert.

Ängste um die nationale Sicherheit und vor inneren Feinden werden meist durch das Gefühl einer Bedrohung von außen ausgelöst. Die weiter oben beschriebenen Auswüchse der Gegenspionage sind eng damit verknüpft, daß der Feind im Innern als heimtückische Verlängerung des Arms des äußeren Feindes betrachtet wird. Die »fünfte Kolonne«, der Spion, der Saboteur, der von außen gesteuerte Terrorist oder Umstürzler: all dies sind Vorstellungen, die ihre Bedrohlichkeit und ihre Faszination aus der Verwischung von innen und außen, von wir und sie beziehen. Das für die Zeit des Kalten Krieges charakteristische Bild von den »Roten unter dem Bett« veranschaulicht diese Angst auf unnachahmliche Weise. Fremdenfeindlichkeit, Ideologie und eine sexuelle/kulturelle Panikstimmung schaukelten sich gegenseitig hoch.

In den Jahren vor dem Ersten Weltkrieg, als die Wolken eines großen Machtkonflikts sich am Horizont auftürmten, griff in Großbritannien eine panische Angst vor Spionen um sich, eine Angst, die durch die Boulevardpresse und eine neue Gattung von Schriftstellern geschürt wurde, die im Endeffekt den modernen Spionageroman erfanden. Die Bösewichte in diesen Geschichten waren deutsche Agenten, die es darauf abgesehen hatten, die Macht und Sicherheit des britischen Empire zu unterminieren; die Helden waren britische Patrioten, die hellsichtig vor der geheimen Bedrohung durch den Hunnen (= Deutschen) in den eigenen Reihen warnten. Die Öffentlichkeit wurde wachgerüttelt und auf die Bedrohung durch den Feind im Inneren hingewiesen, der zu jener Zeit eindeutig in ethnischen Begriffen definiert wurde, und Schaudergeschichten »hunnischer« Schurkerei machten die Runde.[18] Die englische Regierung zog eher infolge derartiger Phantasieberichte als auf der Grundlage konkreter Hinweise den Schluß, »in unserem Land« gäbe es »ein ausgedehntes deutsches Spionagenetz, und ... wir verfügen über keine Organisation, die über diese Spionage auf dem laufenden ist und deren Ausmaß und Ziele genau bestimmen kann«[19]. Dementsprechend nutzte Whitehall die Gelegenheit, um den Secret Service ins Leben zu rufen, aus dem die außen- und innenpolitischen Geheimdienste MI6 und MI5 hervorgingen. Die Trennlinie zwischen Spionagerealität und Spionagephantasien war von Anfang an verschwommen und ist dies in gewissem Sinne immer geblieben. Überflüssig zu erwähnen, daß sich zu jener Zeit in Deutschland ebenfalls eine krankhafte Angst vor Spionen ausbreitete, mit vertauschten Rollen, aber ähnlichen Folgen.

Als der Krieg vorbei und der Hunne – zumindest für den Augenblick – besiegt war, richtete die Aufmerksamkeit der neugegründeten Nachrichtendienste sich auf einen anderen Feind im Innern, der diesmal eher ideologisch als über seine Nationalität definiert wurde. Die bolschewistische Revolution in Rußland im Jahre 1917 zeugte ein neues Schreckgespenst, von dem die westlichen Geheimdienste nahezu für den Rest des Jahrhunderts regelrecht besessen waren: den kommunistischen Geheimagenten, dessen umstürzlerische Pläne

33

im Innern (die natürlich an sich schon schlimm genug waren) unmittelbar mit der internationalen Bedrohung durch die Sowjetunion in Zusammenhang standen und somit doppelt gefährlich waren. Die Bolschewiken ihrerseits praktizierten als erste den rücksichtslosen Einsatz der Geheimpolizei als wichtigstes Mittel zur Festigung und Aufrechterhaltung staatlicher Macht. Der Preis, den die Menschen dafür zahlen mußten, war erschreckend: Säuberungen, Verhaftungen, Folter, Gulag und Massenmord. Die Tscheka (Kommission zur Bekämpfung von Konterrevolution und Sabotage), aus der später der KGB hervorgehen sollte, begründete das, was man einmal den »Spionageabwehrstaat«[20] genannt hat, der keinen Unterschied machte zwischen Aktivitäten zum Schutz der inneren Sicherheit und nach außen gerichteten nachrichtendienstlichen Operationen. Allerdings hatte der Bolschewismus durchaus nicht das Monopol auf polizeistaatliche Methoden, wie sich bei der Machtergreifung der Nazis, deren verlängerter Arm die Gestapo wurde, im Jahre 1933 erwies. Nach der »Götterdämmerung« des Nazismus im Jahre 1945 verknüpfte die östliche Hälfte Deutschlands seit dem Ende der vierziger Jahre bis Ende der achtziger Jahre die Traditionen von Gestapo und Tscheka in der Stasi miteinander, deren Überwachungsapparat in alle Winkel und Ecken der bürgerlichen Gesellschaft drang und ein System von Informanten schuf, das Freunde gegen Freunde und sogar Ehepartner aufeinander ansetzte.[21] Zwar ging die Gestapo um einiges brutaler vor, doch hinsichtlich der Effizienz, was auch noch die winzigsten Details des Privatlebens betraf, war die Stasi überlegen: Das Verhältnis von Gestapoagenten zu Bürgern betrug eins zu 10 000; Ende der achtziger Jahre hatte die Stasi den beachtlichen Quotienten von eins zu 200 erreicht. Dennoch scheiterten beide Systeme bei dem Versuch, sich auf Dauer zu halten.

Über dem Abscheu vor totalitärer Unterdrückung sollten wir jedoch nicht die Augen vor gewissen ähnlichen Praktiken in westlichen Demokratien verschließen, selbst wenn sich diese nie zu etwas auswuchsen, das dem Alptraum des nazistischen oder kommunistischen Polizeistaats auch nur annähernd gleichkam. Die Doktrin von

Nationalstaaten, die um ihre innere Sicherheit fürchten, läßt sich folgendermaßen beschreiben:

Im Dienst eines äußeren Feinds oder Gegners steht eine *fünfte Kolonne* von Agenten, die diesem aus ideologischen oder ethnischen Gründen ergeben sind. Zu den Waffen dieser fünften Kolonne zählen *Spionage, Terrorismus, Sabotage, verdeckte, gegen das Ausland gerichtete Aktivitäten* verschiedener Art, die den Interessen des Feindes dienen, sowie *Subversion* (die heimliche Untergrabung des Zusammenhalts und gemeinsamen Wollens der Nation und ihrer Werte von innen her). Um sich dieser Bedrohung zu erwehren, muß der Feind im Innern *identifiziert, isoliert* und von jeder Möglichkeit der Einflußnahme *ausgeschlossen* – idealerweise ganz und gar eliminiert, zumindest jedoch genauestens überwacht und in Schranken gehalten werden. Um dieses Ziel zu erreichen, ist es notwendig, eine ständige, umfassende *Überwachung* verdächtiger Gruppen und Individuen durchzuführen und umfangreiche *Dossiers* über zweifelhafte politische Aktivitäten und Aktivisten anzulegen (derartige Dossiers funktionieren nach dem Prinzip der Kumulation von Aussagen und Indizien und können routinemäßig mit anderen Datenbasen über Bürger und Gruppen verglichen und abgestimmt werden). Das wirksamste Mittel zur Anhäufung solcher Dossiers ist eine geheimes *Netzwerk* von Geheimagenten und Informanten im Innern, das von der Organisation her weitgehend dem nach außen aktiven Nachrichtendienst gleicht; je nach Bedarf werden entweder Methoden der Überwachung durch Menschen oder technische Apparaturen eingesetzt. Darüber hinaus geht es vorrangig darum, ein *Risiko* und nicht unbedingt kriminelle Handlungen als solche festzustellen. Das Sicherheitssystem operiert außerhalb des Geltungsbereichs der Gesetze und sollte im Idealfall keiner richterlichen Überprüfung unterliegen – zumindest sollte, falls dies unvermeidlich ist, eine solche Überprüfung nur innerhalb eng gezogener Grenzen stattfinden: Die Sicherheitsbehörde muß schließlich verhindern, daß die *Identität* ihrer Informanten, ihr *modus operandi* und der Inhalt der Akten der Öffentlichkeit oder auch nur anderen Bereichen des staatlichen Verwaltungsapparats bekannt wird. Auf diese Weise nimmt der

Sicherheitsapparat mehr oder weniger die Merkmale eines geheimen Staates im Staate an. Die spezifischen Kriterien, nach denen ein Risiko festgestellt wird, unterscheiden sich von Regime zu Regime und in verschiedenen Epochen, doch immer und überall sind diese Kriterien offenkundig *politischer* Natur und zeigen die Grenzen zwischen legitimen und illegitimen, sicheren und gefährlichen politischen Ansichten, Ausdrucksformen oder Vereinigungen auf. Als Risiko können – in verdeckter Form – auch Charakter-»Schwächen« eingestuft werden, von denen man annimmt, daß sie den Betreffenden erpreßbar oder manipulierbar machen, wobei die Definition solcher »Schwächen« normalerweise bereits ein politisches Urteil beinhaltet, etwa eine Verurteilung von Homosexualität oder die Verteufelung eines bestimmten Lebensstils etc.

Es gab strukturelle Ähnlichkeiten zwischen Hoovers FBI und Berijas KGB, so verschieden die beiden Regimes und ihre jeweilige Geheimpolizei auch waren. Es geht hier jedoch nicht um moralische Aufrechnung, die der Sache von vorneherein nicht gerecht würde, sondern eher darum festzuhalten, daß höchst unterschiedliche Regimes, die auf grundlegend anderen Prinzipien beruhten, möglicherweise dennoch organisatorische Wege einschlugen, die einander zumindest auf den ersten Blick ähneln. Leute, die mit dem FBI in Konflikt gerieten, bekamen unter Umständen berufliche Schwierigkeiten, verloren möglicherweise sogar ihre Stelle und fanden sich auf einer schwarzen Liste wieder; in seltenen Fällen wurden sie vor Gericht gestellt oder landeten sogar im Gefängnis. Bei den Opfern der sowjetischen Geheimpolizei hingegen war es wahrscheinlicher, daß sie in einen Gulag geschickt oder umgebracht wurden. In beiden Fällen wurden jedoch Menschen zu *Akten, Fällen,* Schattenrissen, wurden zu Karikaturen ihrer selbst gemacht, zu bürokratischen Zerrfiguren, die bestimmte Eigenschaften oder angebliche Eigenschaften herausgriffen und übertrieben: *X hatte einmal mit Y zu tun, der seinerseits mit Leuten verkehrte, die bekanntermaßen Trotzkisten (Kommunisten) waren; da er sich vom Trotzkismus (Kommunismus) anstecken ließ, muß man das weitere Verhalten und die Einstellung von X neu als die eines subversiven (Konter-)Revolutionärs interpretieren.*

Worte und Taten, die ansonsten als harmlos oder unauffällig erschienen wären, konnten die schlimmsten Nebenbedeutungen annehmen, sobald die *Persona* der Akten erst einmal die wirkliche Person überschattete. Und diese unterstellten Bedeutungen konnten reale Konsequenzen für reale Menschen haben, in einigen Regimes brutaler als in anderen, die jedoch in allen Fällen auf den in den Akten der politischen Polizei angesammelten Informationen basierten.

LIBERALER STAAT UND NACHRICHTENDIENST

Um zu sehen, wie ein solcher Prozeß in liberalen Demokratien ablief und noch abläuft, brauchen wir uns nur die *Unbedenklichkeitsüberprüfungen* in westlichen Staaten anzusehen. Ursprünglich wurde die Sicherheitsüberprüfung als angebliche Gegenspionagemaßnahme eingeführt, um das Risiko zu verringern, daß Regierungen Angestellte in den öffentlichen Dienst übernahmen, die das in sie gesetzte Vertrauen mißbrauchten; sie entwickelte jedoch regelmäßig und überall ein Eigenleben und eine Eigendynamik. So erforderte das System interne regierungsamtliche Informationen, um Bewerber und entsprechend auch alle Arbeitsplätze im Regierungsapparat nach Sicherheitskriterien detailliert zu identifizieren, je nachdem, inwieweit die Betreffenden Zugang zu geheimen Unterlagen hatten. Unausweichlich führte dies dazu, daß sich die Bürokratie innerhalb der Bürokratie immer weiter auffächerte und spezialisierte, um den Überprüfungsvorgang zu verwalten, wozu wiederum ein System von Überprüfungsmethoden und spezielles Fachwissen erforderlich waren. Für Leute, die dieser Unbedenklichkeitsprüfung nicht standhielen, mußte ein ganzes Spektrum von Sanktionen und – da wir hier von liberalen Demokratien sprechen – von Anfechtungsverfahren und Möglichkeiten administrativer und juristischer Revision entwickelt werden. Da die Überprüfung jedoch ihrer Natur nach ein Risiko, nicht jedoch ein Vergehen feststellt und die Sicherheitsbehörden ihre Quellen und Methoden geheimhalten müssen, erweist sich eine unabhängige Überprüfung sowohl der gesammelten

Informationen wie ihrer Interpretation regelmäßig als heikel und nur beschränkt aussagekräftig.

Auffallend ist zudem, daß jede Unbedenklichkeitsüberprüfung zwar eine objektive, nachvollziehbare Risikoabschätzung verspricht – etwa einem medizinischen HIV- oder Tuberkulosetest vergleichbar –, in der Praxis jedoch das genaue Gegenteil einer wissenschaftlichen Risikofeststellung ist. Die Überprüfungskriterien, derer man sich bedient, um den Staat vor feindlichen Ideologien zu schützen, sind selber hoffnungslos ideologisch geprägt. Daher die verheerenden Auswüchse des McCarthyismus – wenn wir den Begriff hier als Schlagwort gebrauchen – während der ganzen Ära des Kalten Krieges. Schlimmer noch, die ideologischen Kriterien wurden auch auf Verhaltensweisen ausgedehnt, die man entsprechend den gängigen Vorstellungen als unziemlich oder abstoßend betrachtete: Man benutzte »Sicherheits-«Kriterien, um schändliche, gegen Homosexuelle und Lesbierinnen gerichtete Säuberungsaktionen durchzuführen. Und diese Überprüfungen beschränkten sich nicht auf Angestellte des öffentlichen Dienstes, sondern wurden in den meisten westlichen Ländern auf Mitarbeiter aller irgendwie »sicherheitsrelevanten« Industriezweige und neuerdings auch auf Angestellte ausgedehnt, die in ihrem Beruf mit terroristischen Aktionen konfrontiert werden könnten (das Sicherheitspersonal auf Flughäfen beispielsweise). In der Frühzeit des Kalten Krieges schreckte man nicht einmal davor zurück, Einwanderer und Asylbewerber einer derartigen Überprüfung zu unterziehen.

Zweierlei könnte die Hartnäckigkeit erklären, mit der sich derlei Praktiken hielten, die den Kalten Krieg mühelos überdauerten. Erstens wäre eine Sicherheitsüberprüfung oder ähnliches auch unabhängig von der internationalen Stimmungslage schlicht notwendig gewesen. Die modernen Staaten mußten Möglichkeiten finden, sich den Bedingungen einer Massendemokratie anzupassen. In früheren Zeiten konnten Staaten ihre Beamten auf der Grundlage persönlichen Vertrauens aus kleinen, fest integrierten Elitezirkeln rekrutieren. In Gesellschaften, die von Klassengegensätzen geprägt sind wie in Großbritannien, hielt sich bis in unser Jahrhundert hinein die Tradition, hohe Beamtenposten mit Absolventen aus der Oberschicht zu besetzen, die die »Oxbridge«-Universitäten besucht hatten. Nachdem jedoch der sogenannte Cambridge-Ring von Spionen aus der Oberklasse (Philby, Burgess, Maclean, Blunt und Cairncross), die, seltsam genug, von der Sache der proletarischen Revolution fasziniert waren, auf so schockierende Weise ihre Klasse wie auch ihre Nation verraten hatte, war offensichtlich, daß das »Old-Boy«-System bei der Besetzung hochrangiger Stellen nicht mehr funktionierte – in den fünfziger Jahren wurde daher in Großbritannien die »positive Überprüfung« für sensible Positionen im öffentlichen Dienst eingeführt. In der Epoche der Massendemokratie mußte man eine Alternative zu dem überholten System finden, Vertrauenswürdigkeit aus familiärer Herkunft und Klassenzugehörigkeit abzuleiten. Und es war durchaus keine Überraschung, als sich herausstellte, daß diese Alternative in genau der Art von abstraktem Verwaltungsvorgang auf der Basis allgemeingültiger Kategorien bestand, die jeder, der Max Webers Theorie der Bürokratie kennt, hätte vorhersagen können. Allerdings ist zweifelhaft, ob ein anderes System, das die individuellen Eigenarten stärker berücksichtigt und toleranter gegenüber Abweichungen von der politischen Norm ist, besser geeignet wäre, umfangreiche und unpersönliche Bürokratien zur Verwaltung großer Massendemokratien personell auszustatten.

Zweitens wurde die Notwendigkeit von Sicherheitsüberprüfungen keineswegs ohne Grund heraufbeschworen. Spionage existierte ja wirklich. Staaten spionieren einander aus und versuchen sich vor den neugierigen Blicken ihrer Rivalen zu schützen. Dies schürt die Angst der Nationalstaaten vor Unsicherheit und erklärt ihre geheimen Dossiers und Datenbanken, mit denen sie das Verhalten und die politische Einstellung ihrer Bürger zu erfassen suchen. Die Entwicklung der politischen Überwachung in Demokratien hing eng mit den Erfordernissen der Spionageabwehr zusammen.

Nicht alle Zielpersonen der Überprüfung auf Spionage- und subversive Aktivitäten waren unschuldig. Dennoch steckt in der Verdammung der Sicherheitsmanie als »Hexenjagd« mehr als ein Körnchen Wahrheit. Viele ihrer Opfer hatten sich nichts weiter zuschulden kommen lassen, als auf der falschen Seite der wechselnden politischen Moden zu stehen, irgendwann einmal eine Meinung vertreten zu haben, die mittlerweile nicht mehr gefragt war, oder schlicht und einfach mit den falschen Leuten zu tun gehabt zu haben oder gar mit ihnen verwandt zu sein. Für die Überprüfer war die »Unschuld« jedoch unerheblich. Sie waren in das große Spiel des 20. Jahrhunderts verwickelt, das Spiel der Risikofeststellung und der Trennung des Riskanten vom Sicheren aufgrund bestmöglicher Informationen aus allen nur denkbaren Quellen, um so den Staat vor unnötigen Gefahren zu schützen. Natürlich konnte es passieren, daß Irrtümer unterliefen, daß Informationen sich in Einzelheiten als fehlerhaft erwiesen, daß man Unschuld als etwas anderes mißverstand. Es ging aber auch gar nicht um die juristische Schuld einer Einzelperson, sondern schlicht um das Risiko vom Gesichtspunkt des Staates aus. Sobald irgendwelche Zweifel an der Verläßlichkeit oder Loyalität einer Person bestanden, so der Grundsatz, sollten diese Zweifel zugunsten des Staates beseitigt werden. Eine Stelle bei der Regierung, eine Einwanderungs- oder Einbürgerungsgenehmigung waren Privilegien, keine Rechte. Ohnehin bestand gar kein oder nur geringes Interesse an individuellen Personen als solchen. Für Bürokraten, die eine große Anzahl von Fällen anhand allgemeingültiger Kategorien zu erledigen hatten, waren Einzelpersonen mit ihrer Vielschichtigkeit und ihren Eigenarten eine *verworrene, unergründliche* Angelegenheit. Dossiers hingegen waren *übersichtlich,* einfach und für die jeweils spezifischen Zwecke nutzbar. Die Sicherheitskräfte bezogen ihre Daten aus Quellen, die in vielen Fällen aus Sicherheitsgründen keinem Kreuzverhör standgehalten hätten, und anschließend wurden die Akten entsprechend relativ einfacher Kriterien interpretiert. Wenn gewisse Subjekte darauf überprüft werden mußten, ob sie ein Risiko darstellten, dann *waren* sie eines – per definitionem.

Owen Lattimore, ein berühmter Chinaexperte, der an der John Hopkins University lehrte, wurde 1950 von Senator Joe McCarthy als der sowjetische Topspion in Amerika bezeichnet. Diese absurde Beschuldigung, die hinter den Kulissen von Hoovers FBI bekräftigt wurde, beschwor eine, wie Lattimore es später nannte, »Tortur durch Verleumdung« herauf, die in einer Anklage Lattimores wegen Meineids gipfelte; 1955 wurde das Verfahren schließlich eingestellt, da es absolut keine Beweise gab. In seiner Schilderung der Affaire stellte Lattimore fest, daß das FBI sowie andere Behörden der amerikanischen Regierung und des Kongresses ein Dossier über einen »*Mann*« angelegt hatten, »*der existiert haben könnte*«.[22] Diese Wendung spiegelt das eigentliche Wesen der Wahngebilde des von Angst vor Unsicherheit geprägten Nationalstaats wieder: eine Welt aus Daten, die die wirkliche Welt verschattet, nachahmt und karikiert. Irgendwann um die Mitte des Jahrhunderts überlagerten allmählich die Datenprofile von Leuten, die existiert haben könnten, in zunehmenden Maße die Leute, die tatsächlich existierten, eine Situation, wie sie in totalitären Polizeistaaten schon seit geraumer Zeit bestand. Ausgelöst wurde diese Entwicklung vom Staatssektor, obwohl der private Sektor, wie wir an späterer Stelle noch sehen werden, in der Folge diesen Prozeß weiter vorantrieb und verstärkte und dabei seine Bedeutung nahezu unmerklich veränderte.

STADT AUS GLAS: DER TOTALITÄRE ÜBERWACHUNGSSTAAT

Das 20. Jahrhundert war von utopischen Träumen geprägt, die sich in schreckenerregende Alpträume verkehrten. Die erträumte Revolution sollte zu einer Erneuerung der Menschheit aus sich selbst heraus führen, ein demokratisches Ideal konkrete Wirklichkeit werden lassen und eine ideologische Vision der sozialen, ökonomischen und kulturellen Umgestaltung realisieren. Die Gegenrevolution träumte hingegen von rassischer Reinheit und dem Triumph des *Volks-*willens. Die Wirklichkeit beider Wunschvorstellungen waren der totalitäre Staat, der Stalinismus und das Führerprinzip, der Gulag und Auschwitz. Heute, am Ende des Jahrhunderts, leben wir inmitten der Ruinen fehlgeschlagener Revolutionen und schal gewordener Träume; die großen Epen, die vorangegangene Generationen beflügelten oder schreckten, tragen nicht mehr und sind zusammenhanglos geworden, und die Geschichte von der Utopie, die zum Schreckgespenst wird, ruft lediglich ein Achselzucken oder einen müden Seufzer hervor. Doch sie kann wesentlich zum Verständnis des Verhältnisses zwischen Macht und Wissen beitragen.

Der totalitäre Staat existierte ganz konkret und war für diejenigen, die von seiner erbarmungslosen Maschinerie der Unterdrückung zermalmt wurden, eine grauenhafte Realität. Doch weit denkwürdiger besteht er als Traum oder aber Alptraum weiter, als idealer totalitärer Staat, der über allen tatsächlichen Staaten dieser Art steht, so wie Platos geometrische Form über und jenseits aller tatsächlichen, unvollkommenen konkreten geometrischen Formen angesiedelt, aber dennoch in ihnen inbegriffen ist. Das reale Nazideutschland war eine unvollkommene, manchmal chaotische Verwirklichung von Adolf Hitlers Vorstellungen, doch was uns noch lange nach dem Ende des Regimes und seiner Führer quält, ist die *Idee* einer solchen Maschinerie des Todes. Das stalinistische Rußland war in der Praxis ein Wirrwarr von Widersprüchen; einige von ihnen müssen von Historikern erst noch geklärt werden. Doch die *Vorstellung* eines Staates, der von der Idee einer proletarischen Revolution getragen ist, die jedoch in einen monströsen, in keiner Weise vom Gesetz oder den Menschenrechten eingeschränkten Persönlichkeitskult ausartet, beschäftigt nach wie vor unser Denken, selbst nachdem dieser Staat letztlich unter seinem eigenen Gewicht zusammengebrochen ist.

Vielleicht erklärt dieses Auseinanderklaffen zwischen Idee und Wirklichkeit, warum die Vorstellung des totalitären Staates in der literarischen Fiktion am anschaulichsten umgesetzt wurde. George Orwells *1984* ist die beispielhafte Gestaltung des totalitären Alptraums, und seine Grundstruktur (eine totalitäre Zukunft, in der ein von einer Partei gelenkter Polizeistaat sich seine Untertanen unterwirft, indem er ihre Menschlichkeit zerstört) hat in der Populärliteratur seitdem zahlreiche Nachahmer inspiriert. Orwells Roman wurde zu Beginn des Kalten Krieges veröffentlicht und von den rechtsgerichteten Medien als nützliche Warnung vor der Bedrohung, die der Kommunismus für die westliche Welt darstellte, begrüßt.[23] Orwell selber hatte das zugrundeliegende Konzept einem bemerkenswerten, aber eher unbekannten sowjetischen Roman entlehnt, Evgenij Zamjatins *My*[24], den dieser in den zwanziger Jahren unmittelbar nach der bolschewistischen Revolution, doch lange vor Stalins Machtergreifung geschrieben hatte. Zamjatins Werk ist provozierender als das Orwells, da er aus der Perspektive von Menschen schrieb, die durch den Kollektivismus bereits ein Gruppenbewußtsein entwickelt haben, das Individualismus weder begreift noch gar billigt. Interessant ist jedoch bei beiden Autoren, wie sie die Struktur des Totalitarismus beschreiben und welche Saite dies in ihren Lesern zum Schwingen bringt.

In beiden Romanen ist die Macht in einem Einparteienstaat zentralisiert, der erbarmungslos alle Andersdenkenden vernichtet und keine Opposition duldet. Und letztendlich verkörpert eine Person diese Macht: Über Zamjatins Vereinten Staat herrscht der »Wohltäter«, über Orwells Oceana »Big Brother«, der Große Bruder. Ihre Herrschaft wird mittels sorgfältiger, peinlich genauer Überwachung aller Untertanen oder Einheiten des Kollektivs (bei Zamjatin: »Nummern«) aufrechterhalten. Nichts, was irgend jemand irgendwo tut, entgeht dem immer wachsamen Auge des Großen Bruders/ Wohltäters; gleichzeitig werden die Untertanen durch die Massenmedien mit den Botschaften der Partei und des Führers überflutet: eine hierarchische Kommunikation, die nur in einer Richtung verläuft und als Kontrollinstrument dient. Fortwährend werden die Untertanen geschult und diszipliniert, doch den meisten ist dies nicht bewußt, da es großteils zur Alltagsroutine gehört, deren straffe Durchorganisierung ihnen verborgen bleibt. Zamjatin veranschaulicht dies sehr treffend anhand der Bauwerke, in denen die Menschen leben und arbeiten: Die Stadt der Zukunft ist eine *Stadt aus Glas,* in der das Leben eines jeden für alle anderen völlig über- und durchschaubar ist – ausgenommen natürlich das des Wohltäters und der Wächter des Vereinten Staates. Die Stadt ist aus Glas, aber es handelt sich um sogenanntes Spionglas, durch das man nur in einer Richtung blicken kann.

Realen totalitären Staaten gelang es nie, die Gedankenkontrolle zu perfektionieren und eine alltägliche, nahtlose Machtausübung durch die Zustimmung ihrer Untertanen sicherzustellen. Statt den Terror nur als letztes Mittel gezielt einzusetzen wie in Orwells »Zimmer 101«, in dem Winston Smith' Widerstand schließlich gebrochen wird, griffen sie von Anfang an auf Gewalt als erstes Mittel zurück und waren über und über mit dem Blut ihrer Opfer besudelt. Sie waren nicht teuflisch kluge Ingenieure des Einverständnisses, sondern einfach plumpe Schlächter. Doch das Bild des »idealen« totalitären Staates ist nach wie vor lebendig und übt unwiderstehliche Anziehungskraft aus; es läßt sich kaum mehr aus unserem Denken verbannen. Meiner Ansicht nach liegt dies daran, daß es sich um eine Art finsterer Parabel dessen handelt, was unserem Verständnis nach Macht ist. Es ist der Mühe wert, ein, zwei Augenblicke bei dieser Parabel zu verweilen, die ein Indiz dafür ist, wo wir in unserem Jahrhundert schon angelangt waren.

Die totalitäre Vision ist aus dem Grund so zwingend, weil sie gewissermaßen das Strukturgefüge moderner Machtausübung veranschaulicht. Wir verstanden Macht als Mischung aus Gewalt und Autorität, die hierarchisch, von oben nach unten ausgeübt wird und in einer Kommandostelle oberhalb der Gesellschaft ihren Sitz hat; die Menschen beziehungsweise die bürgerliche Gesellschaft sind ihre Untertanen, aber auch Werkzeuge. Und zwar in einem Maße, daß liberaldemokratische Staaten einige der Eigenschaften dieser totalitären Vision nachäfften – indem sie eine Geheimpolizei und den Apparat eines internen Nachrichtendienstes schufen und sie mit Machtbefugnissen ausstatteten, auch wenn diesen durch in der Verfassung festgelegte Einschränkungen sowie die Bürgerrechte noch so enge Grenzen gesetzt waren; indem sie Informationen im Interesse der staatlichen Sicherheit zu kontrollieren oder zumindest zu steuern versuchten. Und schließlich, indem sie Wissen zum Zwecke der Machtausübung einsetzten – wir haben schon Bilder gesehen, die unsere eigene Neigung zum Totalitarismus illustrieren, nicht nur die unserer Feinde. Um die freie Gesellschaft vor ihren totalitären Gegnern zu schützen, strebte J. Edgar Hoover nach gleichsam totalitärer Macht. Daher die seltsame Mischung aus Angst und kriecherischer

Ehrerbietung, die ihm zu seinen Lebzeiten entgegengebracht wurde und auf die Abscheu und Verdammung folgten, sobald er einmal sicher unter der Erde war. Instinktiv erkannten und anerkannten wir Hoover als einen Vertreter des Totalitarismus, und dies erklärt die Unterwürfigkeit wie auch den Ekel vor ihm.

Diese alptraumhafte Vorstellung von Macht durchzog das ganze 20. Jahrhundert. Sie ist mitreißend und überwältigend durch ihr Vermögen, die politische Phantasie in ihren Bann zu schlagen. *Doch sie ist nahezu mit Sicherheit irrig.* Denn sie paßt nicht mehr zu der Wirklichkeit einer Welt Ende des 20. Jahrhunderts. Tiefgreifende technologische, wirtschaftliche und kulturelle Veränderungen (von denen einige, jedoch keineswegs alle, sich unter dem Oberbegriff Informationelle Revolution zusammenfassen lassen) haben diese Vision absolut irreführend gemacht. Wir brauchen neue Konzepte von Macht, die die zeitgenössische Welt genauer widerspiegeln und erklären. In den folgenden Kapiteln will ich versuchen, einige diese Veränderungen zu verstehen und zu erklären sowie darzulegen, wie wir über sie allmählich zu einer exakteren Vorstellung von Macht kommen können. In groben Umrissen beschreibe ich den Übergang vom *Überwachungsstaat* zur *Überwachungsgesellschaft*. Diese Unterscheidung ist nicht nur formaler Natur. Die Überwachungsgesellschaft verkörpert ein ganz andersartiges Machtgefüge, das sich nachhaltig und völlig anders auf Autorität, Kultur, Gesellschaft und Politik auswirkt als die in der Staatsgewalt konzentrierte Macht der Überwachung in der unmittelbaren Vergangenheit.

2 DAS PANOPTICON

Wenn man über staatliche Nachrichtenbeschaffung für innere wie auch für äußere Zwecke spricht, ist *Überwachung* ein Schlüsselbegriff. Doch was genau verstehen wir unter »Überwachung«, und wofür wurde sie eingesetzt? Laut Christopher Dandeker, einem der führenden Theoretiker auf diesem Gebiet, läßt sich dies folgendermaßen umschreiben:

> Überwachung als Praxis umfaßt eine oder mehrere der folgenden Aktivitäten: (1) das Sammeln und Speichern von (mutmaßlich nützlichen) Informationen über Personen oder Objekte; (2) die Kontrolle der Aktivitäten von Menschen oder Objekten durch Instruktionen oder die Strukturierung der natürlichen und geschaffenen Umwelt. In diesem Zusammenhang ist Architektur von großer Bedeutung für die Überwachung – beispielsweise bei Gefängnissen und Städteplanung; (3) Beaufsichtigung des Verhaltens derjenigen, deren Verhalten durch Sammeln von Informationen überwacht wird, und der Befolgung derAnweisungen durch die betroffenen Personen.[1]

DAS PANOPTICON

Das Bild des Panopticons taucht derzeit in allen Erörterungen über das Konzept der Überwachung auf. Geprägt wurden Begriff wie Idee 1787 von dem englischen utilitaristischen Philophen Jeremy Bentham.[2] Seit Ende der siebziger Jahre unseres Jahrhunderts der inzwischen verstorbene französische Philosoph Michel Foucault den Begriff verwandte[3], gewann dieser erneut an Bedeutung. Und als

Oscar H. Gandy Jr. sich in den neunziger Jahren daranmachte, die möglichen Folgen der neuesten Informationstechnologien für eine »politische Ökonomie personenbezogener Information« zu erörtern, gab er seinem Buch den Titel *The Panoptic Sort*.[4]

Konkret war das Panopticon ein von Bentham für ein Gefängnis vorgeschlagener Bauplan. Die Idee ist einfach. Stellen Sie sich ein kreisförmig angelegtes Gefängnis vor. Am äußeren Rand jeder Ebene befinden sich die einzelnen Zellen, in denen jeweils ein einziger Gefangener untergebracht ist und die voneinander völlig isoliert sind, so daß es für einen Gefangenen unmöglich ist, Mitgefangene zu sehen oder zu hören. Der Aufseher, der in einem Büro in der Mitte sitzt, kann jede Zelle einsehen; von diesem Punkt aus hat er alle Zellen auf einer Etage im Blickfeld. Durch ein System von Apparaturen und Kommunikationsröhren, das zu kompliziert ist, um es an dieser Stelle zu beschreiben (und in der Praxis vermutlich zu schwierig zu konstruieren), ist sich jeder Gefangene einer möglichen Überwachung durch den Aufseher zu jedem beliebigen Zeitpunkt bewußt, ob bei Tag oder bei Nacht (tagsüber strömt natürliches Licht in die Zellen, nachts künstliches). Von Zeit zu Zeit spricht der Aufseher über »Sprechröhren« mit den Gefangenen und erteilt ihnen individuell Anweisungen, die von Unbeteiligten nicht mitgehört werden können. Der Aufseher kann zwar jederzeit das Verhalten der Gefangenen beobachten, doch diese sehen weder sein Gesicht noch seine Augen, da er, wiederum mittels einer komplizierten Anordnung von Laternen und Apparaturen, nur umrißhaft wahrzunehmen ist: eine Silhouette, die sie an seine ständige Anwesenheit erinnert, doch gleichzeitig ein »vollkommen dunkler Fleck«, dessen Gesichtsausdruck sich nicht entschlüsseln läßt.

Das Panopticon ist eine Art Theater; aufgeführt wird »die Illusion ständiger Überwachung: Die Gefangenen werden in Wirklichkeit nicht ständig beobachtet, sie glauben dies nur oder bilden es sich ein«[5]. Der Sinn des Ganzen ist *Disziplinierung* und *Schulung*. Da die Gefangenen befürchten, permanent überwacht zu werden, und Angst vor einer Bestrafung haben, falls sie sich falsch verhalten, verinnerlichen sie die Vorschriften; auf diese Weise wird eine tatsächliche Bestrafung überflüssig. In anderer Hinsicht ist das ganze Panopticon selber eine Art Theaterstück für die Öffentlichkeit: Gelegentlich werden Leute eingeladen, um zuzusehen (Bentham war zutiefst vom erzieherischen Wert von Öffentlichkeit überzeugt). Die Besserung der Gefangenen selber war lediglich von zweitrangiger Bedeutung. Der umfassendere Zweck war die moralische Erziehung der Gesellschaft durch das Zurschaustellen von Disziplin durch Überwachung. Des weiteren führte Bentham aus, das Prinzip des Panopticons könnte und sollte auf verschiedene eingegrenzte Schauplätze menschlicher Tätigkeit angewandt werden, etwa auf Asyle, das Pendant des 18. Jahrhunderts zu den heutigen Wohlfahrtsinstitutionen, auf Arbeitsstätten und Schulen.

Der Plan wurde nie verwirklicht, weder zu Benthams Lebzeiten noch danach. Doch als Metapher für die Macht der Überwachung in der Welt von heute ist er unübertroffen. In Foucaults Augen entsprach Benthams Idee einer »politischen Technologie«, die die »Schaffung eines bewußten und permanenten Sichtbarkeitszustandes beim Gefangenen, der das automatische Funktionieren der Macht sicherstellt«[6], ermöglichte. Der imaginäre totalitäre Staat von *1984* hat die politische Phantasie in Bann geschlagen, vermittelte er doch eine Vorstellung des grundlegenden Strukturgefüges staatlicher Macht. Das imaginäre Panopticon fesselt die Vorstellungskraft auf gleiche Weise: Es vermittelt das Bild einer internalisierten Methode der Machtausübung und ihres ansonsten unhörbaren und unsichtbaren Wirkens ohne sichtbaren Zwang.

Bezeichnenderweise hielt Bentham sich in den Behauptungen, was sein Konzept alles vermöge, keineswegs zurück. Der Mann, den Karl Marx als »Urphilister … dies nüchtern pedantische, schatzlederne Orakel des gemeinen Bürgerverstandes des 19. Jahrhunderts«[7] bezeichnete, konnte schon in der Vorrede zu seinem *Panopticon* seine Begeisterung kaum zügeln: »*Die Moral wird gebessert – die Gesundheit erhalten – die Industrie belebt – Erziehung allgemein verbreitet – die Lasten der Allgemeinheit erleichtert – die Wirtschaft auf einen Felsen gegründet, wie es einst war – der Gordische Knoten der Armengesetze wird nicht durchhauen, sondern gelöst – und das*

48

alles mittels einer einfachen architektonischen Idee!« Und dann schildert Bentham den ganzen Weg, »der vor mir liegt«, als »neue Methode, Macht des Geistes über den Geist zu erlangen, in bislang beispiellosem Umfang … – Dergestalt ist diese Maschine: dergestalt ist das, was man damit erreichen kann.«[8] Dieser »Maschine« liegt eine anscheinend in der Tat einfache architektonische Idee zugrunde, die jedoch keineswegs so simpel ist, wie Bentham behauptete. Die praktischen Schwierigkeiten, diese einfache Idee umzusetzen, erwiesen sich als bei weitem zu groß, um den Plan irgend jemandem zu empfehlen, der tatsächlich ein Gefängnis bauen oder leiten mußte. Für die Idee sprechen eher ihre umfassende Bedeutung und ihr massiver Nachhall in der Moderne. Bentham hielt sich selbst für einen praktisch denkenden Reformer, der Blaupausen für konkrete Projekte vorlegte. Ironischerweise lieferte dieser gestrenge Sozialtechniker, der wie eine Verkörperung von Edmund Burkes Warnung vor dem heraufziehenden Zeitalter der »Sophisten, Ökonomen und Kalkulatoren« wirkt, mit der Idee des Panopticons keine praktisch anwendbare Blaupause, wohl aber eine glänzende Metapher für Macht in modernen Gesellschaften.

Benthams messianisches Sendungsbewußtsein wird zusätzlich durch den Stellenwert unterstrichen, der in seinem Gefängnis dem Gottesdienst und der religiösen Unterweisung zukommt; noch auffälliger sind die unterschwelligen Parallelen zwischen der Anlage des Panopticons und der Vorstellung eines unsichtbaren Gottes, der jedoch alles sieht und allmächtig ist. Der Aufseher *sieht, ohne gesehen zu werden.* Seine Gegenwärtigkeit, die gleichzeitig eine Abwesenheit ist, beruht einzig auf seinem wachsamen Blick. Die in ihre Einzelzellen eingekerkerten Gefangenen sind auch in ihren Körper eingesperrt. Sie können dem alles überschauenden Blick nicht ausweichen, der von außerhalb der konkreten Welt zu kommen scheint, diese jedoch durchdringt und durchschaubar macht. Natürlich beruht die Allgegenwärtigkeit des Aufsehers lediglich auf einem architektonischen Kunstgriff, sie ist eigentlich nur ein raffinierter Taschenspielertrick. Zwar gibt es einen realen Aufseher (der ungemein praktisch veranlagte Bentham befaßte sich sogar mit der Frage, wo dieser mitsamt seiner Familie untergebracht werden sollte), doch er geht in dem »vollkommen dunklen Fleck« auf. Der imaginierte Aufseher, ein Nebenprodukt der architektonischen Konstruktion, überlagert die weltliche Realität. Das entspricht dem Verhältnis zwischen Gott und der Kirche auf Erden.

Die religiöse Parallele reicht noch tiefer. Gott ist verborgen, doch, wie im Neuen Testament, allgegenwärtig. Dennoch greift er, wie im Alten Testament, aus taktischen Gründen in das Geschehen ein, um sicherzustellen, daß seine Anwesenheit wahrgenommen wird. Beispielsweise schlägt Bentham vor, kleinere Verstöße der Gefangenen ein paar Tage lang scheinbar nicht zu beachten und diese so zu schwerwiegenderen Vergehen zu ermutigen. Doch schließlich zählt Die Stimme alle vorangegangenen Verstöße auf, und von nun an sind sich die Gefangenen bewußt, Straflosigkeit ist eine Illusion, und wenn der Aufseher nichts sagt, bedeutet dies lediglich, daß er aus Gründen, die nur er selber kennt, beschlossen hat, nicht einzugreifen. Gott/Der Aufseher begreift alles, ist selber jedoch unbegreiflich.

Im Grunde genommen ist das Panopticon, wie schon gesagt, nichts weiter als ein Taschenspielertrick. Doch Benthams Ansicht nach schafft es eine Umgebung, in der den Gefangenen keine andere Wahl bleibt, als den Schein für die Wirklichkeit zu halten. Der Schlüssel zu dem Ganzen ist Überwachung. Das Panopticon ist, wie Oceana und der Vereinte Staat, eine Stadt aus Spionglas. Doch genau hierin liegt ein Problem, dessen Bentham sich offenbar in keiner Weise bewußt war. Er glaubte, Überwachung führe zu Willfährigkeit, auch ohne daß Zwang erforderlich sei. Durch ständige Übung und Unterweisung würden die Gefangenen gefügig gemacht, da sie die Regeln verinnerlichten und Einverständnis an die Stelle von bloßem Gehorsam trete. Doch Fügsamkeit beruht letzten Endes auf der Androhung von Gewalt. Darüber hinaus ist der eigentliche Grund, weshalb die Gefangenen sich im Panopticon befinden, wo sie überwacht und diszipliniert werden, daß ihnen die bürgerlichen Freiheiten und die Möglichkeit einer freien Willensentscheidung entzogen wurden. Alle Institutionen, in denen Benthams Auffassung nach sein panoptisches Prinzip umgesetzt werden konnte, beruhten in ähnlicher Weise auf Zwang und Gewalt in verschiedenen Abstufungen.

Wenn aber der Kunstgriff Überwachung, um Einverständnis hervorzurufen, die tatsächliche Anwendung oder die Androhung von Gewalt erfordert, liegt dann nicht der gesamten Idee des Panopticons ein Paradox zugrunde? Vollkommenes Einverständnis läßt sich nur durch eine Perfektionierung des Zwangssystems erreichen. Warum sonst sollten die Gefangenen den wachsamen Blick des Aufsehers auf Dauer ertragen? Warum sollten sie es zulassen, daß dieser ein »vollkommen dunkler Fleck«, alles ergründend, doch selber unergründlich bleibt, wenn sie nicht zwangsweise eingesperrt wären? Was sollte sie daran hindern, das Spionglas zu zerbrechen und, wie Dorothy und ihre Freunde, das kleine, unsichere und unsympathische Männchen zu entdecken, das sich hinter dem furchterregenden Gesicht, das der Zauberer von Oz zur Schau stellt, verbirgt und von dort aus die Fäden zieht?

Die Religion hat versucht, das Problem der Durchsetzung eines Moralkodex zu lösen, indem sie einen Gott postulierte, der in einem Leben nach dem Tod die Menschen bestraft oder belohnt. Dies war allerdings immer schon problematisch, vor allem wenn die Nichtbeachtung oder Umgehung von Gottes moralischen Vorschriften im gegenwärtigen Leben unmittelbare materielle Belohnungen verhieß und dadurch weit reizvoller war. Doch im Rahmen der Logik des Panopticons gibt es kein Leben nach dem Tod als Strafe, einzig das Hier und Jetzt. Benthams Metapher zeigt, daß Überwachung Fügsamkeit bewirken und so ein geeignetes Instrument zur sozialen Kontrolle sein kann, jedoch nur solange den Überwachten nichts anderes übrigbleibt, als sich der unerbittlichen Beobachtung durch den Aufseher zu unterwerfen. Die Geschichte der Überwachung in der westlichen Welt des 19. und 20. Jahrhunderts bestätigt Benthams Logik des panoptischen Systems und führt es gleichzeitig ad absurdum. Die Logik ist zwingend, und Analytiker des sozialen und politischen Lebens haben zu Recht auf die ungemein wichtigen Einsichten hingewiesen, die dieser Plan enthält. Doch diejenigen, die einer panoptischen Kontrolle ausgesetzt waren, leisteten oft Widerstand. Daher war das Panopticon immer eine umstrittene Konzeption, und als solche stelle ich sie auch in meinem Buch dar.

EINE KURZE GESCHICHTE DER ÜBERWACHUNG

In seinem bahnbrechenden Werk zur Entstehung des Gefängnisses ließ Foucault erkennen, wie sehr ihn die Idee eines panoptischen Systems aufgrund »der Kraft der Einbildungsmacht« faszinierte, die sie »seit bald zwei Jahrhunderten beweist«:

> Aber das Panopticon ist nicht als Traumgebäude zu verstehen: es ist das Diagramm eines auf seine ideale Form reduzierten Machtmechanismus; sein Funktionieren, das von jedem Hemmnis, von jedem Widerstand und jeder Reibung abstrahiert, kann zwar als rein architektonisches und optisches System vorgestellt werden: tatsächlich ist es eine Gestalt politischer Technologie, die man von ihrer spezifischen Verwendung ablösen kann und muß.[9]

Zwar beschäftigte Foucault sich hauptsächlich mit Gefängnissen und, in einem früheren Buch, mit Irrenanstalten[10], meinte jedoch, das Prinzip des Panoptismus sollte nicht auf derartige geschlossene, bewußt isolierte und von der Gesellschaft ausgegrenzte Bereiche beschränkt bleiben. Bentham träume davon, ausgehend von der in solchen geschlossenen Institutionen – »Kasernen, Kollegs, Manufakturen« – praktizierten Disziplinierung »ein die Gesamtgesellschaft lückenlos überwachendes und durchdringendes Netzwerk« zu schaffen. So sah Foucault im 17. und 18. Jahrhundert einen »Übergang ... vom Modell der Ausnahmedisziplin zu dem der verallgemeinerten Überwachung ... der fortschreitenden Ausweitung der Disziplinarsysteme ... ihre Vervielfältigung durch den gesamten Gesellschaftskörper hindurch, die Formierung einer ›Disziplinargesellschaft‹«[11]. Die panoptische Technologie breitete sich von spezialisierten, geschlossenen Institutionen auf die Verwaltungsapparate aus, die diese kontrollierten, und schließlich auf »Staatsapparate, die nicht ausschließlich aber wesentlich die Aufgabe haben, die Disziplin einer ganzen Gesellschaft durchzusetzen (Polizei)«:

> Eine Disziplinargesellschaft formiert sich also in der Bewegung, die von den geschlossenen Disziplinen, einer Art gesellschaftlicher »Quarantäne«, zum endlos verallgemeinerungsfähigen Mechanismus des ›Panoptismus‹ führt. Es ist nicht so, daß die Disziplinarfunktion der Macht alle übrigen Funktionen ersetzt hätte; vielmehr hat sie sich in sie und zwischen sie eingeschlichen, und indem sie sie gelegentlich modifizierte, sie miteinander verband und sie erweiterte, ließ sie die Machtwirkungen bis in die feinsten und entlegensten Elemente dringen. Die Disziplinarfunktion gewährleistet eine infinitesimale Verteilung der Machtbeziehungen.[12]

DIE PANOPTISCHE FABRIK

Laut dem britischen Sozialtheoretiker Anthony Giddens hängt die Entwicklung des neuzeitlichen Nationalstaats eng mit der Zunahme der Überwachung als eines wesentlichen Mechanismus administrativer Kontrolle zusammen.[13] Allerdings war die vorherrschende Organisationsform des modernen Staates nicht nur die eines *National-*, sondern auch die eines *kapitalistischen* Staates. Der Kapitalismus trennt das Wirtschaftliche vom Politischen und schafft die unterschiedlichen, wenngleich miteinander verknüpften Bereiche des privaten und des öffentlichen Sektors. Wenn laut Foucault panoptische Prinzipien allmählich die gesamte Gesellschaft durchdringen, müßte der kapitalistische Arbeitsplatz eigentlich ein geeigneter Ort sein, um nach ihnen zu suchen.

Wissen ist ein Produktionsmittel; nirgendwo wurde dies deutlicher als bei der Organisation des kapitalistischen Arbeitsplatzes. Adam Smith' Darstellung der produktiven Kraft der Arbeitsteilung wurde berühmt – er beschrieb, wie eine Nadelfabrik weit mehr produzieren könnte als ein Nadelmacher, wenn sie den Herstellungsprozeß in achtzehn verschiedene Arbeitsvorgänge aufteilte, die alle von verschiedenen Personen ausgeführt würden.[14] Diese einzelnen Prozesse und die Arbeiter müßten entsprechend eingeteilt und ständig überwacht werden. Im Gefolge der industriellen Revolution wurde die Fabrik zu einem wichtigen Schauplatz für Neuerungen in der Überwachung und Disziplinierung; Triebkraft waren die Zwänge des Marktes, die Effizienz und Wirtschaftlichkeit des Produktionsprozesses zu steigern. Mit dem Aufkommen des Montagebands wurden Arbeiter in einen ununterbrochenen, mechanisierten Produktionsfluß eingebunden, in dessen Rahmen sie letztlich genauso austauschbar waren wie die Einzelteile, die sie zusammensetzten. Am Fließband wurde jeder einzelne Handgriff des Arbeiters automatisch anhand des kontinuierlichen Arbeitsablaufs registriert – jede Abweichung machte sich auf der Stelle als Unterbrechung des Prozesses bemerkbar. Dem Erfinder des Montagebandes für die Massenproduktion, Henry Ford, reichte die Überwachung/Kontrolle seiner Arbeiter, die in der Fabrik selber möglich war, nicht aus. Bekanntlich erwartete er von seinen Arbeitern, daß ihr »Privat«-Leben seinen Vorstellungen moralischer Rechtschaffenheit entsprach; er schickte Firmenspione aus (die bezeichnenderweise die von Ford so genannte »Soziologieabteilung« bildeten), um das Verhalten der Arbeiter in ihren »Frei«-stunden zu überwachen. Als die Gewerkschaften auf den Plan traten, eine Herausforderung für die Unternehmer, nahm die kapitalistische Überwachung am Arbeitsplatz immer aggressivere Formen an. Die Firmenleitung entwickelte für ihre eigenen Zwecke etliche der für den modernen, auf Sicherheit bedachten Nationalstaat charakteristischen Absicherungs- und Ausspionierungsmethoden, anfangs, um das Einsickern gewerkschaftlich organisierter Arbeiter in die Fabrik zu verhindern, dann, als dies mißlang, um Gewerkschaftsaktivitäten genauestens zu überwachen sowie Streiks abzuwehren und zu unterlaufen.

Der kapitalistische Arbeitsplatz hatte seinen eigenen Bentham, einen Theoretiker der panoptischen Fabrik. Anfang des 20. Jahrhunderts entwickelte und propagierte Frederick Winslow Taylor eine »wissenschaftliche Betriebsführung«, und zwar nicht nur als Organisationsplanung für den Arbeitsplatz, sondern als Patentrezept für das effizientere Funktionieren jedes einzelnen Teilbereichs der kapitalistischen Gesellschaft. Wie Bentham hielt auch Taylor sich vor allem für einen Praktiker (er erfand ein Schnellverfahren für die Stahlproduktion) und nicht für einen Träumer, doch wie an Bentham erinnert man sich auch an ihn eher wegen seiner theoretischen Idealvorstellung – die als Ideologie sogar seinen Namen trägt: »Taylorismus«.[15] Das Wesen des Taylorismus oder der wissenschaftlichen Betriebsführung bestand darin, das Prinzip der Arbeitsteilung, das Adam Smith für den Herstellungsprozeß in der Fabrik formuliert hatte, auf den individuellen Arbeitsprozeß anzuwenden. Laut Taylor konnte man alle Arbeitsvorgänge in einzelne Bewegungsabläufe unterteilen; indem man diese wissenschaftlich analysierte, um die eine beste Möglichkeit zu ihrer Durchführung herauszufinden, ließ sich die Effizienz steigern. Im Gefolge der Zeit- und Bewegungsstudien, die Taylor und seine Schüler durchführten, tauchte eine neue Gestalt in der Fabrikhalle auf: der Effizienzexperte mit Stoppuhr und Notizblock. Das Management hüllte sich in eine Aura der Wissenschaftlichkeit und beanspruchte jetzt das Monopol auf nützliches Wissen über den Arbeitsprozeß; damit nahm man quasi die Geschicklichkeit und Kunstfertigkeit des Arbeiters selbst in Beschlag und machte ihn oder sie zu einer Leistungseinheit, deren Funktionieren man durch ständige und peinlich genaue Beobachtung kontrollierte. Am panoptischen Arbeitsplatz trat der Effizienzexperte an die Stelle des Aufsehers, doch das Ergebnis war weitgehend das gleiche: Untergebene wurden vom unverwandten Blick des allwissenden, aber selbst nicht begreifbaren Beobachters kontrolliert. Ein System der Pro-Stück-Entlohnung, das auf eine exakt gemessene Produktivität abgestellt war, sicherte Unterordnung und Leistungswillen, ohne daß man unverhohlen Zwang ausüben mußte.

Zumindest lautete so die Theorie. Wie bei Benthams Panopticon denkt man bei Taylors System eher an ein Gedankenkonstrukt als an konkrete Wirklichkeit – nicht zuletzt wegen des Widerstands der Arbeiter, die nicht willens waren, als bloße Hochgeschwindigkeits-

Arbeitsmaschinen zu dienen, um den Gewinn des Unternehmers zu mehren. Wiederum scheiterten panoptische Träume daran, daß der Zwang, der notwendig wäre, damit das System scheinbar freiwilliger Gefügigkeit funktioniert, nur in begrenztem Maße realisiert werden konnte. Jedenfalls folgten auf die ursprüngliche Form der Theorie einer wissenschaftlichen Betriebsführung Lehren, die eher auf Kooperation und Konsens (Kritiker würden sagen: Täuschung) bauten, um die Angestellten dazu zu bringen, sich der Planung des Managements willig unterzuordnen. Doch auch wenn der Taylorismus als Ideologie aus der Mode kam, wissenschaftliches Management gibt es nach wie vor: Macht am Arbeitsplatz beruht nicht nur auf dem Besitz von Kapital und der Aneignung menschlicher Arbeitskraft (das ist nur der Hintergrund, die strukturelle Bedingung), sondern in der tagtäglichen Praxis auf dem Konsens, daß das Management aufgrund seines besseren Überblicks und der daraus folgenden Konzentration nützlichen Wissens zur Leitung und Aufsicht legitimiert ist. Widerstand von seiten der Arbeiter schränkte die ungehinderte Ausübung dieser Macht ein, doch es gelang ihnen nie, den Prozeß umzukehren.

Überwachung als Kontrolle am Arbeitsplatz ist vor allem deswegen so wirksam, weil sie *rückbezüglich* ist. Das »Management« überwacht nicht nur die Arbeiter, sondern auch sich selber. Untersuchungen zur Effizienz befaßten sich ebensosehr mit Verwaltungs- und Überwachungsvorgängen wie mit der Produktion als solcher. Wie wir an späterer Stelle noch sehen werden, verstärkte die Ausbreitung neuer Informationstechnologien am Arbeitsplatz nicht nur die disziplinarische Überwachung der einst so genannten Produktionsstätte, sondern steigerte auch die Fähigkeit des Managements, sich und sein eigenes Verhalten zu kontrollieren und geeignete Maßnahmen zu ergreifen, um die eigene Effizienz zu steigern. Die neuen Technologien ermöglichen sogar eine Verlagerung des traditionellen Arbeitsplatzes und die geographisch weiträumige Verteilung der Arbeiter wie auch des Managements, ohne die Überwachung der jeweiligen Tätigkeiten einzuschränken: das dezentralisierte Panopticon.

Um es kurz zu machen: Das kapitalistische Unternehmen war und ist nach wie vor der wichtigste Ort nicht nur der Überwachung, sondern hier entwickeln sich auch alle technologischen und organisatorischen Neuerungen der Überwachungsmethoden. Gleichzeitig war die Geschichte des Kapitalismus, zumindest bis in jüngste Zeit, die Geschichte des nationalen Kapitalismus: Nationalstaaten fungierten als »Behälter« – undichte Behälter, gewiß, aber dennoch Behälter. Der moderne Nationalstaat verstand Souveränität als Monopol auf die legitime Ausübung von Gewalt über ein gegebenes Territorium, das sich zumeist, wenn auch nicht immer, mit dem Geltungsbereich einer einzigen Sprache, Kultur und nationalen Identität deckt. Der moderne Staat war eine Verwaltungseinheit, die das Staatsgebiet organisierte, Vorschriften erließ und für ihre Einhaltung sorgte, Recht und Ordnung aufrechterhielt, Streitigkeiten über die Zuweisung von Ressourcen schlichtete, durch Besteuerung und Subventionen Ressourcen im weitesten Sinne neu verteilte und die soziale und ökonomische Infrastruktur für kapitalistisches Unternehmertum bereitstellte. Da ein Staat nie als eine Art Insel für sich existierte, mußten die Staaten auch für Handels-, diplomatische und militärische Beziehungen zu anderen Staaten sorgen. Dies bedeutete in der Praxis die Aufstellung eines stehenden Berufsheers und daß sie wirtschaftlich und technologisch in der Lage und willens waren, im modernen Maßstab Krieg zu führen.

All dies setzte Wissen voraus, insbesondere reflexives Wissen, das heißt, die gesteigerte Fähigkeit des Staates, sich selber und seine Aktivitäten zu überwachen. Um seine Bürger zu besteuern, mußte er die Verteilung von Eigentum und Einkommen kennen und zudem seine Möglichkeiten, Einnahmen zu erzielen, kontrollieren. Vor der Herausbildung des modernen Staates wurde die Steuereintreibung delegiert, was in der Praxis nicht nur zu weitverbreiteter Korruption und Unterdrückung führte, sondern auch die Macht aufsplitterte und den Zentralstaat schwächte. Zentralisierte Steuererhebung setzt eine zentralisierte Datengrundlage voraus: Der Staat muß wissen, was vorhanden ist und besteuert werden kann und von wem er die Steuer eintreiben muß. Das Sammeln und Analysieren derartiger Informationen ermöglicht ihm gleichzeitig eine Einschätzung seiner selbst, seiner fiskalischen Möglichkeiten und Grenzen. Auf ähnliche Weise häuft der Staat, indem er für die Einhaltung der von ihm festgesetzten Vorschriften sorgt, Informationen über Bürger, Organisationen, Gruppen und Klassen an und entscheidet dann auf der Grundlage dieser Informationen über strategische Eingriffe in die bürgerliche Gesellschaft. Gleichzeitig prüft der Staat damit auch seine eigene Legitimität und Autorität.

Für all diese typischen Staatsaktivitäten ist Überwachung von ausschlaggebender Bedeutung; im Grunde genommen ist sie das wichtigste Werkzeug überhaupt. Viele für den modernen Staat charakteristische Abläufe sehen wir als selbstverständlich an, in einem Maße, daß uns ihre Einzigartigkeit in einem größeren historischen Kontext gar nicht bewußt wird. Beispielsweise gehört die routinemäßige Erhebung von Statistiken, die alle Aspekte von Gesellschaft, Kultur und Wirtschaft einbeziehen, wesentlich zum modernen Staat; in früheren Epochen gab es derlei kaum, außer in extrem rudimentärer und fragmentarischer Form. Das Aufstellen einer Sozialstatistik ermöglicht in historisch gesehen noch nie dagewesenem Maße ein kollektives Selbst-Bewußtsein. Die Gesellschaft hält sich selbst den Spiegel vor, jedoch in der spezifischen Form einer Statistik: Quantitative Beziehungen verdrängen qualitative; Kategorien, Klassen und andere »objektive« Begriffe treten an die Stelle von Menschen. Ziel ist es immer, ein Verständnis des sozialen Kosmos auszuarbeiten, um diesen zu ändern oder zu kontrollieren.

Statistische Informationen eignen sich optimal dafür, Zugriffsmöglichkeiten auf Personen zu liefern. Die inneren moralischen Eigenschaften der Menschen sind nicht meßbar; ihre berufliche Tätigkeit, ihre Eigentumsverhältnisse, ihr verfügbares Einkommen, ihre vertraglich geregelten Beziehungen sowie ihre Gesetzesverstöße sind hingegen sehr wohl meßbar und lassen sich regulieren und kontrollieren. Das Innenleben der Menschen (ihre Gedanken und Motive) ist nicht berechenbar, *Verhalten* hingegen läßt sich überwachen und kontrollieren. Statistische Überwachung führt nie zu Wissen um seiner selbst willen, zu Philosophie also (wörtlich: Liebe zum Wissen). Es handelt sich immer um Wissen zum Zwecke der Kontrolle, und meist stand es im Dienste des Staates – obwohl dies, wie wir noch sehen werden, in der Gegenwart und nahen Zukunft möglicherweise nicht mehr in dem Maße gilt wie in der unmittelbaren Vergangenheit.

Die Sozialwissenschaften, die man gelegentlich auch als »Verhaltens-«Wissenschaften bezeichnet hat, entwickelten sich zur gleichen Zeit wie der wohlinformierte Staat. Das ist kein Zufall, ebensowenig wie die Abhängigkeit der Sozialwissenschaften von den vom Staat gesammelten statistischen Informationen. Selbst die Prägung der Begriffe »Gesellschaft« durch Soziologen, »Wirtschaft« durch Wirtschaftswissenschaftler und »Regierung« durch Politologen wurde durch die Art von statistischem Material, das zu sammeln die Staaten für notwendig hielten, und durch die Art, wie sie diese Informationen in ein System brachten, beeinflußt. Die Sozialwissenschaftler ihrerseits trugen, wie um den Kreis zu schließen, dazu bei, die Statistikprofile des Staates auszugestalten, indem sie die verwendeten Begriffe ausarbeiteten und vertieften. Diese symbiotische Beziehung – eine Unterform davon ist die Beziehung des seltsamen Paares Spion-Gelehrter, von der weiter oben die Rede war – ist ein Ergebnis reflexiven Wissens, das erst durch die moderne Staatsform möglich geworden ist. Es läßt sich nicht vom Willen zur Macht trennen, der wesentlich zu der Fähigkeit gehört, ein kollektives Selbst-Bewußtsein der Art, wie ich es beschrieben habe, zu erweitern und zu vertiefen. Wissen, ob es nun für politische Aktionen des Staates eingesetzt wird oder in Form verschiedener soziologischer Denkschulen der Analyse dient, ist analytisch nicht von der Kontrolle zu trennen, die durch dieses Wissen ermöglicht wird. Dies gilt unabhängig davon, ob Reform oder Bewahrung das Ziel ist: Bei einer Veränderung wie auch bei einer Aufrechterhaltung der sozialen Ordnung geht es um Manipulation, Intervention und Kontrolle. Beide setzen eine statistische Grundlage voraus.

Vom Standpunkt des Überwachungsstaates aus ist ein rationell arbeitender Verwaltungsapparat, eine moderne Bürokratie im Weberschen Sinne[16], eine wesentliche Voraussetzung. Bürokraten werden nach ihren Fähigkeiten, nicht aufgrund von Verwandtschaft oder Gönnerschaft eingestellt und befördert: Von ausschlaggebender Bedeutung sind nicht die Person und ihre Beziehungen, sondern das Amt und die Funktion. Verwaltung muß innerhalb eines Zusammenhangs festgelegter Regeln ablaufen und in vernünftigem Maße vorhersehbar sein. Befolgung administrativer Regeln und Vorschriften ist die normale Routine. Und der Schlüssel zur Aufrechterhaltung dieses Systems ist Information. Die Fähigkeit des Verwaltungsstaates, zu verwalten, beruht auf einem umfassenden Wissen über die Gesellschaft und dem Wissen, wo und wann es zu Abweichungen kommt.

In einem leistungsfähigen Verwaltungsstaat kann panoptische Macht an verschiedenen Stellen eingesetzt werden, um unterschiedliche Personengruppen zu überwachen. Schulen bereiten die Menschen über eine lange Ausbildungszeit hinweg, die von der Kindheit über die Adoleszenz bis zum jungen Erwachsenenalter reicht, auf die Disziplin am Arbeitsplatz oder im Büro vor. Diese Arbeitsdisziplin gilt natürlich nur für diejenigen, die eine Stelle haben; für Arbeitslose, Arbeitsunfähige oder Leute im Ruhestand stellt der Staat Programme der öffentlichen Wohlfahrt oder des Versicherungswesens bereit, die ihrerseits ausgeklügelte Überwachungssysteme darstellen, um detaillierte Informationen über ihre Klientel zu liefern. In jedem Fall gibt es starke Anreize (Einkommen oder Zuwendungen), sich freiwillig der panoptischen Beobachtung auszusetzen, sowie Abschreckungsmittel, wenn man sich dieser Beobachtung entzieht. Weicht jemand trotz dieses Arsenals an Zuckerbroten und Peitschen der Überwachung absichtlich aus, so hat er gute Chancen, mit dem Gesetz in Konflikt zu geraten, das heißt, zu einem Gefangenen im engeren Benthamschen Sinne zu werden.

Hier kommt wiederum das Grundprinzip des Panopticons zur Geltung. Der Aufseher, jetzt der Bürokrat, beobachtet genauestens die Untertanen, jetzt die Gesellschaft, die für ihn so durchschaubar wie nur möglich geworden ist. Die Durchschaubarkeit ist allerdings einseitig, denn der Staat schützt sich selber eifersüchtig durch das Verwaltungsgeheimnis. Er erscheint dem Bürger als unergründlich (und, da die Verwaltung von der Politik getrennt ist, demokratischen Wählern nicht unmittelbar rechenschaftspflichtig). Im Hintergrund lauern natürlich Zwang und Gewalt als Sanktionen, die Willfährigkeit einem Staat gegenüber ermutigen, der mit großer Wahrscheinlichkeit Verstöße gegen die von ihm aufgestellten Regeln sieht und vermerkt. Der Unterschied zwischen dem panoptischen Staat und Benthams Panopticon betrifft den Grad an Komplexität. Eine Gesellschaft ist ein weit umfassenderes und unendlich komplizierteres Phänomen als ein Gefängnis, weniger überschaubar und damit weit schwieriger zu kontrollieren. Außerdem kann nicht einfach ein Bürokrat die Stelle des Aufsehers als solchen einnehmen. Die Masse der Informationen, die dieser umfangreiche Apparat zur staatlichen Überwachung der Gesellschaft hortet, ist viel zu groß, um von einem einzelnen verarbeitet und umgesetzt zu werden. Und eben das ist der Grund, weshalb eine Webersche Bürokratie mit dem Überwachungsstaat gekoppelt sein muß: Ihre hierarchische Ordnung von Büros und Funktionen soll die kollektive, rationelle Zuordnung von Informationen erleichtern. Der kollektive Aufseher ist im Grunde genommen durch eine funktionale Arbeitsteilung ersetzt, und die Überwachung dient im wesentlichen dem gleichen Zweck: zu gewährleisten, daß der Staatsbürger die Regeln verinnerlicht und befolgt, möglichst ohne dazu gezwungen werden zu müssen.

Der moderne Verwaltungsstaat hat häufig Anstoß zur Entwicklung neuer Technologien und Techniken der Überwachung gegeben. Ein Großteil der Neuentwicklungen geht auf den militärischen Apparat zurück[17] (wie wir in bezug auf Nachrichtendienste im vorigen Kapitel gesehen haben). Überwachung, die den Zwang als implizite Grundlage aller Staatsgewalt besonders deutlich sichtbar macht, bildete ebenfalls eine Speerspitze der Innovation. Andere administrative Bereiche entwickelten Techniken der Sammlung von Informationen, die speziell auf ihre Interessen zugeschnitten waren.

Dies gilt etwa für die Gesundheitsfürsorge, deren ausgefeilte Methoden der medizinischen Überwachung großer Bevölkerungsteile aus dem Staatssektor hervorgegangen sind.

DAS PANOPTICON IM DIENST DER RISIKOBEGRENZUNG

Ohne eine weitere, wesentliche Ausweitung wäre die Analogie zum Panopticon unvollständig. Benthams Panopticon setzte Strafmaßnahmen gegen Personen ein, die gegen die Regeln verstießen, doch weit wichtiger war die vorbeugende Kontrolle. Der Verwaltungsstaat – und in seinem Gefolge Unternehmen und Firmen – geht noch einen Schritt weiter, indem er die statistische Wahrscheinlichkeit des *Risikos* feststellt, daß bestimmte Personen den Vorschriften zuwiderhandeln. Sobald Risiko sich verläßlich berechnen läßt, kann man potentiell widersetzlichen Personen die Möglichkeit zu Regelverstößen nehmen. Große Organisationen, ob öffentlich oder privat, lassen ständig Risikoanalysen anfertigen und bemühen sich um Risikobegrenzung. Einige Beobachter gingen so weit, von einer »Risikogesellschaft« zu sprechen.[18] Mit Sicherheit sind das Netz von Daten und die Definition von Risikofaktoren (die sogenannten »Risikokommunikationssysteme«) selber wichtige panoptische Elemente. Risiken müssen verwaltet und eingedämmt werden; Vorbeugung ist stets kosteneffektiver und gesellschaftlich weniger nachteilig als eine Bestrafung nach geschehener Tat. Der panoptische Staat ist daher in zunehmendem Maße zukunftsorientiert und daran interessiert, aus den Informationen, die er sammelt, Voraussagen ableiten zu können, genauso wie ein kapitalistisches Unternehmen die zukünftige Rendite seiner Investitionen abzuschätzen versucht. Im Grunde machen beide sich zu Geiseln der Unsicherheit und sind eifrig, um nicht zu sagen unersättlich darauf bedacht, so viele Informationen wie nur möglich zu sammeln und zu speichern, um den Grad an Unsicherheit zu verringern.

Die Gier nach Informationen zur Risikobegrenzung scheint ins Grenzenlose zu wachsen. Mit den neuen Technologien des Sammelns, Verarbeitens, Speicherns und Abrufens von Daten nehmen die panoptischen Tendenzen in der modernen Gesellschaft ein ungeheures Ausmaß an und werden immer effizienter. Mit diesen neuen Technologien und deren Auswirkungen befasse ich mich in den folgenden Kapiteln.

3 Cyberspace – Die Bibliothek von Babel[1]

Die kapitalistische Kultur des Fin de siècle bringt eine Flut von Revolutionsprophezeiungen mit sich. Man erklärt uns, wir befänden uns mitten in einem tiefgreifenden Veränderungsprozeß, dessen Auswirkungen wir kaum abschätzen könnten. Diesmal handelt es sich jedoch nicht um das Gespenst einer Revolution von unten, sondern um eine Revolution von *außen,* bewirkt durch die wundersamen Taten jenes *deus ex machina* namens Technologie. Die Agrarrevolution und die Industrielle Revolution werden nun von der Informationellen Revolution überholt. Der Computer verändert die Wirtschaft, die Gesellschaft, die Kultur und die Menschen selber.

Für jene Propheten, die Digitalfuturologen des Kapitalismus, ist diese Revolution kein Gespenst, sondern ein Leuchtfeuer, das uns den Weg in eine lichtere Zukunft weist. Sie wird völlig anders aussehen als die Gegenwart, doch *plus ça change, plus c'est la même chose* (Je mehr etwas sich ändert, desto mehr bleibt es das gleiche): Motor dieser Veränderung ist der Kapitalismus, denn er erschließt die Quellen des technologischen Wandels; er weiß, wie man Technologie in praktisches Handeln umsetzt; er kann diese neuen Techologien vermarkten. Etliche Kapitalisten werden wohl vom großen Rad der Innovationen abgeworfen, doch diejenigen, die darauf mitzufahren lernen, werden mit hohen Positionen in den Kommandozentralen der neuen Welt belohnt.[2]

Gegen diesen Sirenengesang konservativer Revolutionäre erhebt sich eine kleinere, weniger auf die Elektronik fixierte und in den Medien nicht so präsente Gruppe linker Propheten, die in der neuen Technik die Keime einer gesellschaftlichen Umwälzung sehen. Demokratie wird nicht aus Gewehrläufen kommen, sondern aus Heimcomputern und Modems. Staaten und Unternehmen werden die Kontrolle über den Informationsfluß verlieren. Das Internet wird vom Volk regiert werden.[3]

Beide Lager sind sich zumindest darin einig, daß Technologie jetzt die eigenständige Triebfeder der Geschichte ist. Es ist, als würde irgendwo im Kosmos gewürfelt, und wir warteten aufgeregt und gespannt auf das Ergebnis. Es gibt noch ein drittes, politisch nicht mit den traditionellen Begriffen erfaßbares Lager, das diesen technologischen Determinismus vertritt. Doch das sind die Pessimisten. Sie sind davon überzeugt, daß die Auswirkungen verheerend sein werden, da sie Arbeitsplätze vernichten, zu einem Werteverfall führen, den gesellschaftlichen Niedergang einleiten und unsere Kultur verkümmern lassen.[4]

Schließlich gibt es noch eine vierte Gruppe; auch sie läßt sich politisch nicht einordnen. Sie lehnt den technologischen Determinismus der anderen ab, macht sich über den weitverbreiteten Infowahn lustig und vertritt die Ansicht, wir könnten das große Rad zurückdrehen oder es zumindest zum Stehen bringen, wenn wir die Dürftigkeit und Anmaßung dieser Prophezeiungen durchschauen.[5] In ihren Augen stellt die Informationelle Revolution lediglich eine weitere Veränderung in der Art, wie wir Dinge tun, dar und keineswegs einen qualitativen Sprung ins Unbekannte.

Angesichts der atemlosen und oft unreflektierten Diskussion dieser Frage erschrickt man beinahe, wenn man feststellt, daß schon vor etwa vierzig Jahren der argentinische Schriftsteller Jorge Luis Borges, der sich durchaus nicht für die Technologie der Gegenwart oder der Zukunft interessierte, ein vollkommenes Bild des Informationszeitalters entwarf, die beeindruckende Vision einer »Bibliothek von Babel«[6]:

Das Universum (von anderen die Bibliothek genannt) setzt sich aus einer unbestimmten, womöglich unendlichen Anzahl sechseckiger Galerien zusammen... Von jedem Sechseck kann man die unteren und oberen Stockwerke sehen, in nicht endender Folge. Die Anordnung der Galerien ist unwandelbar dieselbe. Zwanzig Büchergestelle, auf jeder Seite fünf, nehmen die Seitenflächen ein, von denen zwei frei bleiben; ihre Höhe, die sich mit der Höhe des Stockwerks deckt, übersteigt kaum die Größe eines normalen Bibliothekars. Eine der freien Flächen öffnet sich auf einen schmalen Gang, der in eine andere Galerie mündet; diese gleicht in allen Stücken der ersten und allen insgesamt … Hier geht die spiralförmige Treppe vorbei, die sich tief senkt und in ferne Höhen steigt. In dem Gang ist ein Spiegel, der den äußeren Schein getreulich verzweifacht … Die Bibliothek ist eine Kugel, deren eigentlicher Mittelpunkt sich in jedem beliebigen Sechseck befindet und deren Umfang unzugänglich ist.

Im Bild der Bibliothek von Babel erscheint das Universum als eine Ansammlung von Informationen; Leben besteht darin, Informationen abzurufen und zu interpretieren. Früher hätte man diese Vorstellung vermutlich mit einem Achselzucken als die Halluzination eines Gelehrten abgetan, der seine zurückgezogene, bibliophile Existenz mit dem eigentlichen Leben verwechselt. Als der große Historiker Edward Gibbon im 18. Jahrhundert den zweiten Band seines monumentalen Werks *Geschichte des Verfalls und Untergangs des Römischen Reiches* dem Herzog von Gloucester vorlegte, meinte dieser: »Schon wieder so ein verdammtes dickes, viereckiges Buch! Immer kritzeln, kritzeln, kritzeln, was, Gibbon?« Hat also der kritzelnde Schreiberling Borges lediglich eine Metapher für das Universum als Bibliothek hervorgezaubert? Gewiß. Doch diese Metapher verweist in Wirklichkeit auf ein Wesensmerkmal des Informationszeitalters. Inzwischen sind wir alle »kritzelnde Schreiberlinge«, selbst wenn wir eher mit der Tastatur als mit der Feder oder dem Füllhalter schreiben und das Geschriebene eher im Äther des Cyberspace speichern als in »dicken, viereckigen Büchern«. Genau das ist das Versprechen der Informationellen Revolution: uns den Schlüssel zu der unendlichen Bibliothek in die Hand zu geben, jener Bibliothek, »deren Umfang unzugänglich ist«, aber eine Kugel darstellt, »deren eigentlicher Mittelpunkt sich in jedem beliebigen Sechseck befindet«. Dereinst werden wir erneut in den wahren Mittelpunkt eines Universums zurückversetzt, aus dem uns vor langer Zeit eine Wissenschaft vertrieb, für die nicht mehr der Mensch im Mittelpunkt stand. Von dieser Mitte aus können wir die Sichtlinien aller anderen Sechsecke überblicken, die sich in alle Richtungen erstrecken; in unmittelbarer Echtzeit können wir so weit hinausgreifen, wie wir wollen, um jederzeit genau die Information abzurufen, die wir brauchen.

In den unendlichen Sechsecken der Bibliothek (die unendlich oft den Mittelpunkt bilden) durchsuchen nicht nur Schriftsteller und Gelehrte die Regale. Geschäftsleute organisieren ihre Unternehmen, rufen Marketingdaten ab, koordinieren den Warenzustrom von den ausgelagerten Produktionsfilialen her, steuern finanzielle Transaktionen, überwachen die ausgelagerte Buchhaltung und systematisieren den Zu- und Abfluß der Informationen, mit deren Hilfe sie ihre Geschäfte optimieren und die Rendite maximieren. Generäle und Admiräle proben auf dem virtuellen Schlachtfeld eines Computerbildschirms die Abläufe von K3A (Kommando, Kontrolle, Kommunikation und Aufklärung/Information). Bauern organisieren Bestellung und Anbau ihrer Felder entsprechend den Analysen eines Computerprogramms, das mit dem digitalisierten Bildmaterial gekoppelt ist, das ein Weltraumsatellit liefert. Der Football-Trainer funkt seinem Quarterback Anweisungen für Spielzüge zu, die auf den Wahrscheinlichkeitsrechnungen des Programms in einem Notebook an der Seitenlinie beruhen. Dem Taxifahrer berechnet ein »intelligentes« Leitsystem den schnellsten Weg durch das Gewirr der Großstadtstraßen und berücksichtigt dabei ständig den jeweiligen Verkehrsfluß. Eines ist all diesen unterschiedlichen Tätigkeiten und Myriaden anderen gemeinsam: Es geht um *Informationsverarbeitung*. Jede einzelne dieser Aktivitäten setzt bestimmte Fähigkeiten, Kenntnisse und Geschick voraus, die nicht vollständig von den Benutzern abgelöst werden können – *noch* nicht. Doch eine immer größere Anzahl von Tätigkeiten wird in einem nie zuvor gekannten Ausmaß in Informationsverarbeitung umgewandelt und anschließend wieder in die Tat umgesetzt. Das mag als zusätzlicher, wenn nicht gar überflüssiger Vorgang erscheinen, doch dieser Zwischenschritt setzt revolutionäre neue Kräfte frei.

Dieser Zwischenschritt, die Umwandlung des Materials in manipulierbare abstrakte Darstellungen, ist die Übersetzung in die universelle Sprache der *Digitalisierung*. Information wird in *maschinenlesbare* Form verschlüsselt, das heißt in eine Form, die sich auf Kombinationen der Symbole 0 und 1 zurückführen läßt; sie stehen für Hoch- oder Niederspannung beziehungsweise die Schalterstellungen »ein« und »aus«. Digitale Codierung ist insofern eine universelle Sprache, als jedes Medium, über das man sich ausdrückt, in digitaler Form gespeichert und anschließend wieder abgerufen werden kann: Texte, Klänge und Bilder können in *Daten* verwandelt und ganz nach Belieben in einer Form, die exakt dem Original entspricht, wiederhergestellt werden. Ist etwas erst einmal digital verschlüsselt, gibt es anschließend nichts mehr, das man als *Original* bezeichnen könnte, dem eine *Kopie* gegenübersteht. Es gibt nur eine Mona Lisa; Kopien, wie fachmännisch sie auch angefertigt werden, bleiben immer Kopien. Ein Bild oder ein Text oder ein Musikstück hingegen, das in digitaler Form hergestellt wurde, kann beliebig oft reproduziert werden, ohne seine Qualität einzubüßen. Die jeweiligen Empfänger können es »verbessern«, indem sie etwas hinzufügen oder wegnehmen. Dadurch beeinflussen sie die gespeicherte Version, die künftig gemeinsam mit einer Vielfalt verschiedener anderer Variationen existiert, in keiner Weise. Anders als im Fall des Kunstschänders, der der Mona Lisa ein Auge aussticht oder ihr einen Schnurrbart anmalt und das Original damit irreparabel beschädigt, können digitale Objekte unendlich oft verändert oder reproduziert werden: Neben der nichtdigitalisierten Mona Lisa gibt es nun für alle Zeiten eine einäugige Mona Lisa mit Schnurrbart (vorausgesetzt, andere wollen der geänderten Version zu Unsterblichkeit verhelfen, indem sie sie reproduzieren).

Doch in der Digitalisierung steckt noch mehr. Der Zustand des materiellen Bildes der Mona Lisa verschlechtert sich; daher muß man es unter künstlich aufrechterhaltenen Klima- und Lichtbedingungen aufbewahren; von Zeit zu Zeit sind möglicherweise sogar Teilrestaurationen erforderlich, um die Folgen des Alterns abzumildern. Eine digitale Mona Lisa hingegen »altert« nicht, denn der digitale Code, der das Objekt beschreibt, ist eine Abstraktion und steht gewissermaßen außerhalb der Zeit.[7] Aber das ist immer noch nicht alles. Das einmalige Portrait der Mona Lisa ist ein materielles Objekt, das einen ganz bestimmten Platz im Raum einnimmt: Es hängt an einer Wand im Louvre in Paris. Als man vor einigen Jahren vereinbart hatte, das Gemälde in New York auszustellen, mußten komplizierte Vorkehrungen getroffen werden, um das konkrete Objekt nach Nordamerika zu transportieren, es während seines Aufenthalts dort unterzubringen und zu sichern und es dann unversehrt an seinen ursprünglichen Platz zurückzuschicken. Eine digitale Mona Lisa hingegen könnte mehr oder weniger auf der Stelle von Paris nach New York übermittelt werden; im Vergleich zum Transport des konkreten Gemäldes wären zudem die Kosten äußerst niedrig. In der Tat können beliebig viele exakte Replikationen einer digitalen Mona Lisa an beliebig vielen Orten auf der ganzen Welt nebeneinander existieren.

Die Digitalisierung ermöglicht eine erstaunliche Alchemie: Der *Transport* (konkreter Objekte) wird in eine *Kommunikation* (von Informationsbits) umgewandelt. Dies hat verblüffende Kostenreduzierungen zur Folge, die zu einer neuen Geschäftsmaxime führen: *Verschickt Bits, nicht Kisten.* Beispielsweise gab es eine Zeit, in der die Leser der *New York Times*, die nicht in New York wohnten, warten mußten, bis ihre tägliche Zeitung per Lastwagen, Eisenbahn oder Flugzeug geliefert wurde. Später wurde eine digitalisierte Version über Satelliten zu Druckereien an verschiedenen Orten überall auf dem Kontinent ausgestrahlt, die dann die Zeitung für das jeweilige Auslieferungsgebiet herstellten. Doch die Digitalisierung ermöglicht eine noch viel unmittelbarere Form der Übertragung. Mittlerweile kann ich die *Times* auf meinem Computerbildschirm empfangen und mir aussuchen, welche Abschnitte ich direkt auf dem Bildschirm lesen will. Artikel, die mich besonders interessieren, kann ich entweder sofort ausdrucken oder als Datei herunterladen, um sie für einen späteren Zeitpunkt elektronisch zu speichern. Außerdem kann ich sie an jeden weiterschicken, der Zugang zum Internet hat, sofort und überallhin. All das ist wohlgemerkt unter souveräner

Mißachtung der einst schier unüberwindlichen Schranken von Zeit und Raum möglich. Ich kann meine Tageszeitung in Echtzeit erhalten, ganz gleich, ob ich mich in Toronto oder Tokio aufhalte.[8]

Die Digitalisierung ist eine Art Alchemie, doch sie hat nichts Magisches an sich. Der Schlüssel ist die universelle Sprache von Nullen und Einsen. Eine derartige Universalität gab es nie zuvor. Und dadurch wird Borges' Bibliothek als Metapher für die Welt erneut gültig und birgt gleichzeitig ein Versprechen in sich.

VOM KOLOSS ZUM MIKROPROZESSOR:
WIE DIE ALCHEMIE FUNKTIONIERT

Zwei grundlegende Neuerungen ebneten den Weg zur Digitalisierung: kleinere, schnellere und schlauere Computer und die weltweiten Echtzeit-Netzwerke der Kommunikationssysteme.

Als Idee existierte die Denkmaschine schon lange, bevor sie Wirklichkeit wurde. Wir könnten bis ins 19. Jahrhundert zurückgehen: Damals entwickelte Charles Babbage die Urform einer Analysiermaschine, die bereits viele Elemente der heutigen Digitalcomputer enthielt. Babbage standen jedoch lediglich die Möglichkeiten der viktorianischen Technologie zur Verfügung, und folglich stellte er sich eine riesige Maschine mit Getrieben und Hebeln vor. Daher überrascht es kaum, daß diese Konzeption nicht verwirklicht wurde.[9] In einer 1937 veröffentlichten Abhandlung legte Alan Turing das Konzept einer Maschine dar, die die einzelnen Schritte beim Kopfrechnen, die das menschliche Gehirn vollzieht, durchführen konnte. Diese imaginäre Maschine wurde als »universelle Turing-Maschine« bekannt: eine Art platonisch-mathematische Version des idealen Digitalcomputers, an dem gemessen sämtliche derzeitigen Computer lediglich unvollkommene Annäherungen darstellen. Als Turing während des Krieges in Bletchley Park an der Entwicklung einer Methode zur Entschlüsselung von Codes arbeitete, sah er sich gezwungen, eine solche Maschine zu konstruieren, die mit den unersättlichen Forderungen nach einer raschen Entschlüsselung der chiffrierten Kommunikation der deutschen Militärs Schritt halten konnte. Das Ergebnis war der erste Digitalcomputer der Welt, eine riesige Maschine mit 2400 Vakuumröhren, die sehr passend COLOSSUS genannt wurde.

An der University of Pennsylvania begann man während des Krieges mit der Arbeit an einem weiteren militärischen Projekt, das 1946, in den ersten Phasen des Kalten Krieges, abgeschlossen wurde: ENIAC, ein Computer, der COLOSSUS bei weitem in den Schatten stellte: Er enthielt 18 000 Vakuumröhren, 1500 Relais, 70 000 Widerstände und 10 000 Kondensatoren. Berichten zufolge flackerten in Pennsylvania die Lampen, wenn ENIAC eingeschaltet wurde. Er konnte keine Programme speichern und mußte von außen programmiert werden. Die Vakuumröhren brannten erschreckend oft durch. Doch der Computer schaffte die erste Aufgabe, die man ihm zuwies: Berechnungen für ein mathematisches Modell der Wasserstoffbombe.

Ein halbes Jahrhundert später ist die Rechenleistung eines einzigen Desktop-PCs größer, und er ist mit Sicherheit weit zuverlässiger als der Riesenapparat ENIAC, der so groß wie eine Turnhalle war. Seit jener Zeit veränderten sich Größe und Geschwindigkeit der Computer infolge einer Reihe von Schlüsselinnovationen radikal: 1947 entwickelten die Bell Laboratories in New Jersey den ersten Transistor als kostengünstigen Miniaturersatz für die energiefressende und unzuverlässige Vakuumröhre. Die erste kommerzielle Anwendung des Transistors war das billige Kofferradio der fünfziger Jahre, ein frühes Beispiel allgegenwärtiger, transportabler Medien. Von größerer Bedeutung war, auch wenn man dies nicht gleich begriff, daß man nun in der Lage war, kleinere und billigere Computer zu bauen.[10]

Im Verlauf der sechziger Jahre machte das Rechnen mit Hilfe von Computern Fortschritte, spielte sich jedoch weiterhin auf der Ebene der Großrechner ab. Erst in den siebziger Jahren trat mit einigen Schlüsselinnovationen, die alle in dieses Jahrzehnt fielen, eine wirkliche Wende ein. Gegen Ende der sechziger Jahre wurde der erste auf Silizium beruhende Mikroprozessor oder Mikrochip entwickelt und

1971 auf den Markt gebracht. Auf einem einzelnen Chip kann man viele Transistoren unterbringen; dies ermöglichte eine Miniaturisierung der Rechenleistung. Chips können nicht nur in Computer, sondern in praktisch jeden Gegenstand eingebaut werden. Bald tauchten die ersten der allgegenwärtigen Minicomputer, von »Smart Cards« bis hin zu »Smart Cars«, »intelligenten« Autos, auf. Das in den sechziger Jahren formulierte Mooresche Gesetz stellte die Hypothese auf, die Zahl der Transistoren auf einem Chip werde sich alle achtzehn Monate verdoppeln. In der *New York Times* hieß es damals:

> Der Transistor ist die kleinste Speichereinheit auf dem Computerchip, pro Transistor eine Ziffer. Und so brachte jede Zeitspanne von achtzehn Monaten eine Verdoppelung der Speicherkapazität mit sich – in Verbindung mit einer Steigerung der Geschwindigkeit und Effizienz, die eine derartige Verdoppelung bedingt. Heutzutage finden auf den am dichtesten bepackten Chips von Intel bis zu 32 Millionen Transistoren Platz.
> Moores Gesetz sagte auch voraus, die Kosten für Computerchips würden trotz der ständig und deutlich verbesserten Leistung spektakulär fallen – so sehr, daß ein einzelner Transistor, der Mitte der sechziger Jahre noch 70 Dollar kostete, heute für weniger als das Millionstel eines Cent zu haben ist.
> So bemerkenswert dies auch erscheinen mag: Dieses Gesetz hatte 32 Jahre Gültigkeit, 32 Jahre, in denen der Großrechner den Minicomputer zeugte, der Mini dem PC Platz machte, und die Chips Eingang in praktisch alle Bereiche der modernen Elektronik fanden.[11]

Doch mittlerweile gilt das Mooresche Gesetz nicht mehr; neue Entwicklungen ließen es veralten. Zu diesen zählen die »Flash«-Technik, die es erlaubt, mehr als eine Ziffer pro Transistor zu speichern, oder der »Megachip«, der dreimal so schnell arbeitet wie der schnellste derzeitige Chip[12], oder auch der Quantentransistor, der nicht nur viel schneller sein könnte als heutige Transistoren, sondern zudem weit weniger Energie verbrauchen würde[13]. In diesen Bereich fallen auch Forschungen zu noch winzigeren, mikroskopisch kleinen Transistorsubstituten, die mit Molekülen arbeiten[14], oder als letzte und bemerkenswerteste Neuerung die »Nanoröhre«, die aus Kohlenstoffatomen besteht; ihr Durchmesser entspricht dem einiger solcher Atome, und sie verhält sich offenbar wie ein Halbleiter[15]. Anfang 1998 hieß es, »israelische Wissenschaftler« hätten »als erste einzelne biologische Moleküle dazu gebracht, sich zu einem Stromkreis zusammenzuschließen. Diese Verbindung von Biotechnologie und Elektronik wird es letztlich ermöglichen, einen Transistor mit einem Durchmesser herzustellen, der einem Hunderttausendstel des Querschnitts eines menschlichen Haars entspricht; das bedeutet, sie wären hundertmal kleiner als heute.«[16] Schließlich könnten Halbleiter auf Proteinbasis in Verbindung mit biomolekularen Computern das Silizium ersetzen.[17] Die Möglichkeiten einer Weiter- und Höherentwicklung der Rechenkapazität durch Miniaturisierung scheinen unbegrenzt. Allenfalls könnte die Technologie bereits die Grenze des derzeit praktisch Machbaren überschritten haben, da sich ihre Erkenntnisse nicht mehr kurzfristig genug in praktische Anwendungen umsetzen lassen.

Eine weitere Schlüsselinnovation der Siebziger bestand in der Entwicklung des Mikrocomputers oder PCs und dessen Vermarktung gegen Ende des Jahrzehnts; gleichzeitig kamen die ersten Betriebssysteme in den Handel. Ende der achtziger und Anfang der neunziger Jahre konnte dann praktisch jedermann immer ausgeklügeltere Softwarepakete für nahezu alles, von Textverarbeitung über Buchführung bis hin zu Graphikprogrammen und Spielen, kaufen. An die Seite der Desktop-PCs traten äußerst mobile und leichte, aber leistungsstarke Notebooks, die man überallhin mitnehmen kann. Der Schwerpunkt verschob sich vom kapitalintensiven Großrechner, der eng an große, hierarchisch strukturierte Organisationen gebunden war (Staaten, Unternehmen und Institutionen) und von oben gelenkt wurde, zu einer relativ preiswerten, weitverbreiteten Verbrauchertechnologie, die unmittelbar auf benutzerorientierte Aufgaben abgestimmt werden konnte: Der Computer wurde demokratisiert.

Der nächste Schritt ergab sich aus einer höchst unwahrschein-
lichen Verbindung des militärischen Forschungskomplexes aus der
Zeit des Kalten Krieges[18] mit der nordamerikanischen Gegenkultur.
Bei dem ersten Computernetzwerk, das 1969 installiert wurde, handelte es sich um ein Forschungsnetz unter der Ägide des amerikanischen Verteidigungsministeriums, das als ARPANET bezeichnet
wurde. Die horizontale Vernetzung erwies sich für alle, die in den
Genuß seiner Vorteile kamen, als unwiderstehlich. Anfang der Achtziger war dann aus dem militärischen Netz ARPANET, obwohl nach
wie vor vom Verteidigungsministerium finanziert, ein eher wissenschaftliches Netzwerk geworden, das zur Entwicklung weiterer
Netze führte, die alle ARPANET als grundlegendes Kommunikationssystem verwendeten. Den daraus hervorgegangenen Komplex nannte man INTERNET.

Diese Entwicklungen standen allerdings immer noch in engem
Zusammenhang mit großen Institutionen: mit Regierung, Militär
und den Forschungszentren der Universitäten. Doch jetzt kam die
Gegenkultur ins Spiel. Ende der siebziger Jahre erfanden zwei
Studenten das Modem und verbreiteten danach kostenlos die Pro-
tokolle, die es Computern ermöglichen, Dateien direkt und ohne
Einschaltung eines Host (Hauptrechners) zu übertragen. 1979 ent-
warfen andere Studenten ein Protokoll, das es erlaubte, viele Computer über ein Telephon miteinander zu verbinden. Spontan ent-
standene Netzwerke wuchsen schnell zum Netz aller Netze
zusammen, dem Internet, das sich rasch über die ganze Welt ausbreitete. Was im Rahmen der militärischen Forschungskomplexe
des kalten Krieges begonnen hatte, sprengte nun diese Grenzen und
entwickelte sich zu etwas noch nie Dagewesenem: zu einem weltumspannenden, aus spontan entstandenen und sich ständig neu
erschaffenden Netzwerken hervorgegangenen Nervensystem der
Kommunikation.

An diesem Punkt kommt der zweite entscheidende Bereich technologischer Erneuerung ins Spiel: die *Übertragungskapazität*. Digitale Information durchläuft, hauptsächlich über Kabel und durch
das elektromagnetische Spektrum, die verschiedenen Medien. Inno-

vationen auf diesen Gebieten ermöglichten eine enorme Zunahme der übertragenen Datenmengen (»Bandbreite«) und der Übertragungsgeschwindigkeit. Optische Glasfaserkabel können bereits tausendmal mehr Bits pro Sekunde übertragen als das altmodische Telephonkabel – und noch mehr, da man in der Praxis bislang noch keine Obergrenzen feststellen konnte. Übertragung durch Mikrowellen und über Satelliten, an denen elektromagnetische Signale »abprallen« und weitergeschickt werden, sind ein weiterer wichtiger Bereich künftiger Erschließung und Entwicklung.

Beide Technologiebereiche entwickelten sich in steil ansteigenden exponentiellen Kurven, doch erst die *Verschmelzung* von Computer- und Kommunikationstechnik (»Netzwerke«) birgt das wahrhaft epochale Potential. Einerseits wird die Fähigkeit des menschlichen Geistes, riesige Mengen an Information zu speichern, zu ordnen, abzurufen und zu verarbeiten, durch die immer kleineren, immer schnelleren und immer leistungsstärkeren Mikroprozessoren enorm gesteigert. Andererseits dehnt sich die Reichweite des einzelnen ins Unermeßliche aus, sobald über Glasfaserkabel und Satellitenkommunikation eine Echtzeit-Vernetzung aller Computer zustande kommt.

Diese Verschmelzung zweier Technologien schuf buchstäblich eine neue Welt, einen neuen Raum – den *Cyberspace*. Der Cyberspace ist überall und nirgends,[19] und er wird insofern immer eine *tabula rasa* bleiben, als er durch die gleichzeitig ablaufenden Wechselbeziehungen zwischen all denen, die in dem Netz des Mediums arbeiten, ständig neu errichtet und umgebaut, geschrieben und umgeschrieben wird. Eine solch neue Welt zu entdecken – mehr noch, eine Welt zu entdecken, die anscheinend formbar ist – muß bei jedem, der zum ersten Mal ihre sich in immer weitere Fernen erstreckende, schier grenzenlose Reichweite erahnt, das faustische Element durchbrechen lassen.

Da fühlte ich des Astronomen Glück,
den ein Planet mit seinem Feuer bannt.[20]

Wie Faust sollten auch wir dem Teufel geben, was des Teufels ist. Die Möglichkeiten sind endlos, sie sind berauschend. Raum und Entfernung – durch technische Entwicklungen wie den Fernsprecher bereits geschrumpft – lösen sich im Cyberspace endgültig auf. Menschen kommunizieren ohne Rücksicht auf ihren konkreten Aufenthaltsort miteinander: Gemeinschaften (sind Kommunen Kommunikationssysteme?) können nicht nur örtliche Grenzen, sondern auch die künstlichen Konstrukte Nation und politische Grenzen überspringen; »virtuelle Gemeinschaften« bestehen aus Menschen, die aufgrund gemeinsamer Neigungen zusammenfinden, wo immer sie auch leben mögen. Diese Menschen können ein paralleles Leben führen, in dem sie sich Online-Repräsentationen schaffen, die mit den Online-Repräsentationen anderer Menschen Kontakt aufnehmen. In einer anderen, parallelen Welt, die vielleicht einmal mit der »richtigen« Welt zusammenfallen wird (oder auch nicht), erfinden sie sich neu.[21] Möglicherweise bestehen derlei virtuelle Beziehungen nicht einmal zu anderen Menschen oder auch nur zu deren Online-Repräsentationen. Man denke nur an die aus Japan importierte Modeerscheinung des »Tamagotchi« oder virtuellen Freundes, der nur im Cyberspace existiert.[22] Doch nicht allein die zwischenmenschlichen Beziehungen verändern sich auf möglicherweise tiefgreifende, wenn auch bisher nicht genau definierte Weise. Menschen, die mit Computern und anderen Menschen über das Medium des Cyberspace in Beziehung treten, entwickeln eine andere Vorstellung von sich selber. Neue Kommunikationsformen bringen neue Ausdrucksweisen und damit auch ein verändertes menschliches Bewußtsein hervor.[23]

VOM ROBOTER ZUM CYBORG

Schon hier und heute und nicht in einer Zukunft, über die man bisher nur Spekulationen anstellen kann, bringt der Cyberspace neue, »künstliche« Lebensformen hervor. In Computerlabors wurden Programme entwickelt, die eine bestimmte Umwelt (etwa einen Ozean) simulieren; in diese Umwelt wurde eine »Spezies« (zum Beispiel »Fische«) ausgesetzt, die darauf programmiert ist, sich an sich verändernde Bedingungen anzupassen. Generationen kommen und gehen, und die Anpassungen vollziehen sich ziemlich unabhängig vom ursprünglichen Programm. Die Fische schwimmen im Cyberspace umher, fressen, pflanzen sich fort und sterben. Sie sind nicht »echt«, materiell existieren sie nicht, doch sie verhalten sich wie »echte« Fische. Sie treten mit ihrer Umwelt in eine Wechselbeziehung, und im Verlauf dieses Prozesses entwickeln sie sich zu etwas Eigenständigem.[24] Meist schrecken wir instinktiv davor zurück, die Grenzen zwischen »echtem Leben« und seinen »künstlichen Nachbildungen« zu verwischen, doch dies ist eine der außergewöhnlichen Fragen, die uns von den neuen Technologien und den neuen Welten, die sie uns erschließen, aufgezwungen werden.

Ein weiterer Entwicklungsbereich ist »intelligente Software«. Softwareprogramme, die auf die Eigenheiten eines bestimmten Benutzers abgestimmt sind, werden als »Softwarestellvertreter« bezeichnet, da sie im Namen des Benutzers handeln und Aufträge ausführen sollen. Softwarestellvertreter, manchmal auch *knowbots* oder einfach *bots* genannt (Knowbot = Kurzform von knowledge robot; bot = Kurzform von knowbot: Agent oder Stellverteter), handeln als digitale Bevollmächtigte, die als Statthalter des Benutzers gleichzeitig an verschiedenen Stellen des Cyberspace tätig sind. Ein Programm, das Konferenzen entsprechend den persönlichen Eigenheiten des Benutzers plant, der vielleicht lieber morgens als am Nachmittag verhandelt, ist solch ein einfacher Stellvertreter. Der Stellvertreter automatisiert den Vorgang, nimmt mit den potentiellen Teilnehmern Verbindung auf und handelt einen für alle annehmbaren Termin aus. Um diese Aufgabe durchführen zu können, muß dem Planungsassistenten eine gewisse Lernfähigkeit einprogrammiert werden, damit er sich an die Besonderheiten der beteiligten Partner anpaßt. So muß er sich zum Beispiel merken, daß X für Konferenzen am Dienstagmorgen nie zur Verfügung steht oder daß Y eine ausgeprägte Vorliebe für Freitag hat. Ein anderer Bot wird darauf programmiert, die ungeheure Masse der im Netz verfügbaren Informationen entsprechend den sehr spezifischen Interessen des Benutzers zu durchforsten. Beispielsweise könnte ich einen Bot anweisen, die Tageszeitungen im Netz nach Artikeln über »Terrorismus« zu durchsuchen. Falls er jeden Artikel abliefert, in dem zufällig das Wort Terror vorkommt, möchte ich die Suche vielleicht eingrenzen. Ein intelligenter Stellvertreter wird in der Lage sein, aus seinen Fehlern zu »lernen«.

Bots sind darauf trainiert, bestimmte Arten von Information aufzuspüren. So hat zum Beispiel jemand keine Zeit, bestimmte Einkäufe im Netz selbst zu erledigen. In diesem Fall schickt er einfach Bots los, die im Web ausschwärmen und nach den besten Angeboten suchen – und vielleicht sogar selber den besten Preis aushandeln. Möglicherweise könnten schon in nächster Zukunft Börsenbots, die als virtuelle Broker fungieren, an die Stelle von Börsenmaklern treten.[25] Besonders interessant an den Bots ist, daß sie *lernen* und *sich anpassen*. Pattie Maes, aufgrund ihrer Arbeit in der Gruppe für Softwarestellvertreter im Medienlabor des MIT (Massachusetts Institute of Technology) auch »Königin der Bots« genannt, schreibt dazu:

> Stellvertreterprogramme unterscheiden sich von herkömmlicher Software vor allem in der Hinsicht, daß sie über etwas verfügen, das man am besten als eine Art Bewußtsein ihrer selbst als eigenständige Einheiten beschreibt. Ein idealer Stellvertreter kennt sein Ziel und bemüht sich, es zu erreichen. Außerdem sollte er robust und anpassungsfähig und überdies in der Lage sein, aus Erfahrungen zu lernen sowie mit einem Repertoire unterschiedlicher Verfahren auf unvorhergesehene Situationen zu reagieren. Schließlich sollte er unabhängig sein, damit er den aktuellen Zustand seiner Umgebung wahrnimmt und selbständig auf sein Ziel hinarbeiten kann.[26]

Bei den Bots herrscht ein darwinistisches Ausleseprinzip, und vor kurzem setzte ein Buch sich mit der Frage auseinander, ob wir Zeugen der Entstehung einer »neuen Spezies« sind. Könnten Bots wie die Roboter auf Abwege geraten? Ein amüsantes Beispiel liefert der

Fall der sich vermehrenden Barneys. In einer virtuellen Online-Gemeinde installierten die Programmgestalter zum Spaß Bots nach dem Vorbild der purpurroten Trickfilmdinosaurier, die herumrannten und sangen: »I love you, you love me, we're a happy family.« Andere Benutzer fühlten sich von den Barneys so genervt, daß sie sie virtuell »boxten« oder »traten«. – »Daraufhin zerfielen die Barneys in Einzelteile, von denen jeder zu einem neuen Barney wurde, bis die Gemeinde von Barneys förmlich überrannt wurde.«[27] Das mag komisch erscheinen, aber durchaus nicht komisch ist die etwas beunruhigende Vorstellung von intelligenten, anpassungsfähigen Stellvertretern dort draußen im Cyberspace, die unabhängig lernen und sich weiterentwickeln. Dadurch kommen möglicherweise moralische und rechtliche Fragen ins Spiel. Wie weit ist ein Benutzer für die Handlungen seines »Stellvertreters« bei Transaktionen im Cyberspace verantwortlich? Und das ist nur eines der verrückten Wunder der neuen Welt.

Solche Fragen werden noch beunruhigender, wenn man bedenkt, daß die Grenzen zwischen Biologie (der »Natur«) und Maschine (dem »Künstlichen«) zunehmend verschwimmen. Die Genetische Revolution und ihr Ableger, die Biotechnologie, fallen mit der Informationellen Revolution zusammen. Allmählich hat die Öffentlichkeit ein Bewußtsein für einige der bedeutsamen und zutiefst beunruhigenden Konsequenzen der Biotechnologie entwickelt, insbesondere für die Möglichkeit, Menschen zu klonen oder Organfarmen zu betreiben, in denen Ersatzkörperteile für Transplantationen am Leben gehalten werden. Beide Revolutionen entwickelten sich nicht zufällig im Gleichtakt weiter. Die genetische Forschung beruht auf dem Entschlüsseln und Lesen der DNA, dem grundlegenden Programm – man könnte es auch Software nennen – des Lebens. Die Computertechnologie wiederum erleichtert es, die gesamte genetische Struktur zu kartographieren. Das Genomprojekt wird erst irgendwann im 21. Jahrhundert abgeschlossen sein – bisher sind nur etwa zwei Prozent der herkuleischen Berechnung geschafft. Wenn man das Projekt abgeschlossen hat, ist es möglich, die DNA vollständig zu »lesen« – und die DNA zu lesen bedeutet auch, daß man sie »schreiben« kann, das heißt, man hat dann die Macht, Leben entsprechend bestimmter Vorstellungen zu gestalten – anders ausgedrückt: Gott zu spielen.

Der 1980 gedrehte Film *Bladerunner*[28] beschreibt ein Los Angeles des 21. Jahrhunderts, in dem das mächtige Unternehmen Tyrell aus Gewinnstreben »Replikanten«, genetisch programmierte Menschen, herstellt. »Unser Motto ist: Menschlicher als der Mensch«, erklärt der Konstrukteur. Die Replikanten sind für bestimmte Aufgaben entworfene Sklaven, doch die neuesten Modelle entwickeln Gefühle und lehnen sich auf; ihre Lebensdauer ist allerdings auf vier Jahren beschränkt. Rachel ist eine experimentelle Replikantin, die sich für einen Menschen hält; Gedächtnisimplantate haben sie mit einer Kindheit und Vergangenheit ausgestattet, von der sie glaubt, es sei tatsächlich die ihre. Sie erfährt, daß dies nur ein Täuschungsmanöver war, doch sie und ein Detektiv namens Deckar (ein »Bladerunner«, der darauf geschult ist, gefährliche Replikanten aufzuspüren und »aus dem Verkehr zu ziehen«) verlieben sich dennoch ineinander. Nachdem er Rachel enthüllt hat, daß all ihre Erinnerungen Implantate sind, aus denen sie sich eine Identität aufgebaut hat, bleibt Deckar in einer besonders eindringlichen Szene mit Photos seiner eigenen Familie und Kinderzeit allein zurück. Der Zuschauer sieht sich mit der verstörenden Möglichkeit konfrontiert, Deckars Vergangenheit sei möglicherweise auch nicht mehr wert als die Rachels. Beide haben ihre Identität aus Erinnerungsbruchstücken aufgebaut: Sind die Photographien Deckars »wirklicher« als Rachels Implantate? Unabhängig von ihrer Herkunft ist Rachel eine selbstbewußte Frau mit einer Persönlichkeit und Gefühlen, die Deckar fasziniert und ihn mit ihrem melancholischen, irritierenden Ich konfrontiert. Am Ende des Films flieht Deckar mit Rachel aus einem finsteren, verfallenden und vom sauren Regen zerfressenen Los Angeles. Sein Detektivkollege ruft ihnen nach: »Schlimm, daß sie nicht am Leben bleibt. Aber andererseits, wer lebt schon?«

Die Zwillingstechnologien Computerwissenschaft und Genetik weisen beide auf die Erschaffung von Intelligenz voraus – von künstlicher Intelligenz im Fall des Computers und biologisch eingebauter

Intelligenz im Fall der Genetik. Parallele Wege, die sich jedoch einander annähern. Aller Wahrscheinlichkeit nach wird man bei der Konstruktion von Computern immer mehr dazu übergehen, biologische Bauelemente wie auf Proteinmolekülen basierende Mikroprozessoren als Hardware zu verwenden. Was die Software angeht, wird man immer mehr Anleihen beim menschlichen Gehirn machen (dem am höchsten entwickelten Supercomputer der Welt, der keinen einzigen Baustein aus Silizium enthält), um mit künstlicher Intelligenz ausgestattete Software zu entwickeln; dies ist die nächste Stufe der Computerära. Freeman Dyson stellt die durchaus überzeugende Hypothese auf, daß Computertechnologie und Genetik zwar »miteinander konkurrieren, wer die führende Rolle in der Industriellen Revolution des 21. Jahrhunderts spielen wird«,

> ... doch wahrscheinlich können weder die Genetik noch die Computer das Rennen für sich entscheiden. Da die physikalischen Strukturen im Zentrum der modernen Computertechnik immer kleiner und gleichzeitig die chemischen Strukturen im Herzen der Gentechnik immer vielseitiger werden, überlappen sich die beiden Technologien allmählich und verschmelzen. Wahrscheinlich werden die siegreichen Konzepte einer intelligenten, solarbetriebenen Maschine oder einer intelligenten Abfallbeseitigungsmaschine elektronische und biologische Werkzeuge gleichermaßen einsetzen und zusammenarbeiten lassen. Die sich selbst reproduzierende Maschine wird teilweise aus Genen und Enzymen bestehen, während gentechnisch hergestellte Gehirne und Muskeln zum Teil aus integrierten Schaltkreisen und elektrischen Motoren zusammengesetzt sein werden. Schließlich werden physikalische und biologische Bausteine so eng miteinander gekoppelt sein, daß wir nicht mehr sagen können, wo der eine beginnt und der andere endet.[29]

Wissenschaftlern ist es mittlerweile schon gelungen, Nervenzellen einer Ratte auf einem Siliziumchip wachsen zu lassen – und über die Zellen elektrische Impulse an den Chip zu übermitteln. Letztendlich dürfte es möglich sein, menschliche Gehirnzellen direkt an einen Computer anzuschließen. Beispielsweise könnte man Siliziumchips in das Gehirn einpflanzen und so verschiedene Arten von Intelligenz miteinander verbinden. Silizium kann Daten besser speichern und abrufen sowie besser rechnen, während das Gehirn sich besser zur Erkennung von Mustern eignet. Warum sollte man also nicht versuchen, sie zusammenarbeiten zu lassen und ein »bionisches« Gehirn zu schaffen, das die Bestleistungen quantitativer und qualitativer Intelligenz vereint?[30]

Seit Ende der vierziger bis irgendwann in die sechziger Jahre hinein stellte man sich in den westlichen Ländern Computer zuerst als Rechenmaschinen und dann als Roboter vor, als Maschinen, die sowohl denken als auch handeln können. Roboter bräuchten ja nicht einfach passiv herumzustehen und auf Befehle des Menschen zu warten. Sie könnten sich wie Menschen im Raum bewegen und aktiv auf die Welt einwirken. Im Unterschied zum menschlichen Geist könnte Roboterintelligenz problemlos für Routineaufgaben, monotone oder gefährliche Arbeiten eingesetzt werden. Praktische Anwendungen der Robotertechnik bieten sich überall an. Arbeiten Fabrikroboter am Montageband nicht effizienter als menschliche Arbeiter und brauchen dabei weniger Zuwendung? Fließbandroboter werden nicht müde und machen keine Fehler, wozu ihre menschlichen Gegenstücke nur allzu gern neigen. Auch lästige Hausarbeiten könnten von Roboterdienern und -köchen übernommen werden. Tätigkeiten, die zu unangenehm oder gefährlich für biologische Wesen sind – zum Beispiel der Abbau bestimmter Rohstoffe in Bergwerken, die Beseitigung von Giftrückständen oder die Entschärfung von Bomben –, könnten Roboter sicherer und zufriedenstellender ausführen.

Abwechselnd begrüßte und fürchtete man die Roboter. Man begrüßte sie, weil sie stumpfsinnige Plackerei abzuschaffen sowie Arbeit und Leben zu erleichtern versprachen. Und man fürchtete sie, weil die Gefahr bestand, daß sie alle menschlichen Arbeiter insgesamt ersetzen, schließlich die Macht übernehmen und die Welt regieren würden. Zur Zeit der ersten Großrechner zirkulierte unter

Computerwissenschaftlern folgender Witz: Irgendwann in ferner Zukunft sind alle Computer der Galaxis in Serie geschaltet. Als man den Schalter umlegt und den ultimativen Supercomputer einschaltet, gibt man ihm als erstes die uralte Frage ein, von der die Menschheit schon immer besessen war: »Gibt es einen Gott?« Der Himmel verfinstert sich, der Donner grollt, dann kommt die Antwort: »JETZT gibt es einen!« In den Science-fiction-Romanen der fünfziger Jahre ging es hauptsächlich um gespenstische Geschichten, in denen Roboter über die Menschheit triumphierten. Meist wurden die Roboter analog zum Menschen dargestellt, wenn auch als seine Karikatur: Häufig waren sie Wesen aus Metall mit Armen, Beinen und Köpfen, gleichzeitig jedoch klüger und mächtiger als die Menschen. Aber sie kannten keine Gefühle, verspürten keinen Funken von Leidenschaft, Liebe oder Haß, wie sie in richtigen Menschen brennen. Als seien Roboter die eisige Verkörperung der prometheischen Fähigkeiten der Menschheit, die Macht der Wissenschaft und der mathematischen Rationalität heraufzubeschwören, die dann ihre Fesseln sprengte und zur Bedrohung werde. Diese phantasierte Bedrohung durch die Roboter fiel sicher nicht zufällig mit dem Atomzeitalter zusammen. Als Robert J. Oppenheimer, der »Vater der Bombe«, 1945 den riesigen, unheilvollen Wolkenpilz des ersten Atombombentests in Alamogordo sah, schoß ihm eine Zeile aus dem Hindu-Epos *Bhagavadgita* durch den Kopf:

Ich bin der Tod, der alles raubt, Erschütterer der Welten.[31]

Man fürchtete die Roboter auch als Todesboten: Tod durch den Amoklauf von Wissenschaft und Vernunft, Tod als Triumph des Metalls über das Fleisch, Tod als Sieg der Kälte und des Unbelebten über das Warme und Lebendige.

Die vollkommene Beschreibung des Roboters als Händler des Todes lieferte der in den sechziger Jahren gedrehte Film *2001: Odyssee im Weltraum*. HAL, der berühmte Computer mit der Synthesizerstimme, der das zum Jupiter fliegende Raumschiff steuert, kommt zu dem Schluß, daß die Mannschaft ihm im Weg ist, und er beginnt sie systematisch umzubringen.[32] Auch in seiner Darstellung markiert HAL einen Wendepunkt, da er als allgegenwärtig, als alles wahrnehmendes Auge und Ohr und als denkendes Wesen dargestellt wird und in dieser Funktion für das Raumschiff und seine menschlichen Insassen von ausschlaggebender Bedeutung ist. HALs überall eingebaute Gegenwart weist auf ein Verständnis künstlicher Intelligenz voraus, das eher unserer Zeit entspricht. Wenn die Informationelle Revolution sich ins 21. Jahrhundert fortsetzt, wird es immer schwieriger, sich den Gegensatz Mensch – Maschine in herkömmlichen Begriffen vorzustellen. Der »Computer« als gesonderte Einheit – Rechner, Bildschirm, Tastatur und anderes Zubehör –, die auf dem Schreibtisch steht oder in ein Transportgehäuse paßt, ist dazu verdammt, den Weg aller veralteten Technik zu beschreiten. Die Zukunft gehört dem »allgegenwärtigen« Computer, einer in all unsere Lebens- und Arbeitsbereiche eingebetteten Intelligenz.[33] Die sogenannten Smart Cards, etwa Kreditkarten mit Informationen, die in einem Chip gespeichert sind, oder Ausweiskarten, die persönliche Daten enthalten, sind erst der Anfang. »Intelligente« Autos, Büros, Schulen und Fabriken sowie »intelligente« Häuser werden Lebenswelten darstellen, in denen es keine isolierten Computer mehr gibt, sondern Computerkapazität, die überall ist. Wir nähern uns einer Zeit, in der sogar die Baumaterialien »intelligent« sind: beispielsweise registrieren Brücken Änderungen der Windgeschwindigkeit und passen die Spannung des Bauwerks automatisch an, oder intelligente Farbanstriche sondern ein feuerhemmendes Material ab, wenn sie zu große Hitze messen.[34] Auch diese Zukunft kann einem Angst machen. In dem 1995 erschienenen Science-fiction-Thriller *The Grid*[35] von Philip Kerr wird ein intelligentes Haus von einer künstlichen Intelligenz überwacht und betrieben, die wie HAL zum bösartigen Killer wird. Doch das könnte eine atavistische Reaktion sein, ein Anthropomorphismus, der einspringt, wenn die Vorstellungskraft angesichts einer noch nie dagewesenen Wirklichkeit versagt.

Als das alte Bild des Roboters verblaßte, wurde es durch ein Konstrukt ersetzt, das an der Nahtstelle zwischen der sich weiterentwickelnden Technologie und der Phantasie angesiedelt ist: den *Cyborg*. Der Cyborg ist zum Teil Mensch, zum Teil Maschine und vielleicht zum Teil sogar Tier. Der Begriff des Cyborg beruht, mit Donna Haraways Worten, auf folgender Vorstellung:

> Innerhalb unseres formalisierten Wissens über Maschinen und Organismen, über Technisches und Organisches gibt es keine grundlegende, ontologische Unterscheidung mehr... Eine Konsequenz aus diesem Wissen ist, daß wir ein besseres Verständnis vom Zusammenhang zwischen uns und unseren Werkzeugen entwickelt haben... Warum sollten unsere Körper an unserer Haut enden oder bestenfalls andere von Haut umschlossene Entitäten umfassen? Vom siebzehnten Jahrhundert bis heute konnten Maschinen belebt werden – sie wurden mit geisterhaften Seelen ausgestattet, um sie zum Sprechen zu bringen, sie in Bewegung zu versetzen oder um ihre geregelte Entwicklung und mentalen Fähigkeiten zu erklären. Es konnten aber auch Organismen mechanisiert werden, reduziert auf den Körper und verstanden als Ressource des Geistigen. Diese Formen des Verhältnisses zwischen Maschine und Organismus sind überholt und unnötig. Für uns, sowohl in der Vorstellung als auch in anderen Praktiken, können Maschinen Prothesen, vertraute Bestandteile oder ein freundliches *(friendly)* Selbst sein.[36]

Der Cyborg tritt im kulturellen Leben schon als Klischeefigur auf. Film und Fernsehserie *RoboCop* schildern eine mechanische, roboterähnliche Figur mit übermenschlicher Kraft. Doch im Innern des *RoboCop* steckt ein Mensch, der mitsamt mechanischen Ergänzungen rekonstruiert wurde, um größer, schneller und tödlicher zu sein als von Natur aus. Allerdings wurde er dadurch zugleich weniger menschlich, da seine ursprüngliche Identität verlorenging und innerhalb seines neuen mechanischen Panzers nur teilweise wiederhergestellt wurde. Differenzierter als dieses doch etwas schlichte Transportmittel für männliche Gewaltphantasien sind die Varianten in den Filmen *Terminator 1* und *Terminator 2*. Hier kommen

Cyborgs aus der Zukunft in das Los Angeles der achtziger und neunziger Jahre zurück, um von dort aus die Weichen für die Zukunft so zu stellen, daß der Sieg der künstlichen über die menschliche Intelligenz gesichert ist. Der erste *Terminator* (Arnold Schwarzenegger) ist eine roboterähnliche, auf Töten programmierte Kreatur. In *Terminator 2* wurde er zum »braven Kerl« umprogrammiert, der sich nun allerdings einem noch fortgeschritteneren und tödlicheren Cyborg aus der Zukunft gegenübersieht, der die Fusion der Maschine mit der Biologie verkörpert: Dieser Terminator kann seine Erscheinungsform mühelos verändern und vorgegebene Formen, seien es Menschen oder Gegenstände, täuschend echt imitieren.

Die Popkultur übernahm den Cyborg meist als zeitgemäßere Form des Roboters, die sich vom »normalen« oder »natürlichen« Menschen abhebt und ihm entgegengestellt wird. Doch während alte Klischees nur langsam sterben, verwächst der Cyborg auf andere Weise immer enger mit dem Verständnis unserer selbst. Der Cyborg als Symbol sich auflösender Grenzen, als eine Form, die »Natur« als festgelegte Größe in Frage stellt, fordert auch die starren Vorstellungen von Geschlecht und Rasse heraus. Der Cyborg weckt Gedanken an eine multikulturelle Vielfalt im tieferen Sinn (obwohl ihn sich der Kapitalismus durchaus aneignen könnte, um Multikulturalismus in oberflächlicher Weise zu vermarkten). Die feministische Autorin Donna Haraway legte den Cyborg in den achtziger Jahren als eine Art blasphemische, antirassistische und feministische Figur an.[37]

Der Cyborg läßt sich auch ökologisch interpretieren: Demnach sind wir keine autonomen Identitäten, die man eindeutig in ein Innen und ein Außen trennen kann, sondern statt dessen Teile eines größeren sozialen Ökosystems, das Natur, Menschheit und die »künstlichen« Erweiterungen der Menschheit in einem Netz kybernetischer Beziehungen zusammenfaßt. Auf der Ebene des Cyberspace werden die Überschneidungen all dieser Aspekte am deutlichsten sichtbar. Nirgends ist das eindrucksvoller dargestellt als in William Gibsons Kurzgeschichte *The winter market*.[38] Lise ist/war eine Frau, doch als Casey sie zum ersten Mal sieht, ist sie bereits eine

Cyborg-Frau. Ihr kranker, von Drogen zerstörter Körper wird von einem äußeren Gerüst aus Polykarbonat gestützt; auf diese Weise ist es ihr möglich, sich in der Welt zu bewegen und (in begrenztem Maße) zu handeln. Auf einer Party lernt sie Casey kennen und geht mit ihm in seine Wohnung. Er schlägt ihr Angebot, mit ihm zu schlafen, aus, doch vor ihnen liegt eine viel intimere Beziehung. Casey ist Herausgeber menschlicher Träume, die er mit einer Technologie der virtuellen Realität rekonstruiert und die von einem großen Multimediakonzern in den Handel gebracht werden. Traumkünstler sind zu globalen Popstars geworden. Mit dem Verkaufsschlager *Kings of Sleep* wird Lise zum Megastar unter den Traumkünstlern; Casey als ihr Herausgeber entwickelt zu ihr eine seltsame Beziehung, die zwischen Anziehung und Ekel schwankt. Wie ihr Publikum liebt er ihre Träume, doch die Beziehung zu der »echten« Lise bleibt distanziert, problematisch und frei von Sex. Sie zerstört ihren bereits verfallenden Körper weiterhin durch Drogenmißbrauch, fast als würde sie die Reste ihres biologischen Selbst hassen. Dann erfährt Casey von der Firma, sie sei »ins Netz eingegangen, für immer hinübergewechselt«. Lise, die ihren Körper für immer verlassen hat, wird in den Cyberspace heruntergeladen. Doch sie ist weder tot noch lebendig im herkömmlichen Sinn. Man kündigt Casey an, er werde demnächst einen Anruf von ihr erhalten,

wenn du ihren nächsten Traum herausbringst. Das wird sicher ziemlich schnell passieren, weil sie dringend Geld braucht. Sie braucht 'ne Menge Speicherplatz auf irgendeinem Großrechner der Firma, und ihr Anteil von *Kings* wird nicht annähernd für das ausreichen, was sie ausgegeben haben, um dorthin zu kommen.

Verblüfft fragt Casey: »Wenn sie mich anruft, ist das dann wirklich *sie?*« Die Antwort lautet: »Das weiß nur Gott. Ich meine, Casey, die Technik ist vorhanden, wer also, Mann, wer kann das schon sagen?«

Dies ist in der Tat eine moralische Parabel für das Zeitalter des Cyberspace. Man kann Unsterblichkeit erlangen, doch nur über die endgültige Umwandlung in eine Ware.

Borges' Bibliothek präsentiert sich als das Universum selbst. Doch es ist natürlich nicht das »wirkliche« Universum – sein Aufbau entspricht nicht dem von Materie. Es handelt sich um ein analoges »Universum«. Seine Regale beherbergen Information in Form von Texten, deren »Daten« das materielle Universum spiegeln oder reproduzieren. Borges' in der Bibliothek dargestellte Natur existiert seit Urzeiten. Die Struktur von Information ist zu komplex und zu elegant, als daß sie vom Menschen, dem »unvollkommenen Bibliothekar«, hätte hergestellt werden können. Man kann es ganz nach Belieben Gott oder Natur nennen, doch man sollte nicht vergessen, Information ist immer eine Aussage über eine Sache, nicht die Sache selbst. Doch das übersieht man leicht, wenn das Interesse sich auf den Inhalt der Bibliothek verlagert. Dazu stellt Borges fest: »Die Anzahl der orthographischen Zeichen ist fünfundzwanzig« (die Buchstaben des Alphabets, dazu Punkt, Komma und »Raum«). Das ermöglichte die Formulierung einer allgemeinen Theorie der Bibliothek. Das heißt, alle Bücher bestehen aus denselben Elementen, doch in der »ganzen ungeheuren Bibliothek gibt es nicht zwei Bücher, die identisch sind«. Daraus läßt sich der Schluß ziehen, »daß die Bibliothek allumfassend ist und daß ihre Regale alle möglichen Kombinationen der über zwanzig orthographischen Zeichen ... verzeichnen ...« Mit anderen Worten, »alles, was sich irgend ausdrücken läßt: in sämtlichen Sprachen – alles: die Geschichte der Zukunft bis ins einzelne ...«

> Als bekannt wurde, daß die Bibliothek alle Bücher umfasse, war der erste Eindruck ein überwältigendes Glücksgefühl. Alle Menschen wußten sich Herr über einen unversehrten und geheimnisvollen Schatz. Es gab kein persönliches, kein Weltproblem mehr, dessen beredte Lösung nicht in irgendeinem der Sechsecke zu finden war. Das Universum war gerechtfertigt, das Universum bemächtigte sich mit einem Schlag der Dimensionen unbegrenzter Hoffnung.[39]

So auch unsere Ära des Infowahns, des grenzenlosen Versprechens des Internets (einer Verkörperung von Borges' Bibliothek, die zu Millionen einzelner Computerbildschirme, den Fenstern zum Cyberspace, verdichtet wurde, einer »Kugel, deren eigentlicher Mittelpunkt sich in jedem beliebigen Sechseck befindet und deren Umfang unzugänglich ist«). Das ist keine Kleinigkeit. Des Teufels Versprechungen sind faszinierend. Kein Wunder, daß so viele dem Sirenengesang gefolgt sind. Doch halt... Der Cyberspace ist kein anderes Universum, in das wir durch eine magische Pforte entkommen könnten. Traumwelten existieren im Kopf von Träumenden, die in *dieser* Welt leben. Sie atmen, sie essen, wenn sie hungrig sind, und sie trinken, wenn sie Durst haben – oder auch nicht, das hängt von den materiellen Voraussetzungen ab. Der Cyberspace ist eine Traumwelt, doch die Träumenden träumen ihn mit Hilfe von Computerhardware, Glasfaserkabeln, komplexen Netzwerken der Telekommunikation und den speziellen gesellschaftlichen und ökonomischen Systemen, von denen diese Technik getragen und geliefert wird. Cybernauten sind in mehr als einer Hinsicht *verdrahtet*. Es gibt eine *politische Ökonomie* des Cyberspace, zumindest sollte es sie geben. Ja, sogar im dahintreibenden Delirium dieser neuen Welt werden die Cybernauten von der traurigen alten Wissenschaft, der Volkswirtschaft, wie von der Schwerkraft wieder auf die Erde zurückgeholt.

Einige unbequeme, aber unumstößliche Tatsachen: Die meisten Menschen in der realen gegenwärtigen Welt haben nicht nur keinen Computer, sondern nicht einmal Zugang zu einem Telephon. Für den größten Teil der Welt ist die Informationelle Revolution nicht einmal ein Gerücht. Der sogenannte Daten-Superhighway, den Al Gore, der Vizepräsident der Vereinigten Staaten, marktschreierisch hochjubelt, erschließt vielleicht den wohlhabenden Schichten Nordamerikas und Europas sowie den überentwickelten Teilen Asiens eine breite Autobahn. Doch wenn sie in Afrika, Lateinamerika und den weniger entwickelten Teilen Asiens ankommt, reicht sie nur noch über dünne Verzweigungen in privilegierte Inseln; für einen Großteil der dritten Welt existiert sie überhaupt nicht.[40] Zudem gibt es keinen vernünftigen Grund für die Annahme, die Informationelle Revolution biete eine magische Lösung für die endemischen Probleme von Armut und Unterentwicklung. Sie stellt eher die neueste Umschreibung für die andauernde und ständig wachsende Beherrschung der vielen Armen durch die wenigen Reichen dar. Für einen Bauern aus Bangladesch ist der Zugang zum Internet etwa ebenso nützlich wie eine Fahrt per Anhalter auf der Raumfähre Challenger; er ist dagegen sehr nützlich für die multinationalen Unternehmen, die das globale Wirtschaftssystem beherrschen, das Bangladesch als Elendsghetto aufrechterhält.

Das Problem stellt sich eindeutig sogar in westlichen Gesellschaften. Ein halbwegs zeitgemäßer Computerklon, raubkopierte Software, ein Modem und die monatlichen Anschlußgebühren mögen keine Rieseninvestition darstellen. Doch die Kosten sind hoch genug, um – zusammen mit dem spezifischen Umfeld der Computerkultur – viele auszuschließen. Die Folge ist, daß das Internet entschieden auf die Mittelklasse ausgerichtet ist. Außerdem sind seine Benutzer mehrheitlich eher männlich, weiß und weisen auch alle anderen uns vertrauten Merkmalen der Privilegierten auf. Natürlich kann sich dies im Lauf der Zeit ändern. Doch wie bei Entwicklungsprojekten für die dritte Welt gibt es in Kreisen von Politik und Bürokratie eine Flut übertriebener Vorstellungen (zum Beispiel die überschwenglichen Phantasien eines Newt Gingrich), ein Computer in jeder Küche werde irgendwie das Problem der Arbeitslosigkeit und des regionalen wirtschaftlichen Niedergangs lösen. Natürlich werden sich neoliberale Politiker des rechten Flügels, die zum Teil von der verändernden Macht des Computers salbadern, wohl kaum einen Plan für ein umfangreiches staatliches Beschaffungsprogramm ausdenken – noch ihn ausführen und finanzieren –, der den Armen und Arbeitslosen die erforderliche Hard- und Software zugänglich macht. Leider haben sich auch die Sozialdemokraten daran beteiligt, den Computer zum Mittel der Weiterbildung emporzustilisieren, auch wenn sie weniger utopische Vorstellungen verfolgen. Selbst die bescheideneren Projekte einiger sozialdemokratischer Regierungen, zur Umschulung (ein Mantra der derzeitigen Krise des Kapitalismus) von Fischern ohne Fischbestände, Bergarbeitern aus geschlossenen Kohlengruben oder Arbeitern aus der aussterbenden Schwerindustrie, denen man »Fertigkeiten« am Computer vermitteln will, erweisen sich schnell als geradezu lächerlich begrenzt. Bestenfalls haben diese umgeschulten Arbeiter, wenn sie sich über ihre Tastaturen beugen, sofortigen Zugang zu der Information, daß es keine Jobs gibt. Das Anstehen vor dem Arbeitsamt hatte ihnen zumindest noch ein Minimum an menschlichem Kontakt mit Schicksalsgenossen vermittelt, auch wenn das Ergebnis das gleiche war.

Die Vorliebe neoliberaler Politiker für das Infogeschwätz hat wenig mit irgendwelchen Vorstellungen zu tun, Reichtum und Macht anders zu verteilen. Der Computer als Mittel der »Weiterbildung« ist nichts als wunderbar zweideutige Rhetorik. Diese »Weiterbildung« liefert eine praktische und modische Begründung, die Mittel im öffentlichen Bereich noch weiter zu kürzen. Wer braucht denn noch Heere von Angestellten des öffentlichen Dienstes, die ihre Leistungen anbieten, wenn die ehemaligen Kunden des Staates sich jetzt direkt zuschalten können? Wer investiert noch Geld in konkrete Infrastrukturen und deren Erhaltung, wenn der Zugang zu Dienstleistungen über das Netz möglich ist? Politiker des rechten Flügels in Amerika, die nicht mehr mit ansehen wollen, wie Steuerdollars an Universitäten und Colleges verteilt werden, sprechen bereits von der »virtuellen Universität«. Dort werden den Kunden (früher hießen sie Studenten) Lehrveranstaltungen angeboten, die ihnen von Programmierern (die früher Professoren hießen) zusammengestellte Informationen vermitteln. Aufgaben und Antworten auf Prüfungsfragen werden eingetippt, ohne daß man den Platz vor seinem Computer zu Hause verlassen müßte. Die Vision in ihrer ganzen Breite sieht vor, das gesamte Universitätspersonal sowie den größten Teil des Lehrkörpers samt dem Verwaltungsapparat von den öffentlichen Gehaltslisten zu streichen; der konkrete Teil der Anlage (früher Campus genannt), könnte dann an den privaten Sektor verkauft werden, damit dieser eine produktivere und profitablere Verwendung dafür findet. Dies ist nur ein Beispiel für andere Pläne dieser Art, einen »virtuellen öffentlichen Bereich« oder den »virtuellen

Staat« zu schaffen. Wie in der virtuellen Realität gestatten die Benutzer ihren Sinnen, ihnen vorzutäuschen, sie seien irgendwo, wo sie gar nicht sind, und täten Dinge, die überhaupt nicht stattfinden. Wahrhaft Opium für das Volk!

Bei vielen der heutigen Cybernauten, vor allem den amerikanischen, herrscht eine Ideologie, die man am besten als Grenzlandkapitalismus oder Wildwuchsindividualismus beschreiben kann. Das Selbstbild entspricht dem des einsamen Grenzbewohners dort draußen am äußersten Rand der Zivilisation, der mit dem zeitgenössischen Äquivalent des sechsschüssigen Gewehrs bewaffnet ist, seinem Hochgeschwindigkeitsmodem. Es kommt in einer übermächtigen Abneigung gegen den traditionellen Feind des Grenzlandbewohners zum Ausdruck, nämlich die Regierung und deren Versuche, seine überschäumenden Energien in geregelte Bahnen zu leiten und zu bändigen. Deshalb gab es auch so wütende Reaktionen auf die unbeholfenen Anläufe der Clinton-Administration, eine Überwachung des Internets mittels des »Clipper-Chips« durchzusetzen oder ein Embargo über den Export verschiedener Verschlüsselungsprogramme zu verhängen. Dasselbe gilt für den tolpatschigen Versuch des FBI, das Anzapfen digitaler Kommunikation weiterzuentwickeln (und den Benutzer für das Privileg auch noch bezahlen zu lassen!), und für die Vorstöße verschiedener Regierungsstellen, Pornographie und Hetzbriefe im Cyberspace zu zensieren.[41] Unter den gegebenen Umständen sind die wütenden Reaktionen vielleicht verständlich, doch sie sind auch klassische Beispiele für Fahrmanöver mit Hilfe des Rückspiegels.

Doch weder das individuelle freie Unternehmertum noch ein aggressiver Interventionismus des Staates sind für die neue politische Ökonomie des Cyberspace von besonderer Bedeutung. Hardware wie Software werden von Firmengiganten wie IBM und Microsoft hergestellt, und die Infrastruktur des Internets ist derzeit der Zankapfel zwischen den Telephonriesen und den Medien- bzw. Kabelgiganten. Die eigentliche Grenze liegt in der Umwandlung von Information in eine Handelsware durch Kapitaleinsatz. Um ein anderes Bild zu gebrauchen: Der Cyberspace ist so etwas wie das allgemein zugängliche Weideland, das plötzlich eingezäunt werden soll. Die unablässige Betonung des »geistigen Eigentums«, das in den letzten Jahren ein entscheidendes Element internationaler Handelsabkommen geworden ist, zeigt uns deutlich die Richtung auf, in die die sogenannte Informationelle Revolution sich entwickelt. Der Aufbau des Cyberspace könnte ohne weiteres so aussehen wie die Vision von William Gibson in *Neuromancer*[42]: umfangreiche und geheimnisvolle Datensammlungen, die wie Superfestungen aufragen und von gigantischen Firmen streng bewacht werden – die »wirkliche Welt« hingegen suhlt sich in urbaner Verkommenheit, schäbiger Kriminalität, Gewalt und ordinärem Eskapismus.

VON MASSE ZU MIKRO

Information ist ein Rohstoff, der für den Kapitalismus des ausgehenden 20. Jahrhunderts das gleiche bedeutet wie Öl für den Kapitalismus zu Beginn unseres Jahrhunderts. Das soll nicht heißen, der Industriekapitalismus sei tot, wie einige unklugerweise daraus abgeleitet haben. In großen Teilen der Welt ist das Automobil weiterhin das wichtigste Transportmittel, und man muß nach wie vor Ölquellen erschließen, um den ungeheuren Spritdurst der Autos zu stillen. Information hat die älteren Rohstoffe keineswegs ersetzt, und an die Stelle der Industrialisierung trat nicht das postindustrielle Zeitalter. Doch der Computer und die neuen Kommunikationstechnologien haben die Abläufe von Produktion und Distribution neu definiert. Massenproduktion und Massenkonsum haben ihr Wachstumsversprechen eingelöst, sich dabei aber auch verändert. Die Herstellung (inklusive Kundendienst) erfordert weniger Arbeiter und mehr »Flexibilität«, und die »Nischen«-Vermarktung von Produkten für spezielle Zielgruppen tritt zunehmend in Konkurrenz zum Massenkonsum massenhaft vermarkteter Güter. Auf beiden Seiten dieser Gleichung sind Informationen und deren Hochgeschwindigkeitsübertragung entscheidende Hilfsmittel. Die Verschiebung von der Primärproduktion zum informationsintensiven

Dienstleistungssektor, die derzeit in allen reichen Industrienationen stattfindet, stellt einen weiteren Indikator für diesen Wandel dar. Die Verfügungsgewalt über Information und ihre Übertragung ist der Schlüssel zum Erfolg in der kapitalistischen Welt von morgen.

Die Vorstellung, man ließe zu, daß dieser entscheidende Rohstoff Allgemeingut wird, ist Idealismus der törichtsten Art.[43] So wird die Allmende des Cyberspace ebenso schnell eingezäunt, wie ihre Fläche wächst. Die Verteidiger der »elektronischen Freiheit« haben zwar das Herz am rechten Fleck, aber sie stecken die Köpfe in den Sand. Junge Einzelkämpfer in Gestalt der Cyberpunk-Hacker, die zum eigenen Vergnügen und Profit in die finsteren Türme der Datenbanken großer Unternehmen einbrechen, die über der verdrahteten Welt aufragen, haben sich besser auf die Wirklichkeit eingestellt. Als Amerika Anfang 1998 mit einem Angriff auf den Irak drohte, führte ein konzertierter Cyberangriff auf die Datenbänke des Pentagon zu ersten Alarmrufen wegen eines »Infokrieges« der Feinde Amerikas. Doch es stellte sich heraus, es waren nur zwei Hacker im Teenageralter. Als man einen der beiden, er nannte sich Makaveli, nach seinen politischen Motiven fragte, erwiderte er verächtlich: »Es geht um Macht, Mann, kapierst du, um Macht«[44] – und vermutlich meinte er damit Macht um ihretwillen und nicht im Dienste höherer Motive. Makavelis Mentor, ein junger Israeli, der sich den Namen »The Analyzer« gegeben hatte, wurde von Israels Premierminister Benjamin Netanyahu gelobt; viele seiner Landsleute sahen in ihm einen Volkshelden. In einem Interview erklärte der Analyzer, er »hasse« große Organisationen und Regierungen, und meinte, »Chaos« sei eine gute Alternative zu Regierungen.[45]

Doch sogar diese modernen Wegelagerer werden manchmal selbst von genau den Organisationen geschluckt, die sie mit Erfolg aufs Korn genommen hatten: Die Knacker elektronischer Safes werden als gerissene High-Tech-Sicherheitsleute eingestellt, um andere draußen zu halten (und, wer weiß, auch gleich die Sicherheitseinrichtungen der Konkurrenz zu knacken?) Vielleicht sind wir schon auf dem Weg in ein neues Zeitalter, das den individualistischen Hacker hinter sich läßt: Organisierte elektronische Kriegführung, für die Teams disziplinierter Firmenhacker angestellt werden, um systematisch in die Datenbänke und die Software wirtschaftlicher Konkurrenten einzubrechen oder sie zu sabotieren, könnte bald an der Tagesordnung sein.[46] 1998 erschütterte eine Nachricht die Welt der Finanzdatenfirmen: Eine verdeckte Ermittlung der amerikanischen Bundesbehörden, unter anderem mit Hilfe von Informanten und mitgeschnittenen Unterredungen, hatte ergeben, daß ein Riese im Finanzdatengeschäft, eine Tochterfirma der Agentur Reuters, angeblich Computerspezialisten beauftragt hatte, von den Computern des Unternehmens Bloomberg, eines Hauptkonkurrenten, vertrauliche Informationen zu stehlen.[47] Schockierend wirkte vor allem, daß die Vorwürfe eine ehrenwerte Firma für Finanzdienstleistungen betrafen, obwohl diese Form kybernetischer Firmenspionage häufiger sein dürfte, als allgemein zugegeben wird.

Computerviren, die zunächst nur von Einzelgängern aus Bosheit oder Jux verbreitet wurden, dürften zunehmend als Waffen eingesetzt werden, die man auf bestimmte Informationssysteme der Konkurrenten ansetzt (die biologische Kriegführung des Cyberspace, bei der man die Synapsen der informationellen Ökonomie des Feindes angreift).[48] Zum »Infokrieg« als neuer Front internationaler Feindseligkeiten gibt es immer mehr Literatur, sogar ein Guru dieser neuen Militärwissenschaft existiert, Winn Schwartau.[49] Techniken, mit denen die Informationssysteme des Gegners angegriffen und gestört werden, sind nicht unbedingt Staaten vorbehalten. Sie lassen sich ebensogut auf den Wettbewerb zwischen Unternehmen ausrichten. Die Bedrohung durch einen Infokrieg führte bereits zu Sicherheitsmaßnahmen, zum Beispiel den Aufbau von »Firewalls«, Brandmauern rund um Datenbestände. Nachrichtendienste des staatlichen Sektors bieten dem privaten Sektor inzwischen ihre beträchtlichen Erfahrungen auf dem Gebiet der Datensicherung zum Selbstkostenpreis an. Die Abteilung Datensicherheit in der Kommunikationszentrale der britischen Regierung (Government Communications Headquarters, GCQH) trägt sich mittlerweile selbst, da sie für die Beratung britischer Firmen Gebühren erhebt.[50] Angesichts der Angriffsmöglichkeiten, die die neuen Technologien eröffnen, kommen diese Entwicklungen keineswegs überraschend. Allerdings ist das weit entfernt von der »Verheißung des Internets« von der Vision unbegrenzter Information, die für alle und jeden offen daliegt, die diese Felder abgrasen und kostenlos die Blumen der Wahrheit pflücken wollen.

Wir müssen uns genau überlegen, warum die Verheißungen des Internets ein – wenn auch äußerst angenehmer – Irrglaube sind. Es liegt nicht daran, daß Kapitalisten böse Menschen sind oder große Unternehmen sich gegen das Gemeinwohl verschworen haben (beides mag zutreffen, doch darum geht es hier nicht). Information ist ein Produkt. Rohe, unverarbeitete Daten sind noch keine Information – doch selbst dafür braucht man jemanden, der sie erst einmal zusammenträgt und in zugänglicher Form aufbewahrt. Schon hier entstehen Ansprüche auf eine Entlohnung dieser Arbeit. Die Verarbeitung der Daten zu einem fertigen Produkt, das für potentielle Kunden von Nutzen sein kann, steigert ihren Wert noch. All das wird sich im Endpreis niederschlagen. Nur dem gewinnorientierten privaten Sektor stehen die Mittel zur Verfügung, sowohl anspruchsvolle Information zu produzieren wie auch das Endprodukt in einem kommerziell rentablen Umfang zu kaufen. Informationsdienste des öffentlichen Sektors waren früher weitgehend frei zugänglich oder relativ billig. In unserer neoliberalen Zeit führten jedoch die Marktprinzipien des Bezahlens durch die Nutzer, der Kostendeckung sowie der Dienstleistung für »Kunden« praktisch zu einer Privatisierung der Informationen des öffentlichen Sektors. Selbst die einst privilegierten Bastionen geheimer Staatsinformationen, die Sicherheits- und Nachrichtendienste, verscherbeln ihre Informationsdienste an die Meistbietenden des privaten Bereichs.[51] Zwar stellen Regierungen zunehmend kostenlose Informationen ins Internet, doch dies dient vor allem der demokratischen Rechtfertigung ihrer kostendeckenden Belieferung des privaten Bereichs: Im allgemeinen ist die bloße Tatsache, daß eine Information frei verfügbar ist, bereits ein Beweis für ihren relativ niedrigen Warenwert.

Für diejenigen, die aus dem Vollen schöpfen können, wird der Cyberspace eine Fundgrube für Informationen sein. Für alle übrigen dürften die Verheißungen des Internets dagegen allzu häufig ein überladenes, wirres und anarchisch desorganisiertes Chaos von Infomüll bedeuten, der so wertlos ist, daß man ihn an den Randstreifen der Datenautobahn abgeladen hat. Dort kann ihn jeder nutzen, der sich die Mühe macht, das überschüssige Zeug aufzuklauben. Im Lauf der Zeit wird das eine oder andere Stück Abfall von kleineren Unternehmen, die mit Flitter und Glasperlen handeln, gereinigt und neu angeboten werden: Die Fernsehzuschauer in Nordamerika kennen dies schon aus den Einkaufskanälen des (Privat-)Fernsehens. Selbst das *Inter*net, so wie wir es kennen, dürfte zunehmend von privaten *Intra*nets abgelöst werden. Intranets sind Erweiterungen lokaler Netzwerke, die sich derselben Webtechnologie bedienen wie die Internetnutzer, aber nur Befugten für den internen Gebrauch zur Verfügung stehen. Transnationale Firmen wie Xerox können ihren Angestellten an jedem beliebigen Ort die Kommunikationsdienste des Web anbieten und dies in begrenztem Maß und mit gewissen Sicherheitsvorkehrungen sogar auf Lieferanten und Kunden ausdehnen. Ende der neunziger Jahre sind Intranets bereits so beliebt, daß die Installation von Servern, die auf interne Nutzung beschränkt sind, inzwischen die Einrichtung von externen Webservern überholt hat. Das verweist auf eine künftige Gestaltung des Web, bei der die »freien Informationsweidegründe« immer mehr eingezäunt werden. Gewöhnliche Bürger dürfen nicht mehr hinein, außer sie sind Mitglied oder bezahlen für das Privileg.

DAS NETZ ALS METAPHER

Vielleicht ist es falsch, sich allzusehr auf das »Netz« in Form des Internets der neunziger Jahre oder auf das »Web« als das World Wide Web dieses Jahrzehnts zu konzentrieren. Sie verkörpern lediglich einige der Möglichkeiten der neuen Informationstechnologien zu einem gegebenen Zeitpunkt ihrer technischen Entwicklung. Höchstwahrscheinlich werden sie sich, möglicherweise unmerklich, in der fieberhaften, darwinistischen Welt der High-Tech-Innovationen jedoch eher früher als später, verändern. Viel interessanter ist *das Netzwerk als Metapher für eine neue Form von Organisation, die die neuen Informationstechnologien ermöglichen.* Nicht ohne Grund sage ich: »ermöglichen« – Organisation in Form von Netzwerken gibt es schon seit geraumer Zeit, doch erst durch die neuen Technologien setzt sie sich zunehmend durch und verdrängt ältere Organisationsformen.

Dem ersten Band seiner monumentalen dreibändigen Untersuchung zum Informationszeitalter gab Manuel Castells den Titel *The Rise of the Network Society.* In den Augen Castells hat ein neues Paradigma der Informationstechnologie Gestalt angenommen, und zwar mit durchschlagenden Auswirkungen, darunter

> die *vernetzende Logik* eines jeden Systems oder Beziehungsgefüges, das diese neuen Informationstechniken nutzt. Die Morphologie des Netzwerks scheint gut an die zunehmende Komplexität von Interaktion und unvorhersehbare Entwicklungsmuster angepaßt, die aus der schöpferischen Kraft solcher Interaktion erwachsen. Mit Hilfe der neu verfügbaren Informationstechnologien kann man diese topologische Konfiguration des Netzwerkes konkret in alle möglichen Abläufe und Organisationen einbauen. Ohne sie wäre es zu schwierig, die vernetzende Logik einzufügen. Diese ist jedoch notwendig, um Unstrukturiertem eine Struktur zu verleihen, es jedoch gleichzeitig flexibel zu lassen, denn das Unstrukturierte ist die treibende Kraft für Neuerungen im Bereich menschlicher Tätigkeiten.[52]

Castells arbeitet die Verästelungen der vernetzenden Logik im globalen Maßstab heraus, und zwar bis zu einem Punkt, an dem sie anfängt, unsere Vorstellung von Raum zu verändern, der sich seiner Ansicht nach von einem »Raum der Orte« zu einem *»Raum der Abläufe«* entwickelte: »Die räumliche Ausprägung vorherrschender Funktionen findet in unserer Gesellschaft im Rahmen der Vernetzung von Interaktionen statt, die durch Apparaturen der Informationstechnologie ermöglicht wurden. In diesem Netzwerk existiert kein Ort aus sich selbst heraus, da die Positionen durch fließende Abläufe definiert werden.«[53]

Ältere Organisationsformen, insbesondere große Staaten und Firmen, sind aufgrund der vernetzenden Logik gezwungen, sich neu zu formieren – oder sie zerbrechen. Die Unternehmen haben sich sehr viel schneller darauf eingestellt als Staaten und Gemeinwesen. Teilweise verdanken sie das ihrer größeren Sensibilität für die Preisgestaltung durch die Märkte. Märkte sind selbst netzwerkähnliche Gebilde, die ihren Benutzern beibringen, in Begriffen von Angebot und Nachfrage, die sich fortwährend ändern, zu denken. Das erste große Opfer der Informationsgesellschaft waren die sklerotischen Planwirtschaften des Ostblocks. Diese bürokratischen Dinosaurier, die sich einst durch ihre (teils selbstauferlegte, teils, in den Frühphasen des Kalten Krieges, von außen aufgezwungene) Abschottung von den globalen Märkten aufrechterhalten hatten, wurden mit den Anforderungen, denen sie plötzlich ausgesetzt waren, einfach nicht fertig. Die Regierungen des Westens sind dabei, sich allmählich anzupassen, wenn auch vielleicht nicht so schnell wie die großen Unternehmen.

Entscheidend für vernetzte Organisation sind nicht mehr vertikale Hierarchiestrukturen, sondern *horizontale Verknüpfungen, die die traditionellen organisatorischenGrenzen aufbrechen.* Für die früheren Organisationsformen waren Anweisungen und Kontrolle von oben und festgeschriebene organisatorische Grenzen von ausschlaggebender Bedeutung. Militär und Polizei sind nach wie vor die extremsten Beispiele einer disziplinierten, hierarchischen Organisationsstruktur mit einem ausgeprägten Sinn für die exklusive Identität der Organisation selbst (den man oft als Korpsgeist bezeichnet). Das herkömmliche Unternehmen war zwar nicht so militant, sich seiner organisatorischen Integrität jedoch sehr bewußt. Die vertikale Anordnung aller Vorgänge stellte eine umfassende Kontrolle aller Bereiche der Produktion, der Distribution und des Marketings sicher. Neuere Organisationsformen untergraben sowohl die Hierarchie wie auch die Ressortgrenzen auf zweierlei Weise. Erstens wird die horizontale Kommunikation innerhalb der Organisation durch die neue Technik erleichtert; kooperative Arbeitsgruppen erhalten mehr Spielraum; dies schwächt natürlich die traditionelle, hierarchisch gegliederte Autorität. Zweitens werden Dienstleistungen, die früher innerhalb der Firma erledigt wurden, zunehmend von außen bezogen; dies verwischt die organisatorischen Abgrenzungen. Im Gegensatz zur älteren Form wird die vernetzte Organisation sowohl intern wie extern dezentralisiert. Veranschaulicht werden diese Veränderungen in einem kürzlich erschienenen Bericht über Montsanto, ein führendes Unternehmen im Bereich der Biotechnik. »Der Aufbau eines Netzes von Firmen rund um die Welt, mit denen wir zusammenarbeiten können, ist für uns eine entscheidende Aufgabe«, erklärte ein Vorstandsmitglied zur Unternehmensstrategie. Ein anderer mutmaßte, das Unternehmen »könnte eines Tages vielleicht sogar versuchen, die Angestellten ihre Manager selbst aussuchen zu lassen und Budgets danach zu bemessen, wie viele Leute an einem bestimmten Projekt arbeiten wollen«[54]. In Managementbegriffen ausgedrückt heißt dies, »[das] neue Unternehmen ist ein Netzwerk verteilter Teams, die für einander wechselseitig als Kunden und Dienstleister fungieren«[55].

In der vernetzten Wirtschaft werden nach dem Vorbild von Molekülen Arbeitsgruppen gebildet und umgebildet, die sich bestimmten Herausforderungen stellen (oder sie vorwegnehmen). Für einzelne Projekte geht man Partnerschaften und strategische Allianzen ein, die »virtuelle Firmen« darstellen. »Abbau der Mittlerfunktionen« ist ein (irgendwie barbarischer) Ausdruck, der geprägt wurde, um die Überholtheit von Zwischenhändlern zu umschreiben, die durch eine unmittelbare, vernetzte Kommunikation überflüssig werden. Dell Computers zog mit dem Verkauf von Hardware, die direkt per Telephon oder über das Internet bestellt werden kann, ein weltweites Multimilliardengeschäft auf. Die Organisationsform von Firmen, die einst gegründet worden waren, um bestimmte Produkte herzustellen (diese Gesellschaft stellte Autos her, jene Telephone), richtet sich mittlerweile eher nach dem Diktat von Produktinnovationen als umgekehrt. So wachsen Firmen, die früher elektronische Geräte herstellten, Softwareentwickler, Telephongesellschaften oder Kabelfernsehgesellschaften sowie Firmen der Unterhaltungsindustrie, jetzt allmählich zusammen und bieten Dienstleistungspakete an.

All dies setzt *Flexibilität* voraus, die als Begriff traurige Berühmtheit erlangte, da sie Arbeitslosigkeit und eine weitgehende Zerstörung etablierter Lebensweisen impliziert und begründen hilft. Auch eine flexible Arbeiterschaft gilt zunehmend als entbehrlich. Das Zeitalter der Neuerungen in den Informationstechnologien fiel mit dem Aufkommen des Neoliberalismus zusammen, der Personalabbau und die Verschlankung von Firmen und Staat predigt. Entlassungen und Firmenschließungen werden oft mit den neuen Technologien gerechtfertigt. Ob das nun ein vorgeschobener oder der tatsächliche Grund ist, steht auf einem anderen Blatt. Die Frage, ob die neue Technik für die anhaltende Arbeitslosigkeit und den ständig sinkenden Lebensstandard der Arbeitnehmer verantwortlich ist, oder ob diese eher das Ergebnis bestimmter politischer Rahmenbedingungen sind, die mächtige Eliten sich zunutze machen, ist zu umfassend und vielschichtig, als daß ich hier näher darauf eingehen könnte. Doch eines ist klar: Die Logik der Vernetzung erfordert per se Flexibilität beim Management wie bei den Arbeitnehmern, ganz zu schweigen von Schulen und allen anderen Institutionen der vernetzten Gesellschaft. Flexibilität verlangt ständige Anpassung an den Wandel, und das bringt wiederum *ständige Unsicherheit* mit sich, eine endemische Unsicherheit, die alle Bereiche durchdringt und vor der es kein Entrinnen gibt.

Wir begegnen hier einem zentralen Paradox der vernetzten Gesellschaft. Obwohl diese Form Flexibilität und Innovation verlangt und belohnt, fördert die Unsicherheit, die daraus resultiert, ein ganz anderes Verhalten, nämlich *Risikovermeidung*. Die Unbeständigkeit und Unvorhersehbarkeit von Netzwerken erfordern zwingend, vom Organisatorischen her ein zumindest noch tragbares Maß an Stabilität und Vorhersehbarkeit anzustreben. Und dieses Paradox spitzt sich zu. Die neue Informationstechnik fördert auf der einer Seite den Wandel und das Risiko, andererseits liefert sie jedoch auch die technischen Mittel, Risikofaktoren zu verringern. Informationsabhängige Systeme überprüfen und korrigieren sich selber, und genau das macht sie so anpassungsfähig. Doch die fortgesetzte Überprüfung ermöglicht es ihnen auch, Risikofaktoren innerhalb der Organisationsstruktur aufzuspüren, sie einzugrenzen und auszuschalten sowie die Umwelt nach potentiellen Risikofaktoren abzusuchen, die sie dann vermeiden können. Die neuen Informationstechnologien sind gleichzeitig *Überwachungstechniken;* darauf will ich im nächsten Kapitel näher eingehen.

4 »DIE NACHT HAT TAUSEND AUGEN« – NEUE TECHNIKEN DER ÜBERWACHUNG

SEHEN HEISST GLAUBEN: VON KAMERAS IM KINDERZIMMER ZU GEMIETETEN SPIONAGESATELLITEN

1997 wurde in einem Gerichtsverfahren, das international Aufsehen erregte, das englische Kindermädchen Louise Woodward, das für eine Familie in Massachusetts arbeitete, des Mordes an einem acht Monate alten Jungen beschuldigt, den die Eltern ihrer Obhut anvertraut hatten. Ihre Verurteilung wurde zwar aufgehoben, doch im Gefolge des aufsehenerregenden Falls brachte ein neuer Zweig der privaten Überwachungsindustrie »Nannycams«, »Kindermädchenkameras«, auf den Markt: Videokameras, die man in Kinderzimmern versteckt installieren kann; anschließend können die Eltern den gesamten Tagesablauf heimlich überprüfen.[1] In der Werbung für ihr neues Produkt schürten die privaten Sicherheitsfirmen natürlich die Ängste ihrer potentiellen Kunden und zweifellos auch die unterschwelligen Schuldgefühle berufstätiger Mütter, um ihnen zumindest bis zu einem gewissen Grad das Gefühl zu vermitteln, sie vernachlässigten ihre Kinder, oder Schlimmeres.

Es handelt sich hier um eine ausgefeilte neue Technologie. Winzige Mikrovideokameras von kaum drei Zentimetern Durchmesser können in Teddybären, Uhren, Pflanzen und sogar in Rauchmeldern versteckt werden. Und mit wachsender Beliebtheit fielen auch die Preise rapide, so daß diese Geräte auch für Eltern mit relativ bescheidenem Einkommen erschwinglich sind. Die Videoaufnahmen können auf einen speziell für diesen Zweck vorgesehenen Fernsehkanal geschaltet oder auf Kassette aufgezeichnet werden, um sie sich später anzusehen. Noch beeindruckender ist die Tatsache, daß man die Kameras über spezielle Computersoftware mit einem PC koppeln kann; das ermöglicht es Eltern, während der Arbeit am PC in Echtzeit kurz einen Blick auf ihr Kind zu werfen. Als weitere Variante bieten einige kommerzielle Kindertagesstätten eine Online-Überwachung im Internet an; mit Hilfe dieser magischen neuen Technik können Berufstätige gleichzeitig virtuell treusorgende Eltern sein.

Zu den Absonderlichkeiten der Nannycam gehört die beharrliche Heimlichtuerei, als handle es sich dabei um eine Art verdeckter Geheimdienstoperation. Einige Firmen, die solche Kameras verscherbeln, haben sogar Namen wie »Meisterspion«. Kindermädchen und deren Berufsorganisationen brachten, wohl kaum überraschend, Bestürzung und Wut darüber zum Ausdruck, als Zielobjekte heimlicher Videoaufzeichnungen herhalten zu sollen. Die Firmen scheinen die Logik der Panoptik nicht begriffen zu habe. Danach müßte den Kindermädchen von allem Anfang an unmißverständlich klargemacht werden, daß ihre Arbeitgeber vorhaben, ihren gesamten Tagesablauf zu beobachten, aufzuzeichnen und auszuwerten. In dem Bewußtsein, ständig überwacht zu werden, würden sie sich zusammennehmen und sich genau so verhalten, wie man es von ihnen verlangt, also die Regeln des Arbeitgebers verinnerlichen. Möglicherweise können wir für die Zukunft mit Kindermädchenkameras im eigentlichen panoptischen Sinn rechnen. Gegenüber der altmodischen Überwachung im Benthamschen Sinn hätten sie insofern einen Vorteil, als die neue Technik die Möglichkeit einer Fernkontrolle bietet. Wo immer Eltern sich aus beruflichen Gründen gerade aufhalten, mit Online-Versionen und mobilen Computern können sie alles in Echtzeit überprüfen. Mami muß von Denver nach Osaka, um dort einen Handel abzuschließen oder einen Vertrag zu unterzeichnen? Kein Problem. Zwischen zwei Sushi-Gängen bei einem Essen mit ihren Geschäftspartnern kann sie einen Blick auf Kindermädchen und Kind werfen. Weil es das weiß, wird das Kindermädchen sich ständig bemühen, den Erwartungen zu entsprechen – zumindest nach der panoptischen Theorie.

Die Kindermädchenkamera ist nur ein einfaches Beispiel dafür, wie die neuen Technologien die Überwachung verändern: Sie wird alles durchdringend und allgegenwärtig. Ein weiteres Beispiel mit größerer Reichweite ist der zunehmende Einsatz von Videokameras zur Beobachtung öffentlicher Plätze. Am Arbeitsplatz, in Läden, Banken, Eingangshallen von Apartmenthäusern oder auf Parkplätzen werden vielerorts schon seit geraumer Zeit Videoüberwachungsanlagen eingesetzt. Sicherheitsbeamte vor Bildschirmwänden und auf Video festgehaltene Verdächtige von Raubüberfällen sind mittlerweile ein vertrautes Bild.[2] Doch die Technik der Videoüberwachung macht nun einen Innovationssprung, der ihre bislang noch begrenzte Bedeutung verändert. Die erste Neuerung ist quantitativer Art: Das Sehvermögen der elektronischen Augen wird durchdringender, und ihre Sichtbereiche überlappen sich stärker. Die zweite ist qualitativer Natur: Die Technik zur Gesichtserkennung und die Digitalisierung des Informationsaustauschs eröffnen die Aussicht, von rein passiven und defensiven Sicherheitszwecken, für die diese Technik bislang eingesetzt wurdet, in eine neue Ära aktiver Identifizierung und Lokalisierung von Personen überzugehen.

Ein Bericht aus New York beleuchtet schlaglichtartig, wie eine Frau das allgegenwärtige elektronische Auge entdeckte:

Es war schon so weit, daß Barbara Katende nicht einmal mehr auf die Kameras achtete. Die an dem Gerichtsgebäude, das sie jeden Abend passiert, gaben ihr ein Gefühl größerer Sicherheit. Genauso war es mit denen an den Bankautomaten. Sie akzeptierte sogar die in den Kaufhäusern, die Ladendiebstähle verhindern sollten.

Doch letzte Woche entdeckte Ms. Katende, 26, die Kamera auf einem Hausdach etwa sechzig Meter von ihrem Apartment in Kew Gardens entfernt. Dieses Hausdach hatte sie immer vor Augen, wenn sie, ohne sich weiter Gedanken darüber zu machen, im sechsten Stock an ihrem Fenster stand, bei offenen Jalousien und vielleicht nur leicht bekleidet. Oder in ein nasses Handtuch gehüllt. Oder in gar nichts.

Die Kamera überwacht den Verkehr an der Kreuzung des Van

Wyck Expressway mit dem Grand Central Parkway. Doch sie hat, wie Ms. Katende von einem Reporter erfuhr, ein starkes Zoomobjektiv und kann in jede Richtung gedreht oder gekippt werden. Sie wird von einem Techniker in einem einige Meilen entfernten Fernsehstudio in Manhattan kontrolliert. Der Gedanke, der Techniker könnte die Kamera vielleicht aus Langeweile oder schlimmeren Beweggründen auf ihr Apartment schwenken, entsetzte Ms. Katende. »Wenn die Privatsphäre nicht einmal mehr bei dir zu Hause gewährleistet ist«, meinte Ms. Katende, »dann gibt es nirgends mehr eine Privatsphäre, oder?«[3]

High-Tech-Spanner sind nur ein Aspekt, denn die Verbreitung von Videokameras ist von weit umfassenderer Bedeutung. Die Kameras sind allmählich auf immer mehr Plätze in New York vorgedrungen und haben so ganz im stillen die Möglichkeiten einer vollständigen optischen Erfassung der Stadt erweitert. In einigen Fällen hat man die Öffentlichkeit bewußt über die Installation informiert, zum Beispiel bei den Kameras, die auf den Washington Square Park in Greenwich Village gerichtet sind. Es waren die ersten Maßnahmen im Rahmen einer Reihe von Initiativen gegen Kriminalität, die von Oberbürgermeister Rudolph Giuliani und seinem Polizeichef unternommen wurden.[4] Doch die Verwendung solcher Kameras ist keineswegs auf Polizei oder Regierungsbehörden beschränkt. Viele befinden sich in Privatbesitz und werden zu unterschiedlichsten Zwecken eingesetzt, von Sicherheitskontrollen bis hin zur Verkehrsüberwachung auf Fernsehmonitoren. Die beabsichtigten Anwendungen sind im allgemeinen harmlos, wenn nicht sogar nützlich. Kritiker wenden jedoch ein, Privatdetektive oder Nachrichtenhändler, die ihr Geld damit verdienen zu wissen, wer wer und was was ist, könnten mit Hilfe der Kameras einen Fundus von Informationsquellen anlegen. Selbst ohne Koordinierung werde der Flickenteppich voneinander getrennter öffentlicher und privater Kamerasysteme sich allmählich zu einem potentiellen Überwachungsnetz auswachsen, das große Teile der Stadt abdecke.

Größere Städte wie Baltimore waren die Pioniere, die in Vierteln mit bekannt hoher Kriminalität eine weitreichende Videoüberwachung durch die Polizei einführten.[5] In ihrer Nachfolge haben kleinere Zentren Systeme installiert, die viel umfassender sind, da der Bereich, den man überwachen will, sehr viel kleiner ist. East Newark (New Jersey, 2000 Einwohner) zum Beispiel installierte aufgrund einer einzigen Gewalttat sechzehn Überwachungskameras mit rotierender Optik, um jede Straße in der nur neun Häuserblocks umfassenden Gemeinde rund um die Uhr zu bewachen.[6] In dem ländlich geprägten Städtchen Lyons (New York, 4300 Einwohner) wurden trotz niedriger Kriminalitätsrate Überwachungskameras in den Hauptstraßen installiert.[7] In Großbritannien wurde die Videoüberwachung der Städte zu Kontrollzwecken vermutlich weiter getrieben als in allen anderen westlichen Ländern. Mittlerweile ist eine flächendeckende Straßenüberwachung in englischen Stadtzentren relativ häufig. Und die Idee findet rasch Anklang: Ende 1997 verfügten mehr als 450 Kommunen über solche Systeme; drei Jahre zuvor waren es erst 74. Dabei scheint eine Art kumulativer Dynamik am Werk zu sein: »Ungeschützte« Städte befürchten, zum Ziel von Kriminellen zu werden, wenn sie sich nicht anschließen, und es gibt tatsächlich einige Hinweise auf eine derartige Tendenz. Das hat selbst Orte mit lediglich 1500 Einwohnern dazu gebracht, ein eigenes System zu installieren. Überdies scheint dieselbe Dynamik die Ausdehnung der erfaßten Gebiete voranzutreiben, sobald erst einmal eine Überwachung eingeführt ist: Die Installation von Kameras steigerte die Angst vor Verbrechen in Seitenstraßen, die nicht erfaßt waren, was Forderungen zur Ausweitung auf Wohnstraßen und öffentliche Plätze nach sich zog.[8]

Derart ausgedehnte Systeme zur Videoüberwachung übertragen nicht immer nur passiv Bilder, die dann von den gepriesenen Sicherheitsleuten persönlich geprüft werden. Inzwischen werden kommerzielle Versionen automatischer Kontrolldienste entwickelt und auf den Markt gebracht.

Man stelle sich vor, ein städtischer Park wäre von verborgen angebrachten Kameras übersät, deren Bilder in Computer eingegeben werden. Diese sind darauf programmiert, ein wachsames Auge [auf den Park] zu haben. Das klingt vielleicht wie eine finstere Orwellsche Vision, doch David Aviv, ein ehemaliger Raumfahrtingenieur, ließ sich genau solch ein System patentieren. Er sieht darin eine Möglichkeit der Verbrechensbekämpfung. Das »Öffentliche Auge«, wie Aviv seine Erfindung nennt, verwendet ein Verfahren der Mustererkennung, das Raubüberfälle und Gewalttaten aufspürt. Aviv erklärt, er habe eine Sammlung körperlicher Interaktionen digitalisiert und gespeichert. Zum Beispiel sendet die Kamera einem Computer in Echtzeit Bilder einer Person, die Geld von einem Bankautomaten abhebt. Der Computer greift dann ein Standbild heraus und vergleicht das Bild mit seiner Datensammlung bedrohlicher Handlungen … Aviv erklärte, darüber hinaus verwende er ein Verfahren der Mustererkennung zur Stimmdeutung, um aggressive verbale Verhaltensweisen aufzuspüren.[9]

Daß Videoüberwachung rein mengenmäßig zunimmt, ist nur eine Seite. Innerhalb der nächsten fünf Jahre könnte eine neue Technik der Gesichtserkennung, die sich zur Zeit noch im Versuchsstadium befindet, kommerziell anwendbar werden. Auch hier ist der Schlüssel die Digitalisierung. Mit der richtigen Software (derzeit wird eine Version mit der Bezeichnung »Personenerkenner« entwickelt), die weitgehend auf Analogien zur Arbeitsweise des menschlichen Gehirns beruht, können charakteristische Gesichtszüge auf einen digitalen Code reduziert werden. Ist die Software erst einmal hinreichend entwickelt – und es gibt keinen Grund zu der Annahme, dies sei nicht machbar –, könnte ein solcher Code mit seinen Fähigkeiten zur Wiedererkennung genauso spezifisch reagieren wie Menschen mit ihrer bemerkenswerten Fähigkeit, Muster zu erkennen. Software, die die Gesichtszüge ausreichend detailgetreu analysiert hat, könnte selbst eine Veränderung des Aussehens (mittels Frisuren und Bärten, Brillen oder Kosmetik) feststellen.[10]

Die Vorteile automatisierter Erkennungssysteme sind natürlich die Masse der gespeicherten Daten und die Verarbeitungsgeschwindigkeit. Der Nutzen derartiger »biometrischer« Erkennungssysteme ist offensichtlich: Es ist nicht länger möglich, zu Betrugszwecken die Identität eines anderen zu stehlen. Eine gestohlene Kreditkarte ist wertlos, wenn derjenige, der damit einkaufen will, sofort als Betrüger entlarvt wird. Zum Beispiel sind einige Bankautomaten bereits in der Lage, die Netzhaut im Auge eines Kunden, der eine Bankcard benutzt, mit einer Identifizierungsmethode zu überprüfen, die so narrensicher ist wie der Fingerabdruck.[11] Sind die Systeme zur Videoanalyse erst einmal im Einsatz, bieten sie jedoch noch weit mehr. So eröffnen sie die Möglichkeit, aus einer Menschenmenge ein Gesicht herauszugreifen, das beispielsweise dem Gesicht eines Menschen gleicht, der zur Fahndung ausgeschrieben ist, etwa dem eines entsprungenen Sträflings, eines bekannten Terroristen, eines untergetauchten Vaters, der mit den Unterhaltszahlungen für sein Kind im Rückstand ist, oder einfach dem einer vermißten Person. Das bringt uns zu den sich immer weiter ausdehnenden Netzen der öffentlichen wie auch privaten Videoüberwachung in Ballungsräumen zurück. Würde es mit funktionierenden Systemen zur Videoanalyse gekoppelt, stünde eine Technik zur Verfügung, die es einem sehr schwer machen würde, sich zu verstecken oder unterzutauchen. Nur weil etwas möglich ist, heißt das natürlich noch lange nicht, daß es auch geschehen wird. Doch selbst wenn sich ein solches automatisiertes Beobachtungssystem nur teilweise durchsetzt, wird eine häufig geäußerte Kritik an der modernen Massengesellschaft – daß sie nämlich so unpersönlich und anonym sei – ins Ironische gewendet: Im Zeitalter intelligenter Maschinen müssen wir uns wohl ein neues Klischee einfallen lassen.

Eine weitere technische Verbesserung ist die Möglichkeit, unter Oberflächen zu blicken. Derzeit arbeitet man an einer elektromagnetischen Kamera, die eine unter der Kleidung versteckte Waffe bereits aus einer Entfernung von zehn bis zwanzig Metern orten kann. Diese Kamera, die im Millimeterwellenbereich arbeitet, nutzt die elektromagnetischen Signale, die der menschliche Körper aussendet. »Kältere« Objekte wie Pistolen oder Messer oder sogar Plastiksprengstoff strahlen praktisch keine solchen Signale ab und schirmen die Körperemissionen so gut wie vollständig ab. Die Kamera projiziert ein präzises Abbild solcher Gegenstände auf einen Monitor. Derartige Kameras könnten als tragbare Geräte eingesetzt oder auf einen Streifenwagen montiert werden; Polizeibeamte könnten Verdächtige überprüfen, ohne den Streifenwagen, in dem sie sicher sind, verlassen zu müssen. Zu den Techniken, die vermutlich bald einsatzreif sind, gehört ein Verfahren, bei dem niedrig dosierte Röntgenstrahlen von der Haut der Zielperson reflektiert werden und in weniger als einer Sekunde ein elektronisches Bild des Körpers und all dessen liefern, was die betreffende Person bei sich trägt. Infrarotsichtgeräte, ursprünglich vom Militär entwickelt, um feindliche Flugzeuge aufzuspüren, können sehr geringe Temperaturunterschiede erkennen. Tragbare oder auf Fahrzeuge montierte Infrarotsichtgeräte können tatsächlich »durch Wände sehen«. Sie könnten bei Patrouillen entlang der mexikanischen Grenze eingesetzt werden, um Menschenschmuggler aufzuspüren.[12] Nachtsichtgeräte, ursprünglich ebenfalls für den militärischen Gebrauch entwickelt, ermöglichen es der Polizei, die Nacht zum Tag zu machen. In Dänemark wurde eine Technik für stroboskopische Photographie entwickelt, bei der in wenigen Sekunden Hunderte von Bildern aufgenommen werden. So können alle an einer Demonstration oder einem Aufruhr Beteiligten einzeln photographiert werden.[13] Sobald dieses Verfahren erst einmal mit einer funktionierenden Technik zur Gesichtserkennung und einem Zugang zu globalen Datenbanken kombiniert wird, bietet sich der Polizei die Möglichkeit, Einzelpersonen an Ort und Stelle zu identifizieren. Holographische Projektionen, die von entsprechenden künstlichen Geräuschen begleitet würden, könnten falsche Bilder vortäuschen, um eine Zielperson zu verwirren, so daß sie die Orientierung verliert.

Aus der Perspektive von Gesetzeshütern oder Überwachungsfirmen liegen die Vorteile dieser neuen Technologien auf der Hand. Das gleiche gilt allerdings auch für die potentielle Gefahr, die solche Geräte für die Privatsphäre des Bürgers darstellen. Auch wenn sie für einen bestimmten Zweck entwickelt wurden, können solche Innovationen doch schnell auch für andere Aufgaben eingesetzt werden.

Viele stammen aus der militärischen Forschung und werden dann in der Polizeiarbeit verwendet. Selbst in diesem Zusammenhang kann die Technik problemlos von einem Anwendungsgebiet auf ein anderes übertragen werden. Was als Überwachungsgerät gegen Verbrechen entwickelt wurde, kann auch gegen Flüchtlinge, politische Dissidenten oder streikende Gewerkschaftler eingesetzt werden. Zudem können diese Technologien in die Hände privater Sicherheitsdienste einzelner Unternehmen gelangen, für die all die Regeln und die in einer Demokratie übliche Rechenschaftspflicht, die den staatlichen Behörden gewisse Einschränkungen auferlegen, keine Geltung haben. Schließlich finden die neuen technischen Möglichkeiten unvermeidlich ihren Weg auf den freien Markt. Seit einigen Jahren verkaufen immer mehr Geschäfte zu dramatisch fallenden Preisen Schnüffelgeräte für den Privatgebrauch, ohne lästige Fragen zu stellen.

Selbst wenn diese neuen Bildtechnologien auf den staatlichen Sektor beschränkt bleiben, werfen sie beunruhigende Fragen auf. Ein Zeitungsbericht führt einige auf:

> Einige der neuen Waffendetektoren werfen vermutlich neue Fragen hinsichtlich der Verfassungsmäßigkeit polizeilicher Suchaktionen auf, und es gibt keine Präzedenzfälle, um diese Fragen zu beantworten. Die Millimeterwellenkamera ermöglicht es Polizeibeamten, Waffen zu entdecken, die sich in der Kleidung von Personen auf der anderen Straßenseite befinden. Stellt dies eine illegale Durchsuchung dar oder rechtfertigt es möglicherweise die Beschlagnahmung der Waffe? Liefe der Einsatz von Geräten, mit denen man durch die Kleidung sehen kann, auch wenn die Hersteller behaupten, es würden keine intimen Einzelheiten enthüllt, auf ein Eindringen in die Privatsphäre hinaus?[14]

Die elektronischen Augen auf Straßen und Hausdächern können es jedoch nicht mit den furchteinflößenden Superaugen aufnehmen, die im Weltraum die Erde umkreisen. Satellitenaufklärung veränderte das Wesen des Kalten Krieges und auch das Spionagegewerbe selbst. Mit dem Ende des Kalten Krieges erlebten wir in den neunziger Jahren eine teilweise Freigabe und Kommerzialisierung der Bildtechnologie. Wissenschaftler begannen versuchsweise, mit den militärischen Geheimdiensten zusammenzuarbeiten, um die umfangreichen, aber weitgehend geheimen, von militärischen Spionagesatelliten gesammelten Informationen für nichtmilitärische Forschung auszuwerten, zum Beispiel um die Auswirkungen des Klimawandels zu messen.[15] Einige kommerzielle Anwendungen haben sich bereits durchgesetzt. Einen Tag lang begleitete ein Reporter einen kanadischen Weizenfarmer in dessen Mähdrescher und entdeckte in dieser vertrauten Situation ein neues Element:

> An einem sonnigen Tag im vergangenen August legte Terry Gates in seinem Mähdrescher den Leerlauf ein und machte inmitten seiner glorreichen 1620 Hektar Weizen und Gerste eine Pause ... Als der Motor im Leerlauf brummte, schob der Farmer aus Saskatchewan eine Diskette in den 486er Computer, der auf dem Armaturenbrett befestigt war. Sekunden später erschien auf dem Monitor eine farbige Anzeige. 18 000 Kilometer über der Erde kreisende Satelliten des GPS [Global Positioning System] gaben seine Position in einem Weizenfeld auf zwei Meter genau an. Zwischen roten, grünen, blauen und gelben Flächen – sie geben die Kaliumverteilung im Boden an – konnte er auf dem Monitor eine graphische Darstellung des sechs Meter breiten Landstreifens sehen, auf dem er im letzten Sommer ein Fungizid ausprobiert hatte. Wie erhofft, war der Ertrag auf diesem winzigen Flecken gestiegen. Es gab einmal eine Zeit, in der Farmer Drähte zogen, um die Grenzen ihres Landes zu markieren. Heute dehnen verdrahtete Farmer die Grenzen der Produktivität ihres Landes aus, indem sie sich des GPS bedienen.[16]

Farmer statten ihre Mähdrescher mit auf Satelliten abgestimmten Empfängern aus, die Daten in den Computer auf dem Armaturenbrett einspeisen und dann zur weiterer Analyse in den Computer zu Hause übertragen. Im Zeitalter der Videoüberwachung sind die

Bauern auf dem Feld direkt mit dem Weltraum verbunden; von dort können sie mehr erkennen als vom Boden aus.

Präzisionslandwirtschaft beruht auf dem amerikanischen Satelliten-Navigationssystem GPS, das Objekte auf der Erdoberfläche entsprechend dem geographischen Längen- und Breitengrad ihrer Position ortet. Im Golfkrieg wurde es ausgiebig eingesetzt, um Jeeps, Panzer und Raketen zu einer bestimmten Stelle zu dirigieren. Dem GPS entspricht ein gleichwertiges russisches System. Beide verfügen über einen vollständigen Satz von vierundzwanzig Satelliten, die die Erde umkreisen. Diese senden ununterbrochen Funksignale aus, die man an jedem beliebigen Punkt der Erde empfangen kann. Eine mit einem Bodenempfänger ausgerüstete Person kann so ihre Position auf wenige Meter genau bestimmen.[17] Leute, die Wanderungen in entlegene Gebieten unternehmen, können mit tragbaren Geräten feststellen, wo genau sie sich befinden. Das System wird laufend verbessert, und bald wird es möglich sein, jederzeit zu wissen, wo beispielsweise Alzheimer-Patienten oder kleine Kinder sich gerade aufhalten. Wie jede derartige Technik hat auch GPS zwei Seiten. Die eine ist ein Mehr an Wissen sowie Bequemlichkeit, die andere die Möglichkeit der Überwachung und Kontrolle. Zum Beispiel ist es möglich, bestimmte Personen mit einem »Kennzeichen« zu versehen und auf diese Weise jederzeit ihren Aufenthaltsort ausfindig zu machen.

Als Staaten dazu übergingen, für ihre Dienstleistungen einen bestimmten Preis zu fordern, begann man, Satellitenbilder auf Anfrage für die private Nutzung aufzubereiten. 1997 erfolgte dann der nächste Schritt, als man den weltweit ersten kommerziellen Überwachungssatelliten aussetzte. »Early Bird 1«, der mit einer russischen Rakete von einer Militärbasis im Osten Rußlands aus in eine Umlaufbahn katapultiert wurde, sollte nach dem Willen des Herstellers, der Earth Watch Inc. aus Longmont (Colorado), das Monopol der militärischen und zivilen Geheimdienste auf hochauflösende Bilder aus dem Weltraum beenden. Zum Leidwesen der Firma versagte Early Bird aus unbekannten Gründen kurze Zeit nach Erreichen der Umlaufbahn den Dienst.[18] Dieses Versagen beweist

zwar, daß die zeitgenössische Satellitentechnik keineswegs störungs-
frei funktioniert, doch mittlerweile folgten andere kommerzielle
Projekte auf Early Bird. Die Satelliten der nächsten Generation werden in der Lage sein, Objekte am Boden mit einem Durchmesser
von weniger als einem Meter zu orten. Die Regierung der USA
behält sich das Recht vor, die kommerziellen Sensoren in Zeiten
internationaler Spannungen oder im Krieg abzuschalten. Außerdem
verbietet sie Satellitenbetreibern mit amerikanischer Lizenz, Bilder
an die Regierungen von Kuba, Libyen, Nordkorea, Iran und Irak
oder an irgendwelche ihrer »mutmaßlichen Agenten« zu verkaufen.[19] Möglicherweise werden künftige Satellitenstarts in anderen
Ländern weniger Einschränkungen unterliegen, außer man schließt
multilaterale Abkommen zur Einschränkung einer potentiellen
militärischen Auswertung kommerzieller Satellitenbilder. Das Problem ist die »doppelte Nutzbarkeit« der Satellitentechnologie. Bilder, die ein Kunde zu kommerziellen Zwecken bestellt, können
einem anderen militärisch von Nutzen sein. Die Satellitenaufklärung während des Kalten Krieges mag zwar dazu beigetragen
haben, die Beziehungen zwischen den Supermächten zu stabilisie-
ren. Doch die gleiche Technologie könnte dazu dienen, in der Ära
nach dem Kalten Krieg Gebiete zu destabilisieren, indem sie kriegs-
lüsternen oder verbrecherischen Staaten oder auch nur raffinierten
Terroristengruppen die Möglichkeit gibt, genaue Karten von An-
griffszielen anzufertigen.[20]

Es gibt zahlreiche Möglichkeiten, Spionagesatelliten kommerziell zu nutzen. Die britische *Sunday Times* schwärmte zum Beispiel:
»Einst ausschließlich den Geheimdiensten vorbehalten, werden
Spionagesatelliten wohl bald für alle Menschen verfügbar gemacht
werden, die eine Kreditkarte besitzen. Bald schon wird es möglich
sein, für ein paar hundert Pfund in die Gärten der großen Stars zu
spähen, in Ausbildungslagern für Terroristen in Libyen herumzu-
schnüffeln oder einen Ehemann auf einer Geschäftsreise nach
Amsterdam zu überwachen.«[21] Obwohl so unterschiedliche kommerzielle Nutzer wie Versicherungskonzerne und Fischtrawler ihr
Interesse an Satellitenbildern bekundeten, klagte der Sprecher einer

Bürgerrechtsorganisation, daß »die Menschen angesichts eines fehlenden Gesetzes zum Schutz der Privatsphäre nichts tun können, um sich gegen diese Art der Überwachung zu schützen«. Die Überwachung aus dem Weltraum liegt außerhalb des Geltungsbereichs nationaler Gesetze. Wenn einer sehen will, was Sie in Ihrem Garten haben, würde er Sie normalerweise um Erlaubnis fragen oder sich einen Durchsuchungsbefehl besorgen. Doch um aus dem Weltraum hochauflösende Bilder Ihres Gartens zu machen, braucht er keins von beiden.

Um die Vorstellung einer weltweiten optischen Überwachung zu vervollständigen, sollten wir wieder auf die Erde zurückkommen – und zwar buchstäblich. Angewandte Forschung in Japan zielt darauf ab, »Cyberinsekten« zu schaffen, künstlich verbesserte und kontrollierte Insekten, die mit dem Auftrag losgeschickt werden, die Menschen auszuspionieren. Beispielsweise stattete man Küchenschaben mit einem Mikrocomputer-«Rucksack» aus, der per Fernsteuerung Signale empfängt und entsprechende elektrische Impulse auf die Beine des Insekts überträgt, um es zu steuern. »Roboschaben« könnten mit winzigen Kameras und Mikrophonen ausgerüstet werden und Trümmer nach Erdbebenopfern absuchen, aber auch wirtschaftliche oder militärische Konkurrenten ausspionieren.[22] Militärforscher machten sich Gedanken über die Entwicklung miniaturisierter Mikrospionageflugzeuge, die wie Bienen oder Mücken über Schlachtfelder oder gegnerische Stellungen summen. Es könnte durchaus schon möglich sein, bei geheimen Konferenzen die »Fliege an der Wand« zu spielen.

Es gibt einen alten Jazzsong, *Die Nacht hat tausend Augen.* Die Zukunft hält weit mehr bereit. Zudem ist das Potential für die Übermittlung von Informationen mit Hilfe digitaler Datentechnik und für global vernetzte Echtzeit-Kommunikationssysteme wahrhaft ehrfurchtgebietend – oder schreckenerregend. Beispielsweise könnten Systeme zur Verfolgung von Einzelpersonen, die sich immer wieder aus den Bereichen örtlicher Überwachungsraster entfernen und in andere überwechseln, direkt von Satelliten aus gesteuert werden. Das Ergebnis wäre eine global flächendeckende Erfassung.

Zugegeben, noch ist in unmittelbarer Nähe kein allgegenwärtiger Großer Bruder in Sicht, der in der Lage wäre, all diese Möglichkeiten zu bündeln. Doch selbst unregelmäßige und zufällige Netze visueller Kontrolle könnten sich zu einer totalen Erfassung addieren, die sich Jeremy Bentham mit seinem prätechnologischen Aufseher, der mit bloßem Auge auf seinen winzigen Kreis von Zellen starrt, nicht in seinen kühnsten Träumen vorgestellt hätte.

Als 1969 im Rahmen der Apollo-Weltraummission zum Mond Bilder der Erde aus der Weltraumperspektive übermittelt wurden, war das ein schwindelerregender Augenblick für die Menschheit. Zum ersten Mal konnten wir unsere Wohnstatt und uns selber von außen betrachten. Einige hofften, dies würde zu einem globaleren ökologischen Verständnis unseres Planeten führen. Ironischerweise kann man jedoch das gleiche Bild auch als den Beginn einer anderen schwindelerregenden Umkehrung der Perspektive betrachten – dieses Mal mit der gesamten Erde als Objekt des sich selbst betrachtenden panoptischen Auges.

»ICH KANN DICH HÖREN«: WELTWEIT HABEN DIE WÄNDE OHREN

Abhörgeräte und Wanzen waren die wichtigsten Hilfsmittel bei Sicherheits- und Geheimdienstoperationen. Zwar kann niemand die Gedanken eines anderen lesen, doch aus abgefangenen Gesprächen erhält man eine ganze Menge Informationen über die Motive und Absichten bestimmter Leute – besonders wenn jemand glaubt, seine Gespräche seien tatsächlich privat.

In den meisten Ländern des Westens ist der Gebrauch von Abhörgeräten oder Wanzen durch Polizei und Sicherheitsdienste gesetzlich geregelt. Doch solche Regelungen sind bestenfalls Stückwerk, da nationale Sicherheitsinteressen und Recht und Ordnung in der Regel über bürgerliche Freiheiten gestellt werden. Zwar erwiesen die Kontrollen sich in der Praxis als lückenhaft und unzusammenhängend, doch inzwischen wurden sie ohnehin vom technologischen Fortschritt überholt, der schon allein die Beschreibung der zu regulierenden Verhaltensweisen und Techniken veralten ließ. Die meisten Vorschriften zum Einsatz von Abhörgeräten gehen beispielsweise davon aus, man müsse materiell eingreifen, also eine Anzapfvorrichtung am Draht anbringen, um die Gespräche, die über diesen Draht laufen, mithören und aufzeichnen zu können. Wanzen waren konkrete Gegenstände, die heimlich an einem unverdächtigen Ort angebracht wurden, etwa Mikrophone, die in einer Wand versteckt oder verdeckt von einer Person getragen wurden, um damit aufzunehmen, was ein anderer sagt.

Derlei altmodische Lauschangriffe finden nach wie vor in großem Umfang statt. Die verbesserte Technik bedeutet hier nur, daß sich jeder, der bereit ist, eine relativ bescheidene Summe auszugeben, dafür ausgefeilte, hochempfindliche und gut getarnte Abhör- und Aufzeichnungsgeräte beschaffen kann. Wanzen sind nicht länger ein Privileg des FBI oder der DEA (der Antidrogenbehörde). Sie können jetzt von eifersüchtigen Ehegatten, mißtrauischen Geschäftspartnern oder einfach von Leuten eingesetzt werden, die ein lüsternes Interesse am Leben anderer Menschen haben. Ein neueres Beispiel dafür ist der Sonderermittler Kenneth Starr, der Linda Tripp »verkabelte«, um ihre vermeintlich privaten Gespräche mit Monica Lewinsky in einer Bar aufzunehmen. Die Unterhaltung diente anschließend dazu, einen Skandal auszulösen, der sich bekanntlich zu einem Amtsenthebungsverfahren gegen den Präsidenten der Vereinigten Staaten auswuchs.

So wie der Fall Louise Woodward den Verkauf der Nannycams ankurbelte, wird die Tripp-Lewinsky-Affaire von den Vertreibern von Abhörausrüstung als ideale Reklame für ihre Produkte aufgefaßt. Washington »mit all seinen Anwälten, anrüchigen Absprachen und seinem Mißtrauen« ist schon seit langem ein wichtiger Markt für das Abhören im Do-it-yourself-Verfahren. »Gott sei gedankt für die Paranoia in unserem Gewerbe. Das ist großartig!« meinte ein Händler, der über das Internet Überwachungsausrüstung vertreibt.[23] Abhörmaßnahmen hatten großteils geschäftliche Motive, doch das Interesse an Lauschgeräten nimmt auch aus anderen Gründen zu.

Polizeibeamte setzen versteckte Mikrophone ein, um ihre Gespräche mit Verdächtigen aufzuzeichnen; Angestellte versuchen damit sexuelle Belästigung zu beweisen, Eltern überwachen ihre Kinder, und eifersüchtige Eheleute bespitzeln ihre Gatten. Alles gute Nachrichten für das Geschäft mit der privaten Überwachung. Vor allem in der Miniaturisierung machte die Technologie der Abhörwanzen ungeheure Fortschritte. Die legendäre Olive im Martiniglas, in der sich ein winziges Mikrophon verbirgt, ist vielleicht eher eine James-Bond-Phantasie, doch jeder, der bereit ist, dafür zu bezahlen, kann sich heute erstaunlich kleine und meist kaum aufspürbare Geräte beschaffen.

Um eine Unterredung zu belauschen, ist es jedoch gar nicht mehr nötig, irgendwo ein Abhörgerät anzubringen. Mit Hilfe der Lasertechnik kann man aus großer Entfernung einen konzentrierten Laserstrahl auf ein Fenster richten; einzige Voraussetzung ist, daß sich kein Hindernis zwischen dem Gerät und dem Zielobjekt befindet. Der Laserstrahl reagiert außerordentlich empfindlich auf die von den Geräuschen im Raum hervorgerufenen Vibrationen der Fensterscheibe und überträgt diese Informationen augenblicklich zu den Lauschern zurück. Darüber hinaus können mit dem Zaubertrick der Digitalisierung alle Störgeräusche problemlos ausgeschaltet werden, so daß nur die angepeilte Unterhaltung aufgezeichnet wird. Das läuft weitgehend genauso ab wie die digitale Neuaufnahme alter Vinylplatten auf CD, bei der Rauschen, Knacken, Kratzer und andere oberflächenbedingte Geräusche der Originalaufnahme entfernt werden. Die traditionellen Methoden, einen Lauschangriff abzuwehren – sagen wir, die Toilettenspülung oder laute Musik, um die Worte zu übertönen –, werden also künftig zwecklos sein. Vom Technischen her ist es sogar möglich, eine abgehörte Unterhaltung klarer und störungsfreier aufzuzeichnen, als sie von den Gesprächsteilnehmern zum Zeitpunkt des Geschehens tatsächlich erlebt wurde.

Das Abhören privater Unterhaltungen unter vier Augen bleibt ein wichtiger Aspekt der Überwachung. Doch in der Welt, in der wir heute leben, machen persönliche Gespräche von Mensch zu

Mensch wahrscheinlich nur einen Teil, wenn nicht sogar einen winzigen Bruchteil verbaler zwischenmenschlicher Kommunikation aus. Das Telephon als weltweit beliebte Erweiterung der menschlichen Stimme war seit jeher ein Ziel für Lauschangriffe; daher das Anzapfen der Leitungen. Doch der Telephonverkehr wird immer weniger über Leitungen abgewickelt. Große Entfernungen zwischen Städten oder Kontinenten – ein riesiger Wachstumsmarkt der Telekommunikation – werden durch Fernmeldesatelliten oder Mikrowellen-Relaisstationen überbrückt. In Ballungsgebieten überlasten häufig schon allein die innerstädtischen Gespräche das antiquierte drahtgestützte Netz, so daß Anrufe automatisch auf das Satellitensystem umgeleitet werden. Daher findet ein jeweils variierender Teil des Telephonverkehrs in Form elektromagnetischer Wellen im Äther statt. Und diese kann man ohne irgendwelche altmodischen materiellen Eingriffe aus der Luft auffangen und lesen. Und das ist nicht nur möglich, es wird bereits gemacht.

Das System der Intelsat-Kommunikationssatelliten wird weltweit als Schaltstation zur Übertragung des größten Teils aller Telephonate sowie der Kommunikation mittels Fax, Fernschreiben, Internet oder E-Mail genutzt. Parallel zu diesem Satellitennetzwerk existiert ein völlig abgeschottetes, geheimes Netz von Lauschposten und Ortungsstationen, das von den Geheimdiensten des Westens betrieben wird, die alle via Intelsat übermittelten Informationen abhören und kontrollieren. Dieses sogenannte UKUSA-Netz entstand in der Frühphase des Kalten Krieges aufgrund von nach wie vor geheimen Abkommen zwischen der National Security Agency (NSA) der USA und den British Government Communications Headquarters (GCHQ). Die NSA war damals aufgrund der überlegenen Quellen der Vereinigten Staaten eindeutig der Seniorpartner; eine zweite Ebene von Juniorpartnern schloß Kanada, Australien und Neuseeland mit ein. Darüber hinaus gab es eine Reihe peripher beteiligter Länder, die mit der Allianz zusammenarbeiteten, indem sie zum Beispiel die Einrichtung von Horchposten auf ihrem Territorium genehmigten. Der ursprüngliche Zweck der UKUSA war die Auswertung von Funksignalen im Kontext des Kalten Krieges. Jeder Quadratmeter des Sowjetblocks war abgedeckt, um die militärische und politische Kommunikation abzufangen und zu entschlüsseln.[24] Nach dem Ende des Kalten Krieges stand eine Abschaffung dieses globalen, hochtechnisierten und investitionsintensiven Nachrichtendienstes überhaupt nicht zur Debatte. Die strategisch plazierten Himmelsstaubsauger sammelten trotz der Bedenken einiger Kritiker und sogar Abtrünniger aus Kreisen der Geheimdienste einfach weiterhin die weltweiten Telekommunikationsinhalte.[25] Sie schalteten sich sogar in landgestützte Telekommunikatiossysteme ein und vervollständigten so die nahezu flächendeckende Erfassung der weltweiten Telekommunikation.

Die bloße Fähigkeit zum Mithören von Nachrichten an jedem beliebigen Tag wäre an und für sich mehr als nutzlos. Tatsächlich würden die Geheimdienste sich damit schnell zu zeitgenössischen Gegenstücken des Zauberlehrlings verwandeln. Erst die ausgeklügelten Computerprogramme, mit denen Kommunikation mittlerweile elektronisch markiert werden kann, machen das Mithören interessant. Eine große Menge an »Lärm« wird ausgesondert, damit eine kleine Menge bedeutsamer »Signale« übrigbleibt. Kommerzielle Suchmaschinen arbeiten sich schnell durch das Internet und kehren mit einer Vielzahl von Fundstücken zurück, die zu den eingegebenen Suchbegriffen passen. Genauso kann der tägliche Nachrichtenverkehr durchforstet werden, um spezielle Stichpunkte, die aus irgendeinem Grund von Interesse sind, herauszugreifen: die kleinen Goldkörnchen in der Masse wertlosen Gerölls. Das Potential zur Erkennung von Schlüsselbegriffen wird durch Wörter, Sätze oder die Adressen von Absendern beziehungsweise Empfängern aktiviert. Ein Großteil der Forschung befaßt sich mit der Technologie der Stimmerkennung, um die Menschen in die Lage zu versetzen, mit ihren Computern zu sprechen. Die Software zur Stimmerkennung, da können wir ganz beruhigt sein, wird zuerst als ein weiteres Sortiergerät eingesetzt werden, das die Spreu vom Weizen trennt.

1996 veröffentlichte der neuseeländische Enthüllungsjournalist und Aktivist Nicky Hager ein bemerkenswert detailliertes Buch über die Rolle, die Neuseeland innerhalb des Netzwerks der geheimdienstlichen Funkauswertung spielte. Darin wird zum ersten Mal die Existenz eines weltumspannenden Systems der Kommunikationsaufklärung mit dem Codenamen ECHELON enthüllt. ECHELON, das eindeutig der Führung Amerikas untersteht, verbindet alle Computer der kooperierenden UKUSA-Dienste, die einen Satz von Schlüsselbegriffen einsetzen. »Innerhalb des ECHELON-Systems enthält der Lexikoncomputer einer bestimmten Station nicht nur die von seinem Geheimdienst ausgewählten Schlüsselbegriffe, sondern auch eine Liste derjenigen der anderen vier Dienste … So sammelt jede Station alle Anrufe, Faxe, Fernschreiben, Internetbotschaften und sonstigen elektronischen Nachrichten, auf deren Auswahl ihre Computer programmiert wurden, gleichzeitig für alle anderen Partner mit und übermittelt ihnen automatisch die jeweiligen Erkenntnisse.«[26] Seit jeher leugnen all diese Dienste, daß sie ihre Spionageeinrichtungen nach innen gegen die eigenen Bürger richten. Gelegentlich unterstellte man ihnen, sie würden sich gegenseitig mit Spionageaktionen im Inland beauftragen. ECHELON macht jedoch deutlich, daß solche besonderen Anfragen überhaupt nicht notwendig sind: Der ganze Vorgang läuft vollautomatisch und in einer Weise ab, die Grenzen belanglos macht.

Zu diesem System der Kommunikationskontrolle ist einiges anzumerken. Zuerst einmal ist es unbestreitbar von größtem Nutzen für die USA, die bei der Auswahl der Suchbegriffe tonangebend sind. Der Nutzen für Juniorpartner wie Kanada, Australien, und Neuseeland als Gegenleistung für ihre Teilnahme ist relativ begrenzt. Ein großer Teil der Welt bleibt ohnehin außen vor. Welchen Gebrauch macht man von den abgehörten Botschaften und zu welchem Zweck? Mit dem Ende des kalten Krieges wurde der antikommunistische Konsens, der die Allianz vier Jahrzehnte hindurch beseelte, gegenstandslos. Man redet viel von Terrorismusbekämpfung, von der Bedrohung durch grenzüberschreitende organisierte Kriminalität und von wirtschaftlichen Interessen. Kritiker äußern sich besorgt, daß das Ganze unter dem Deckmantel weltumspannender Sicherheit möglicherweise nur amerikanischen Interessen dient. Im letzten Kapitel werde ich auf diese Themen zurückkommen.

Für den Augenblick genügt es anzumerken, daß in der Welt der Kommunikationsaufklärung Staaten, vor allem die einzige wirkliche Großmacht der Welt, die USA, eine herausragende Rolle beim Abhören von Nachrichten spielen. Bislang ist das System zu kompliziert, zu ausgeklügelt, als daß Einzelpersonen oder auch organisierte Gruppen irgendwie ernsthaft Gebrauch davon machen könnten. Außerdem sollte man anmerken, daß die technischen Neuerungen der Übermittlung sogar den Lauschmöglichkeiten der hochtechnisierten Spionagedienste bereits weit vorauseilen könnten. Wenn die Datenübertragung sich auf die optischen Glasfaserkabel verlagert, die als Transportmedium des Informationszeitalters über ein immenses Potential verfügen, könnten Lauscher der Geheimdienste schnell erleben, wie ihre Quellen austrocknen. Ich habe selbst schon Leute, die für diese Nachrichtendienste arbeiten, darüber klagen hören, sie könnten Glasfaserübertragungen nicht abfangen, was sie dazu zwinge, auf der Empfängerseite abzuhören – eine schmutzigere und kompliziertere Angelegenheit. Dieselben findigen Organisationen entwickelten auch die TEMPEST-Technik, die es ermöglicht, aus der Ferne die Kommunikation zwischen Computern und sogar Dateien auf Festplatten zu lesen, indem sie deren elektromagnetische Abstrahlung auswerten.[27]

Zudem vereinfachten einige Neuerungen im Bereich der Telekommunikation Lauschaktionen. Dazu gehört das Mobiltelephon, das in den letzten Jahren zu einem vertrauten Medium der geschäftlichen und privaten Kommunikation wurde. In Zukunft wird eine neue Generation kommerzieller Satellitensysteme Träger des Telephonverkehrs sein, und das wird es den Nutzern der Handys ermöglichen, jedermann überall auf der Welt zu erreichen.[28] Eine solche weltumspannende drahtlose Technik ist ausgesprochen bequem, doch andererseits stellen Mobiltelephone bekanntlich ein großes Sicherheitsrisiko dar. Newt Gingrich, der ehemalige Sprecher des amerikanischen Repräsentantenhauses, mußte dies zu seinem Leidwesen erfahren, als ein Pärchen in Florida ein über Handy geführtes

Gespräch zwischen einem Kongreßabgeordneten aus Ohio, Gingrich und einigen anderen Republikanern, darunter dem Mehrheitsführer des Parlaments, abhörte und aufzeichnete. Die Unterredung fand an dem Tag statt, an dem Gingrich zugeben mußte, die ethischen Regeln des Parlaments verletzt zu haben: Er hatte es versäumt, sich über die Verwendung steuerfreier Gelder juristisch beraten zu lassen, und bei der anschließenden Untersuchung der Angelegenheit unzutreffende Angaben gemacht. Bei dem Telephonat diskutierten der Sprecher und seine Kollegen darüber, wie man den politischen Auswirkungen der Anklage begegnen solle. Eine Teilabschrift des Gesprächs wurde in der *New York Times* veröffentlicht. Die Demokraten monierten, der Anruf habe ein Übereinkommen verletzt, das Gingrich mit dem Komitee für Verhaltensregeln im Amt geschlossen hatte. Die Republikaner beschwerten sich, das Telephongeheimnis sei verletzt worden. Das Pärchen erklärte, es habe den Anruf mitgeschnitten, weil es ihn »für historisch hielt«.[29] Ausgeklügelte Geräte zum Abhören von Mobiltelephonen, die im Handel erhältlich sind, können zum Beispiel Gespräche auf mehreren Leitungen gleichzeitig aufzeichnen und darüber hinaus den Aufenthaltsort der Gesprächsteilnehmer ermitteln. In den Vereinigten Staaten sind sie in einer gesetzlichen Grauzone angesiedelt. Regierung und Telekommunikationsfirmen kaufen solche Produkte, doch sie könnten auch in die Hände von Drogenschmugglern, organisierten Kriminellen und Terroristen gelangen, die sie gegen Strafverfolgungsbehörden einsetzen könnten. In Kalifornien wurde eine staatsanwaltliche Untersuchung gegen ein Unternehmen eingeleitet, das solche Ausrüstungsgegenstände verkauft; das Verfahren wuchs sich jedoch zu einer äußerst peinlichen Angelegenheit aus: Ironischerweise beruhten die Beweise der Strafverfolger zum Teil auf mitgehörten Handy-Telephonaten.[30] Dem Staat oder Firmen per Gesetz ein Monopol auf eine Technik einzuräumen, die bereits im Handel und noch dazu ziemlich billig ist, birgt gewisse Probleme in sich. Vermutlich sollte einfach jeder, der ein Mobiltelephon benutzt, davon ausgehen, daß *eventuell* jemand mithört – sei es die Polizei, die Mafia, ein eifersüchtiger Gatte oder einfach nur ein dahergelaufener Voyeur.

Daß jedermann Gespräche über ein Mobiltelephon mithören kann, ist schon schlimm genug. Doch inzwischen weiß man auch, daß sich über Handys auch der Aufenthaltsort des Benutzers ermitteln läßt. Solange es eingeschaltet ist, sendet es in regelmäßigen Abständen ein Signal aus, das zu einer zentralen Niederlassung des Telekommunikationsunternehmens weitergeleitet wird. Umgekehrt kann man die Überwachung zentralisieren und alle Mobiltelephone innerhalb des Netzwerks aufspüren und lokalisieren. In England werden bereits alle Aufzeichnungen über Positionsbestimmungen zwei Jahre lang aufbewahrt und den Strafverfolgungsbehörden zugänglich gemacht. Eine Verurteilung wegen Mordes stützte sich bereits auf solches Beweismaterial. In den Vereinigten Staaten gab bezeichnenderweise ein äußerst praktisches Bedürfnis den Anstoß zu dem Vorschlag einer bundeseinheitlichen Regelung: Man wollte es auch den Benutzern von Mobiltelephonen ermöglichen, die einheitliche Notrufnummer 911 anzurufen und dabei gleichzeitig ihren Standort anpeilen zu können, um die Rettungsdienste direkt zu der Stelle zu dirigieren, von der der Anruf gekommen war. Freiheitlich gesinnten Bürgern kommt das Interesse des FBI an einem zentralen Peilsystem allerdings nach wie vor verdächtig vor. Der Ältestenrat des Zentrums für Demokratie und Technik, einer Bürgerrechtsvereinigung, erklärte, die Technik enthalte ein immanentes Paradox: »Die Organe der Rechtspflege sind zwar zu Recht der Meinung, diese Technik könnte helfen, Entführer aufzuspüren, doch sie hilft auch den Entführern, sich an ihre Opfer anzuschleichen.«[31]

»GEH NIEMALS OHNE AUS DEM HAUS«: ELEKTRONISCHE ERKENNUNGSMARKEN AUF INTELLIGENTEN KARTEN

Wir haben uns mit den Ohren und Augen der neuen panoptischen Technik beschäftigt. In engem Zusammenhang mit ihnen stehen elektronische Identifizierungsmethoden. Wie es sich für panoptische Technologie gehört, wurden viele dieser technischen Möglichkeiten für den Gebrauch in Gefängnissen entwickelt. Ein Beispiel sind elektronische Erkennungsmarken für Gefangene. Diese Marken senden ein Signal aus, das den Standort eines Freigängers angibt und den Behörden verrät, ob er sich außerhalb des genehmigten Gebiets aufhält. Dieses Verfahren wurde in ganz Nordamerika eingesetzt und rief unterschiedliche Reaktionen hervor.[32] Auch in England wird die Methode zunehmend verwendet; dort betrachtet man elektronisch überwachte gemeinnützige Arbeit als billige Alternative zur Gefängnisstrafe.[33] Man könnte diese Technik als eine Ausweitung der panoptischen Macht des Gefängnisses über seine Mauern hinaus ansehen. Doch charakteristischerweise werden gleichzeitig andere Formen der gleichen Identifizierungstechnik, die anscheinend weniger an Zwangsmaßnahmen erinnern, in vielen Bereichen der Gesellschaft eingeführt.

Kredit- oder Servicekarten und andere Karten zur Identifizierung der Person sollen Bequemlichkeit und Sicherheit fördern. Langsam, aber sicher verwandeln sie sich jedoch zu so etwas wie elektronischen Erkennungsmarken, zu elektronischen Kennkarten, mit deren Hilfe man Menschen aufspüren und verfolgen kann. Große öffentliche wie private Organisationen führen am Arbeitsplatz in wachsendem Umfang Namensschilder ein, die am Anfang kaum mehr als kleine Plastikkärtchen mit einem Photo und vielleicht noch einer Unterschrift sind; und oft bleibt es auch dabei. Möglicherweise überprüft ein Wachmann sie am Eingang und vergleicht das Gesicht auf dem Photo mit dem des Karteninhabers; gelegentlich wird auch verlangt, daß die Leute das Schild überall in den entsprechenden Räumlichkeiten an gut sichtbarer Stelle tragen. Zwar ist dies eine primitive Methode, doch sie genügt wahrscheinlich den meisten Sicherheitsanforderungen.

Neue Technologien bieten hingegen eine Reihe von Verbesserungen, die anfangs teuer, aber für die Arbeitgeber dennoch attraktiv sind. Intelligente Ausweiskarten speichern unveränderliche Merkmale wie Finger- oder Handabdrücke oder Netzhautmuster. Bestimmte Apparate können automatisch die Karte und ihren Inhaber vergleichend überprüfen. In Zukunft könnten auch andere Identifizierungsmöglichkeiten wie Gesichts- oder Stimmerkennung oder sogar der »genetische Fingerabdruck« hinzukommen. Und die Einsatzmöglichkeiten für intelligente Ausweise enden keineswegs an den Werkstoren. Im Innern kann ein Kontrollsystem jedermann zu jedem Zeitpunkt lokalisieren. Intelligente Gebäude könnten zudem die automatische Verteilung der Angestellten auf genau vorgeschriebene Örtlichkeiten sicherstellen: Angestellten könnte je nach Funktion und Status der Zugang zu einigen, aber nicht allen Bereichen des Gebäudes gestattet sein, und ihre Karten würden diese Information in maschinenlesbarer Form enthalten. Die sicherheitstechnischen Vorteile für die Arbeitgeber liegen auf der Hand. Allerdings sollten wir nicht vergessen, daß möglicherweise auch Angestellte diese Vorzüge zu schätzen wissen, die um ihre persönlichen Sicherheit besorgt sind, etwa Frauen, die bis spät in die Nacht arbeiten. Doch die Vorteile für Arbeitgeber beschränken sich nicht auf Sicherheitsbelange. Intelligente Karten erlauben auch eine Leistungskontrolle, da sie es den Vorgesetzten beispielsweise ermöglichen festzustellen, wie oft ein Angestellter sich in der Kantine oder der Toilette aufhält.

Intelligente Kredit-, Kunden-, Automaten- und andere Bankkarten eröffnen auch weniger offensichtliche Wege zu einem allgemeinen Ortungs- und Überwachungssystem. Schon die »dummen« Karten hinterlassen stets eine aufgezeichnete Spur. Die monatliche Kreditkartenabrechnung listet auf, wo der Inhaber eingekauft und was er besorgt hat; gelegentlich läßt sich daran eine Reiseroute ablesen. Doch derlei Spuren können auch in die Irre führen, da Karten verlorengehen oder gestohlen werden können und ein Mißbrauch ziemlich einfach ist. In vielen Ländern hat die Polizei in der Tat Betrügereien mit gefälschten oder gestohlenen Kreditkartennummern aufgedeckt, die Verluste in Höhe von Milliarden von Dollar verursachten. Um nur einen Fall aufzugreifen: Nach Berichten des FBI loggte sich ein Hacker in San Francisco heimlich bei einem großen Internetprovider ein, lud 100 000 Kreditkartennummern herunter und versuchte, die Kreditinformationen zu verkaufen. Angeblich fügte er ein Programm ein, mit dessen Hilfe er die Kreditinformationen von einem Dutzend Firmen sammelte, die ihre Erzeugnisse über das Internet vertrieben. Zu seinem Pech versuchte er die von ihm verschlüsselten Daten für 260 000 Dollar an einen Scheinaufkäufer des FBI zu verscherbeln.[34]

Um Kreditkartendiebe einzukreisen, bedient das Bankgewerbe sich der gleichen Technik, die auch in intelligenten Waffensystemen eingesetzt wird, um feindliche Ziele aufzuspüren und zu zerstören. Die Computer erstellen ein Profil des Ausgabeverhaltens des jeweiligen Karteninhabers und analysieren es. Eine Software mit der Bezeichnung »Falcon« lernt anhand zahlreicher Transaktionen, Muster zu erkennen. »Für ihren Einsatz im Verteidigungsbereich brachte man den Computern bei, die Umrisse potentieller Ziele, beispielsweise feindlicher Panzer, zu erkennen. Das System ermöglicht es Piloten und Bodentruppen, auf einen Feind außerhalb ihres Sichtbereichs zu feuern, worauf sich das Geschoß das Ziel selbsttätig sucht und es vernichtet.« Beim Kreditkartenbetrug kommt dieselbe Logik zum Tragen. Man erstellt Profile des Kreditkartenmißbrauchs und vergleicht sie mit aktuellen Zahlungsvorgängen. Verdächtige oder außergewöhnliche Muster werden zum Zweck einer genaueren Beobachtung herausgegriffen. Zusätzlich zur Computeraufklärung schalteten sich die Ermittler »in ein weltweites Computernetz ein, das ursprünglich für die Regierung der USA entwickelt wurde ..., um eine sichere Datenbank [einzurichten], mit deren Hilfe die Mitglieder Informationen über verdächtige Betrügerringe und deren Vorgehensweisen austauschen können«[35].

Noch intelligentere Kreditkarten, die den Nutzer tatsächlich als den autorisierten Karteninhaber erkennen, liegen eindeutig im Interesse sowohl der Firmen als auch der Karteninhaber. Da die Erkennungstechniken billiger werden und immer größere Verbreitung finden, wird der Druck wachsen, den Karten Chips mit mehr personenbezogenen Identifikationsdaten einzupflanzen. Mit dem wachsenden Trend zur bargeldlosen Gesellschaft werden überprüfbare intelligente Karten auch umfassendere Spuren hinterlassen. Darüber hinaus eröffnen derartige Karten zusätzlich die Möglichkeit, ein immer genaueres Profil der Einkaufsvorlieben ihrer Besitzer und sogar ihrer Verhaltensgewohnheiten zu zeichnen (wann und wo sie am liebsten einkaufen, wann sie wohin reisen und so weiter).

Diese Informationen können wiederum zur Kreditkartengesellschaft zurück- oder zum Händler, der die Karte akzeptiert, weitervermittelt werden, falls die Weitergabe solcher Daten gesetzlich erlaubt ist und der Händler sich Zugang zum Verbraucherprofil seiner Kunden verschaffen und dafür bezahlen will. Eine andere Möglichkeit besteht darin, die Fingerabdrücke eines jeden, der mit einer Kreditkartennummer Geschäfte über das Internet abwickelt, zur Identifizierung heranzuziehen. Die Fingerabdrücke des Nutzers würden eingescannt und mit der bei der Firma vorliegenden Datei verglichen. Eine bereits im Handel befindliche Technik integriert die Fingerabdruckerkennung in die Tastatur des Nutzers. Wenn dieser etwas eintippt, werden die Abdrücke im Netz übermittelt.[36] Gesetzeshütern werden die Möglichkeiten dieses Überwachungsverfahrens zumindest einigermaßen faszinierend erscheinen. Auch wenn der Wettbewerb zwischen verschiedenen Karten es scheinbar erschwert, ein weltweites Ortungssystem zu entwickeln, könnte ein elektronischer Datenabgleich letztlich doch ohne weiteres eine flächendeckende Erfassung gewährleisten. Im folgenden Kapitel werde ich diese Möglichkeit eingehender erörtern.

Für die Möglichkeiten, die intelligente Karten in sich bergen, interessieren sich sowohl Regierungen als auch Unternehmen. Ein universeller Personalausweis in Kartenform würde die Staaten vor dem Mißbrauch verschiedener Sozialleistungen schützen und eine Reihe bürokratischer Abläufe vereinfachen und verbilligen. Schon die Sozialversicherungsnummern und vergleichbare Einrichtungen dienen in vielen Ländern diesem Zweck. Ohne diese Nummer kann man weder auf legale Weise Geld verdienen, noch kann man staatliche Leistungen beanspruchen. So sammelt sich automatisch ein Profil gewisser Merkmale einzelner Bürger an, zum Beispiel durch Steuerbescheide oder Überweisungen der Sozialdienste.

1996 stellte Lexis-Nexis, ein Datenvermittlungsunternehmen in Dayton (Ohio), kurzfristig eine Online-Zugriffsmöglichkeit auf die Sozialversicherungsnummern von Verbrauchern bereit. Als Teil seines »Personensuchdienstes« ermöglichte Lexis-Nexis seinen Kunden, die Datenbestände seiner Firma nach den Sozialversicherungsnummern von Millionen Menschen zu durchforsten. Angestellte von Lexis-Nexis erklärten, sie hätten »mit Kunden gerechnet, die den Service benutzten, um Zeugen oder Erben ausfindig zu machen oder mutmaßliche Kriminelle aufzustöbern«. Die Sozialversicherungsnummern standen zehn Tage lang jedem Zugriff offen, ehe öffentlicher Druck die Einstellung des Dienstes erzwang. Die Verwaltung der amerikanischen Sozialversicherungsanstalt verfügt selbst über eine Website, die als eine Art Dienstleistung für Leute gedacht ist, die den aktuellen Stand oder Schätzungen ihrer künftigen Rentenansprüche erfahren wollen. Eine Zeitlang lieferte sie detaillierte Informationen über das Einkommen und die Renten der Leute. »Die Verteidiger der Privatsphäre empörten sich und meinten, die Website könne leicht von Geschiedenen, Vermietern, Arbeitgebern, Mitarbeitern, Kreditanstalten und Auskunfteien mißbraucht werden.« Die Verwaltung beugte sich dem Druck, schloß die fragliche Seite und erklärte, sie nur mit erweiterten Sicherheitsvorkehrungen, einschließlich des Schutzes durch Paßwörter, erneut einzurichten.[37]

Unabhängig von kommerziellem Mißbrauch kann die Regierung die Informationen aus ihren verschiedenen Datenbanken ohne weiteres zusammenstellen und abgleichen. Da man jedoch die Vorstellung von einem Großen Bruder besonders in Nordamerika mit dem Staat in Verbindung bringt, sträuben sich die Leute eher gegen staatliche Kennkarten als gegen eine Erfassung im scheinbar dezentralisierten privaten Sektor. In Amerika wird es wahrscheinlich lange dauern, bis eine universelle intelligente Kennkarte eingeführt wird. In England hingegen griff die Labour-Regierung das Thema auf, vor dem ihre konservative Vorgängerin noch zurückgeschreckt war. Man betrachtet diese Karten als »Bestandteil eines Pakets von Maßnahmen zur Verbesserung der öffentlichen Dienstleistungen«. Zwar soll niemand dazu gezwungen werden, doch die Minister »hoffen, jeder werde sich entschließen, sie immer bei sich zu haben«, da die Karten viele Vorteile böten.[38] Der Druck, universale Personalausweise und schließlich deren intelligentere elektronische Versionen einzuführen, wird in nächster Zukunft vermutlich zunehmen und einen Punkt erreichen, ab dem sie praktisch unumgänglich werden.

Die Vorteile solcher Kennkarten stechen den Staaten ins Auge, die immer kostenbewußter denken und in unserer Zeit neoliberaler sozialer und politischer Programme darauf bedacht sind, die immer geringeren finanziellen Mittel für öffentliche Dienste und Wohlfahrtsmaßnahmen vor Mißbrauch zu schützen. Doch im Zeitalter der Globalisierung kommt der Druck zur Einführung intelligenterer Kennkarten sowohl von außen als auch von innen. Der internationale Reiseverkehr und die Migration stellen die Voraussetzung für eine weltumspannende Wirtschaft dar, gleichzeitig aber auch eine potentielle Bedrohung der Gesellschaft. Geschäftsreisende und Migranten sind der Lebenssaft der Weltwirtschaft, doch die Mobilität von Terroristen, Drogenschmugglern, internationalen Verbrechern, Geldwäschern und so weiter, aber auch große und nicht kalkulierbare Ströme politischer oder Wirtschaftsflüchtlinge untergraben die Abläufe der »legitimen« transnationalen Wirtschaft. Zur Zeit werden Pässe gemäß internationalen Abkommen in maschinenlesbarer Form ausgegeben. Beim Einchecken am Flughafen oder bei Einwanderungskontrollen werden sie eingelesen und rufen automatisch eine Datei auf, die dem Namen auf dem Paß entspricht. In den meisten Fällen tauchen keine Vermerke auf, doch eine Minderheit wird aus den verschiedensten Gründen herausgegriffen, und die Paßinhaber werden möglicherweise festgenommen oder an der Weiterreise gehindert.

Die Buchungsinformationen des internationalen Luftverkehrs sind in einer allgemeinen Datenbank gespeichert, zu der alle Fluggesellschaften Zugang haben. Für die Flugreisenden bedeutet dies einen zusätzlichen Service, da es Umbuchungen und das Ausweichen auf andere Verbindungen erleichtert, falls Flüge ausfallen oder man sie verpaßt hat. Weniger bekannt ist allerdings, daß die NSA (die Nationale Sicherheitsbehörde) in den USA routinemäßig auf diese Datenbank zugreift und sie dann ihrerseits anderen Geheimdiensten oder Kontrollbehörden zur Verfügung stellt. Auf diese

Weise kann die NSA unabhängig von ihrem Zugriff auf Telekommunikationssysteme ein globales Bewegungsbild der Flugreisen einer Person erstellen. Problematisch sind allerdings gestohlene, vergessene, gefälschte oder anderweitig veränderte Pässe und Reisedokumente. So kann die Behörde zu jedem Zeitpunkt angeben, welche Reisedokumente gerade zwischen zwei Ländern unterwegs sind, doch sie kann möglicherweise nicht ganz so sicher sein, wer diese Papiere bei sich trägt. Mit der weltweiten Anerkennung der Technik zur Personenerkennung mittels intelligenter Karten – was derzeit zugegebenermaßen noch in weiter Ferne liegt – wäre jeder Paß ausschließlich mit den nachprüfbaren persönlichen Merkmalen seines Halters verbunden. Dadurch entstünde tatsächlich ein weltweites Ortungssystem. Und damit ergäben sich natürlich eine Reihe potentieller Einschränkungen der persönlichen Freiheit.

WENN DER BILDSCHIRM DICH ANSCHAUT: SUCHMASCHINEN UND COOKIES

Der *Zuwachs an Möglichkeiten*, den das Internet Einzelpersonen und Gruppen bietet, wurde begeistert begrüßt. Einige der politischen Fragen, die sich daraus ergeben, werde ich später erörtern.[39] In der Tat erweitern die neuen Informationstechnologien die Möglichkeiten. Das gleiche galt für frühere Informationstechniken. Die Druckerpresse unterminierte die umfassende Macht des Papsttums und trug zur Ausbreitung der protestantischen Reformation bei; sie förderte den Individualismus, das Entstehen eines städtischen Bürgertums und den Aufschwung eines wissenschaftlichen Humanismus.[40] Das Telephon half räumliche Entfernungen zu überwinden. Das Radio und noch mehr das Fernsehen eröffneten den Zugang zu bislang weit entfernten Welten. Doch jede Neuerung hatte auch ihre Kehrseite. Der Buchdruck machte frei, doch das Gedruckte wurde auch zensiert. Bücher wurden verbannt und verbrannt. Telephone wurden angezapft. Radio und Fernsehen konnten der Bildung dienen, waren aber auch Mittel der Propaganda.

Die neuen Informationstechnologien haben ebenfalls zwei Seiten. Sie erweitern die Möglichkeiten ihrer Nutzer, bieten aber auch mehr Angriffspunkte für Überwachung und Manipulation. Diese beiden Seiten lassen sich nicht voneinander trennen: Was die Möglichkeiten erweitert, macht auch verwundbarer. Der Cyberspace macht da keine Ausnahme. »Online« im Netz kann man rund um die Welt mit anderen kommunizieren, die ebenfalls online sind. Doch das kann auch bedeuten, daß alles, was sie einander mittteilen, von anderen gelesen und bis zur Quelle zurückverfolgt wird. Es könnte bedeuten, daß andere Leute oder Gruppen ein Online-Profil von Ihnen erstellen – welche Websites Sie besuchen, welche Werbung Sie anklicken, welche Produkte Sie bestellen, welchen Newsgroups Sie beitreten oder mit welchen E-Mail-Adressen Sie korrespondieren. Es könnte bedeuten, daß man Ihnen Ihre Kreditkartennummer stiehlt und sie mißbraucht. Es könnte sogar bedeuten, daß Unbekannte über das Netz in die Festplatte Ihres Computers eindringen, sich deren Inhalt ansehen und möglicherweise Dateien ändern oder einen Virus einpflanzen. Natürlich muß das nicht passieren. Aber es könnte geschehen.

Zu den wunderbaren Vorzügen des Internets gehören die Suchmaschinen, die das Web durchforsten und zu den eingegebenen Stichworten eine Vielfalt von passenden Informationen liefern. Beim Schreiben dieses Buches forderte ich beispielsweise gelegentlich einen bestimmten Verweis oder ein Zitat an, für die ich die genaue Quelle nicht kannte. Früher hätte ein Autor in dieser Situation seine Bücherregale nach einem Buch absuchen müssen, das möglicherweise den gesuchten Verweis enthielt; wenn das nicht half, war ein zeitraubender Ausflug in eine Bibliothek unvermeidlich. Mit dem Internet kann man die Suche erheblich verkürzen, und man braucht zu diesem Zweck nicht weiter als bis zu seinem Computer zu gehen. Überdies ist dieser Service völlig kostenlos, und ich kann das Zitat in meinen Rechner herunterladen, um es sofort an jeder beliebigen Stelle meines Textes einzufügen, wo ich es eben brauche. In der Tat eine Technik, die meine Möglichkeiten erweitert.

Doch eben dieses Suchpotential kann auch gegen einen gewandt und für weniger harmlose Zwecke eingesetzt werden. Probieren Sie einmal folgendes: Falls sie ihre Telephonnummer je einem Unbekannten gegeben haben – und wer hätte das nicht, zum Beispiel bei bei der Abwicklung von Geschäften per Telephon –, dann sollten Sie eine Website der Telephongesellschaft aufsuchen und Ihre Nummer eingeben. Sie erhalten dann detaillierte Informationen über Ihren Wohnsitz, einschließlich einer Umgebungskarte: eine jederzeit verfügbare Datenbank für Cyberentführer. Im Web sind eine Menge personenbezogener Daten gespeichert, die man aus Neugier, Gewinnstreben oder schlimmeren Motiven abrufen kann. Datenhändler, die professionelle Suchdienste anbieten, verschaffen sich oft Zugriff auf geschützte Datenbestände, zu denen ein Privatmann nur unter Schwierigkeiten oder überhaupt keinen Zugang erhält.[41] Der Privatdetektiv unserer Tage ist weit entfernt vom guten alten Schnüffler der Vergangenheit, wie Raymond Chandler ihn beschrieb; heute würde er eher im Internet surfen, um an Informationen zu kommen und so einen untreuen Gatten oder einen betrügerischen Geschäftspartner zu überführen. Und Kriminelle würden auf der Suche nach Opfern ebenso wahrscheinlich den Cyberspace durchstreifen, wie sie ihnen früher in finsteren Gassen auflauerten.

Um möglichen Regelungen durch die Regierung zuvorzukommen, führte der Beirat für industriell genutzte Informationstechnologie, ein Konsortium privater Datenhändler und Kreditauskunfteien, eine Reihe von »Grundregeln« und »Richtlinien« zum Schutze der Netz-«Konsumenten« ein. Das ist nicht weiter überraschend. Allerdings ist es jedem freigestellt, sich an diese Regeln zu halten; Sanktionen, um sie durchzusetzen, sind nicht vorgesehen.[42] Will jemand verhindern, daß seine personenbezogenen Informationen in allgemein zugänglichen Datenbanken erscheinen, muß er dies den beteiligten Firmen gegenüber ausdrücklich erklären. Kritiker weisen darauf hin, daß die meisten nicht einmal von der Existenz solcher Datenbanken wissen.[43] Diese Regelung wurde mit dem Segen der U.S. Federal Trading Commission (FTC) und der Clinton-Administration getroffen und »ist der erste wichtige Schritt der Regierung Clinton, eine Politik zum Schutz der Privatsphäre in Angriff zu nehmen, um die Rechte des Bürgers im Zeitalter des Internets zu schützen, ohne neue Gesetze und Regelungen zu erlassen«. Die FTC plant die Überwachung von 1200 kommerziellen Websites, »um die Auswirkungen selbstauferlegter Regelungen auf die Privatsphäre der Verbraucher abzuschätzen«, und wird dem Kongreß Bericht erstatten.[44] Typisch ist jedoch, daß die Regierung Clinton mit ihrer Philosophie, »den Markt sich selbst regulieren zu lassen«, sich auf diese Aktion beschränkt. Die Übereinkunft schloß auch einen Handel ein, der Strafverfolgungsbehörden ungehinderten Zugang zu diesen Datenbanken gewährt. Bislang waren den Polizeibeamten von der Regierung und den Gerichten Grenzen gesetzt, was das Sammeln bestimmter Arten von Informationen über Bürger anging, außer diese wurden vorgeladen.[45] Im Zeitalter des Cyberspace ermöglicht die Selbstkontrolle der Industrie es den Gesetzeshütern, diese zum Schutz der Privatsphäre erlassenen Richtlinien zu umgehen.

Mit den Suchkapazitäten des Internets sind die technischen Grundlagen zur Überwachung von Netzaktivitäten bei weitem nicht ausgeschöpft. Zu den interessanteren Techniken, den Cyberspace zu kontrollieren, gehören die sogenannten Cookies. Netzbenutzern, die sich für Websites anmelden oder Software herunterladen, werden diese Cookies direkt auf die Festplatten kopiert. Es handelt sich dabei um Zahlenfolgen, mit deren Hilfe der Händler den Nutzer identifizieren kann, um die Geschäftsvorgänge zu beschleunigen. Wenn ich mich zum Beispiel anmelde, um eine Dienstleistung zu bestellen, meldet ein auf meiner Festplatte verankertes Cookie mich jedesmal wenn ich die Website aufsuche, automatisch wieder an. Damit erspare ich mir das zeitraubende Eintippen meiner Identifikation und brauche mich auch nicht an ein Paßwort zu erinnern. Daher sind Cookies bei Nutzern sehr beliebt und noch beliebter bei den Inhabern der Websites: Ein Cookie kann verschlüsselte Informationen über den Nutzer enthalten, die bei der ersten Anmeldung zusammengetragen wurden und möglicherweise durch Informationen von anderen Sites, zu denen man mit Hilfe der Nutzeridentifikation über Links Zugang erhält, ergänzt wurden. Cookies mögen bequem, können jedoch auch ausgesprochen giftig sein – sie sind der Schlüssel, mit dem man sich aus der Ferne Zugang zur Festplatte des Computers verschaffen kann; dies eröffnet erschreckende Möglichkeiten des Mißbrauchs.[46] Als man sich allmählich der möglichen Gefahren der Cookies bewußt wurde, entwickelte man verschiedene Abwehrverfahren. »Cookie-Knacker«-Programme entfernen Cookies von der Festplatte. Und Browser wie der von Netscape geben den Nutzern die Möglichkeit, alle Cookies abzulehnen oder sich vorwarnen zu lassen, wenn bei einem Vorgang ein Cookie installiert oder ein vorhandenes Cookie aktiviert werden soll. Die meisten Nutzer werden sich jedoch, selbst wenn sie ein Cookie zweifelhafter Herkunft vielleicht zurückweisen würden, in den meisten Fällen wahrscheinlich für die unkomplizierteren Abläufe entscheiden. Ich habe versucht, die Option zu nutzen, in jedem Einzelfall, wenn ein Cookie aktiviert werden sollte, meine Zustimmung zu geben oder zu verweigern – das Experiment dauerte nicht einmal einen Tag, dann konnte ich die ständigen Warnhinweise nicht mehr ertragen, die auf dem Bildschirm aufblitzten, und optierte für weniger Sicherheit und mehr Komfort. In gewissem Sinne ist dies ein Paradebeispiel für das Dilemma: zusätzliche Handlungsmöglichkeiten und gleichzeitig zusätzliche Überwachungsmöglichkeiten, vor das uns die Technologie des Internets stellt.

@ DER WEISHEIT LETZTER SCHLUSS: E-MAIL-ÜBERWACHUNG

Für die Beliebtheit des Internets als Kommunikationstechnik ist E-Mail der entscheidende Faktor. In den hochentwickelten Ländern wird E-Mail mit atemberaubender Geschwindigkeit zum bei weitem meistgenutzten System für private und geschäftliche Kommunikation, das die »Schneckenpost«, wie das alte Postwesen verächtlich genannt wird, verdrängt. Selbst mit dem Fax, das in gewerblichen und privaten Büros schnell allgegenwärtig wurde, geht es wieder bergab, seit die Nutzer bemerkten, daß man auch umfangreiche Dokumente als Anhang einer E-Mail weltweit und augenblicklich von Computer zu Computer oder von Netz zu Netz übermitteln kann. E-Mail verkörpert die zusätzlichen Möglichkeiten, die das Internet bietet, indem sie räumliche und zeitliche Beschränkungen der Kommunikation praktisch abschafft. In naher Zukunft könnte diese Technologie sich mit der telephonischen Kommunikation zu einem Zwitterwesen verbinden, zu einem Mischverfahren, bei dem die Stimme in Echtzeit und ein geschriebener Text gemeinsam übertragen werden, möglicherweise sogar im Rahmen ein und desselben Übermittlungsvorgangs.[47]

Doch E-Mail ist auch eine äußerst unsichere Form der Kommunikation. Die Post anderer unerlaubt zu öffnen ist weithin gesetzlich verboten und wird von den meisten als Verletzung der Privatsphäre verurteilt. In Kriegs- und Notstandszeiten bestanden Regierungen darauf, den Briefverkehr zu zensieren, und viele Regierungen setzen die Zensur gelegentlich als Waffe bei der Verbrechensbekämpfung ein. In diesem Fall wird sie jedoch normalerweise durch vielfältige Verordnungen und Verfahrensvorbehalte eingeschränkt. Die ausgesprochene Leichtigkeit, mit der die E-Mail um den Globus flitzt, hat jedoch die Kommunikationsbeziehungen als solche verändert. Der Verschlüsselungsexperte Whitfield Diffie bemerkte in einer Stellungnahme vor dem Kongreß: »In der Verfassung wurde kein Recht auf vertrauliche Gespräch verankert. Vermutlich kam damals niemand auf die Idee, es könnte irgendwie eingeschränkt werden. Jetzt stehen wir jedoch an der Schwelle zu einer Welt, in der elektronische Kommunikation so gut und so preiswert ist, daß vertrauliche geschäftliche und private Beziehungen häufig auch zwischen Menschen bestehen, die sich allenfalls höchst selten den Luxus erlauben können, einander zu besuchen. Wenn wir das Recht dieser Menschen darauf, daß die Vertraulichkeit ihrer Mitteilungen geschützt wird, nicht achten, machen wir einen großen Schritt in eine Welt, in der die Privatsphäre nur noch eine Sache der Reichen ist.«[48]

Trotz der wachsenden Bedeutung der E-Mail werden sowohl ihre öffentliche wie auch private Überwachung kaum eingeschränkt. Wir haben bereits festgestellt, daß auf Regierungsebene das Abhörnetz der UKUSA mit Hilfe des ECHELON-Programms einen Großteil des Nachrichtenverkehrs via Satellit abfängt. Doch das stellt nur einen Teil des Problems dar. Die Service-Provider im Internet archivieren möglicherweise die ein- und ausgehende E-Mail. Arbeitgeber speichern vielleicht nicht nur die E-Mail innerhalb der Firmennetze, sondern bestehen möglicherweise auch darauf zu lesen, was ihre Angestellten schreiben. Schließlich und endlich sind die Computer und das Netzwerk Eigentum der Firma, und was sich auf diesen Netzen abspielt, könnte als Firmenangelegenheit betrachtet werden. Der bekannte Soziologe und kommunitaristische Philosoph Amitai Etzioni beklagt sich mit dem Hinweis auf Gerichtsurteile und den fehlenden gesetzlichen Schutz auf Bundes- oder Staatsebene darüber, daß »das Recht eines Angestellten auf die Vertraulichkeit von E-Mails gesetzlich nicht oder kaum abgesichert ist«. Untersuchungen legen den Schluß nahe, daß mehr als ein Drittel aller Firmen ihre Angestellten permanent elektronisch überwachen und zu diesem Zweck Stichproben bei E-Mails vornehmen. Daher behauptet Etzioni, die Arbeitgeber unterminierten jeglichen Gemeinschaftsgeist am Arbeitsplatz.[49]

Man kann dieses Thema jedoch auch von einer anderen Seite her betrachten. Regierung und Arbeitgeber haben eindeutig ein legitimes Interesse daran sicherzustellen, daß die von ihnen bereitgestellten Kommunikationssysteme nicht zu kriminellen und unmoralischen Zwecken mißbraucht werden. In der Tat fordern Frauen und rassische Minderheiten, vor Botschaften geschützt zu werden, die sexuelle Belästigungen darstellen oder rassistisch sind und von anderen Angestellten zu ihrer Einschüchterung in Umlauf gebracht werden. Und schließlich kann gelegentlich durchaus ein öffentliches Interesse daran bestehen, E-Mails zu überprüfen, die ungesetzlichen oder unmoralischen Zwecken dienen. Beispielsweise brachte in der Iran-Contra-Affäre die archivierte E-Mail-Korrespondenz Oberst Oliver North und andere Verschwörer zu Fall.[50]

Einer der besorgniserregendsten Aspekte des Abfangens von E-Mails ist die Möglichkeit, sowohl Absender als auch Empfänger mit Hilfe ihrer E-Mail-Adresse, des allgegenwärtigen @, zu identifizieren und zu lokalisieren. Aus Sorge über diese Eingriffsmöglichkeit sahen einige Nutzer sich nach Systemen um, die Schutz vor neugierigen Augen versprechen. »Re-Mailing-Systeme« sind ein Beispiel dafür. Ein Absender verschickt seine E-Mails über einen Remailer, der aus der Botschaft alle Markierungen löscht, die einen Hinweis auf Identität und Wohnort des Absenders geben könnten, ehe er sie weiterschickt. Die Antwort wird auf die gleiche Weise befördert.

Für alle, die sich um Vertraulichkeit sorgen, klingt das gut. Regierungen, Geheimdienste und Strafverfolgungsbehörden hingegen fürchten, Re-Mailer könnten eine Art Schutzschild krimineller Kommunikation darstellen, vom Drogenschmuggel bis hin zur Planung terroristischer Anschläge. Behauptungen zufolge (die jedoch von keinerlei unabhängiger Stelle bestätigt wurden) griffen Geheimdienste und Behörden einer Reihe westlicher Länder, einschließlich der USA, auf eine klassische Taktik der Gegenspionage zurück und kontrollierten einige Re-Mailing-Dienste.[51] Falls in diesen Behauptungen ein Körnchen Wahrheit steckt, könnten Dienste, die angeblich ihren Kunden Anonymität garantieren, in Wirklichkeit Überwachungseinrichtungen der Regierung sein. Wie auch immer, eines ist klar: Auch wenn die E-Mail unsere Möglichkeiten erweitert, ist sie eine von Natur aus unsichere Art der Kommunikation. Das führt zu der umfassenderen Frage nach einer Verschlüsselung im Internet. Wenn es denn mehr oder weniger unvermeidlich erscheint, daß Regierungen, Arbeitgeber und andere Körperschaften E-Mails abfangen und kontrollieren, besteht der Trick vielleicht darin, die E-Mail für alle außer den gewünschten Empfänger, für den sie gedacht ist, unlesbar zu machen.

DER KRIEG DER HEXENMEISTER IM WEB: VERSCHLÜSSELUNG, ENTSCHLÜSSELUNG UND FALLTÜREN

Einer der großen Triumphe der alliierten Geheimdienste im Zweiten Weltkrieg war, wie oben erwähnt[52], ihre Fähigkeit, die Codes der Achsenmächte zu knacken und deren militärische Nachrichten mitzulesen. Diese Anwendung höherer Mathematik auf das Gewirr feindlicher Codes war ein Teil dessen, was Sir Winston Churchill bewundernd den »Krieg der Hexenmeister« nannte. Die Erfolge der Wissenschaftler in Bletchley Park beim Entschlüsseln der »Ultra-Geheimnachrichten« (»Ultra« war der britische Deckname für den Geheimdienst Nazi-Deutschlands) und bei der Operation »Magic«, in deren Rahmen die USA die japanischen Geheimcodes dechiffrierten, waren nur ein dramatisches Kapitel im Wettlauf der Techniken zur Ver- und Entschlüsselung. Das schwächste Glied in der Kette war jedoch seit jeher, daß sowohl der Sender als auch der Empfänger verschlüsselter Nachrichten über denselben »Schlüssel« verfügen mußten, um die Daten zu decodieren. Dies konnte nur durch vorherige Abstimmung oder durch Kuriere, die die Schlüssel hin- und hertransportierten, sichergestellt werden. Aus diesem Grund waren Spione mit Codeverzeichnissen ausgerüstet, anfangs nur mit einigen Seiten, später dann mit Maschinen wie der deutschen »Enigma«, die der Feind analysieren und manipulieren konnte, wenn sie erst einmal in seine Hände gefallen waren. Ein sowjetisches Codeverzeichnis, das im Verlauf des Krieges in den Besitz der Amerikaner gelangte, führte nach jahrelangen Analysen zur Aktion »Venona«, in deren Rahmen man den Nachrichtenaustausch der Sowjets mit ihren Spionagenetzwerken in den USA entschlüsselte und so die sowjetischen Atomspione enttarnen konnte. In jüngster Zeit wurde behauptet, die National Security Agency hätte seit Jahrzehnten ein geheimes Abkommen mit der Schweizer Firma Crypto AG, die Verschlüsselungstechnik an zahlreiche Länder sowie Interessenten aus der Wirtschaft verkaufte; dies ermöglichte der NSA und ihren wichtigsten Geheimdienstverbündeten ungehinderten Zugang zu vermeintlich geheimen Nachrichten.[53]

Ein weitreichender Fortschritt in der Kryptographie, »Öffentlicher Schlüssel« genannt, brachte die Sicherheit des Informationsaustauschs im Cyberspace in den siebziger Jahren um einen großen Schritt voran. Anders als die symmetrische Kryptographie, bei der Sender und Empfänger denselben Schlüssel verwenden, ist die Kryptographie mit dem öffentlichen Schlüssel asymmetrisch, da man zwei Schlüssel benutzt, die zusammengehören: einen öffentlichen und einen privaten. Rechnerisch ist es unmöglich, den privaten aus dem öffentlichen Schlüssel abzuleiten. In einem System mit öffentlichem Schlüssel können Botschaften nur von den vorgesehenen Empfängern gelesen werden. Der Besitz des öffentlichen Schlüssels ermöglicht jedoch niemandem außer dem autorisierten Inhaber des privaten Schlüssels, die Information zu entschlüsseln. Der private Schlüssel ist ein mathematischer Wert oder Algorithmus, gelegentlich auch Falltür genannt. Kennt man diesen Wert, dann kann man die übermittelten Informationen entschlüsseln; kennt man ihn nicht, bleibt die Falltür geschlossen und die Botschaft unlesbar. Ashley Dunn liefert in der *New York Times* eine für Laien gedachte Darstellung dieses Verfahrens:

> Alice … hat ein Tresorfach mit zwei Schlüsseln. Nur einer der Schlüssel, den Alice ständig bei sich trägt, kann das Schließfach öffnen; der andere, vielfach nachgemachte und verteilte Schlüssel ist öffentlich und kann es nur verschließen. Wenn Bob … Alice eine Nachricht übermitteln will, nimmt er einen öffentlichen Schlüssel, legt seine Botschaft in das offene Schließfach und verschließt es. Will dann Alice die Nachricht lesen, öffnet sie das Schließfach mit ihrem persönlichen Schlüssel und läßt das Fach offen. So kann nur Alice die Botschaften lesen, doch jedermann kann ihr eine schicken.[54]

Die Idee der Chiffrierung mit öffentlichen Schlüsseln wurde nach neueren Erkenntnissen von britischen Kryptographen der GCHQ, der Nachfolgebehörde von Bletchley Park in Friedenszeiten, »entdeckt«, wenn dies denn der zutreffende Ausdruck ist. (Möglicherweise befaßte sich die NSA schon früher, nämlich Anfang der sechziger Jahre, mit ähnlichen Ideen.) Die Spezialisten der GCHQ fühlten sich allerdings im Interesse der Sicherheit des Landes zur Geheimhaltung verpflichtet und veröffentlichten daher ihre Entdeckung nicht.[55] Zwei amerikanische Verschlüsselungsspezialisten, die keine Geheimnisträger waren, Martin Hellman und Whitfield Diffie, veröffentlichten 1976 in einer bahnbrechenden Abhandlung das Konzept einer öffentlichen Verschlüsselungsmethode. Ein Jahr später setzten drei andere Forscher den Entwurf in die Praxis um, indem sie sich eine besondere, einseitige Falltürfunktion mit der Bezeichnung RSA-Algorithmus ausdachten.

Die Verschlüsselung mit dem öffentlichen Schlüssel bedeutet das Ende des staatlichen Monopols und die Demokratisierung der Verschlüsselung. Mittlerweile sind verschiedene Softwarepakete zur Verschlüsselung auf dem Markt – das bekannteste ist derzeit PGP (*Pretty Good Privacy*, etwa: Ganz schön vertraulich), das mit einem ausgeklügelten 128-bit-System arbeitet. Es könnte durchaus auch für die fortgeschrittensten Computer unmöglich sein, es zu knacken. DES, das derzeitige Standardsystem der amerikanischen Regierung, beruht hingegen auf einem 56-bit-System, das als eine Art sportliche Herausforderung von einer vereinten Mannschaft aus Programmierern und begeisterten Amateuren in neununddreißig Tagen geknackt wurde.[56] Systeme mit 128 Bits sind exponentiell komplexer als Systeme mit 56 Bits. Da jetzt Programme wie PGP auf dem Markt sind, eröffnet sich allen Nutzern des Internets die Aussicht, ihren Informationsaustausch vor den neugierigen Augen von Konkurrenten, Gegnern und sogar des Staates geheimhalten zu können.

Für hochkomplizierte Verschlüsselungsmethoden gibt es eine mächtige Lobby. Die im Netz vertretenen Branchen haben deren Potential nicht annähernd so gut erkannt wie die Enthusiasten. So mißtrauen weite Teile der Öffentlichkeit der Sicherheit finanzieller Informationen, die zum Beispiel bei der Abwicklung von Geschäften über das Netz per Kreditkarte anfallen. Eine Verschlüsselungsmethode, der die Öffentlichkeit vertraut, würde das ändern. Dasselbe gälte für biometrische Erkennungstechniken wie die elektronische Prüfung von Fingerabdrücken über das Netz. Ein weiterer Punkt sind die Bedenken der Firmen, was den Schutz geistigen Eigentums angeht, im Zeitalter der sofortigen digitalen Übermittlung offensichtlich ein zentrales Problem. Fünf Riesen der Computer- und Elektronikindustrie, darunter Intel und Sony, einigten sich unter Verwendung einer Version öffentlicher Verschlüsselung auf Möglichkeiten, andere an der Anfertigung von Raubkopien digitaler, copyrightgeschützter Inhalte zu hindern. »Die Übereinkunft stellt einen vielversprechenden neuen Schritt im häufig heiklen Tanz zwischen den Schöpfern von Inhalten – Filmen, Musikstücken und Büchern – und den neuen technischen Möglichkeiten wie dem Internet dar, die es einerseits leichter machen, ihre Werke zu verbreiten, andererseits aber auch, sie zu stehlen.«[57]

Regierungen behagt die Chiffrierung mit öffentlichen Schlüsseln überhaupt nicht. Angesichts ihrer beherrschenden Rolle als einzige noch verbliebene Großmacht und als Institution, die einem Weltpolizisten wohl am nächsten kommt, ist besonders die Regierung der USA diesem Verfahren gegenüber ausgesprochen feindselig eingestellt. Die Clinton-Administration focht eine Reihe gesetzgeberischer Schlachten aus, um ihre Kontrolle über diese Technologie zu behaupten. Es begann mit tolpatschigen Anläufen, den sogenannten »Clipper-Chip« durchzusetzen, eine von der Regierung kontrollierte elektronische Falltür. Der Clipper-Chip scheiterte, doch die Administration bestand auf strengen Exportkontrollen für Softwarepakete zur öffentlichen Verschlüsselung und verstärkte ihre Anstrengungen, per Gesetz die Forderung nach staatlich kontrollierten Falltüren für alle in den Vereinigten Staaten verkauften Verschlüsselungssoftware durchzusetzen; man bezeichnete dies auch als Hinterlegungspflicht für öffentliche Schlüssel. Der Leiter des FBI machte den Standpunkt der Regierung bei jeder sich bietenden Gelegenheit klar. Demnach würde es das System der öffentlichen Schlüssel dem organisierten Verbrechen oder Terroristen erleichtern, den Strafverfolgungsbehörden ihre Pläne zu verheimlichen. Dasselbe FBI hat aber auch, wie man vielleicht noch anmerken sollte, bei der Ausrüstung mit neuer Telephontechnik auf technischen Standards bestanden, die der Behörde erlauben, ihre Abhörmaßnahmen nach Belieben fortzusetzen.

Diese Geschichte, deren Ausgang wir noch nicht kennen, spricht eine Menge äußerst bedeutsamer Themen an. Vordergründig scheint es um die klassische Frage der Rechte des Individuums gegenüber der Sicherheit des Landes zu gehen, bei der die gleichen Mitspieler die gleichen Argumente vorbringen wie schon beim Anzapfen von Telephonleitungen, beim Installieren von Wanzen und beim Einsatz von V-Leuten der Polizei oder der Sicherheitskräfte. Doch die Ähnlichkeit täuscht. Die Technologie der öffentlichen Verschlüsselung unterscheidet sich grundlegend von herkömmlichen Maßnahmen gegen eine Überwachung. Wenn sie nicht durch von der Regierung aufgezwungene Falltüren behindert wird, kann sie offenbar jede Kommunikation hinreichend lange wirksam schützen, um Entschlüsselungsverfahren für die meisten Zwecke bedeutungslos zu machen. Selbst wenn die Dechiffriermethoden in Zukunft dramatisch verbessert würden, bleibt die Verschlüsselung mit 128 Bits so kompliziert, daß eine Entschlüsselung lang genug dauern würde, um die Bedenken der meisten Leute zu zerstreuen. Und gewiß auch lange genug, damit Kriminelle oder Terroristen ihre Pläne ausführen können. Überdies stellt die Tatsache, daß diese Verschlüsselungstechnik bereits zur Verfügung steht, uns vor das Problem, daß der Geist schon aus der Flasche entwichen ist: Unabhängig von irgendwelchen Kontrollen, die künftig durchgesetzt würden, ist die Technik schon in Umlauf und im Besitz aller, die sich ihrer bedienen oder sie illegal verbreiten wollen (was im Zeitalter des Internets und der digitalen Datenübertragung kaum ein Problem darstellt).

Ausfuhrkontrollen der amerikanischen Regierung wären zum Scheitern verurteilt; als Strategie entsprachen sie einer Zeit, in der Landesgrenzen und Zollkontrollen den grenzüberschreitenden Verkehr von Waren und Dienstleistungen verhindern konnten. Auch Aufforderungen von amerikanischer Seite, andere Regierungen sollten im Rahmen ihrer nationalen Rechtsprechung ähnliche Aktionen durchführen, sind ohne rechte Wirkung geblieben. Das Electronic Privacy Information Center, eine Forschungsgruppe mit Sitz in Washington, stellte im Rahmen einer Studie, die 243 Regierungen einbezog, fest, daß die USA als praktisch einziges hochentwickeltes und demokratisches Land eine Binnenregulierung effektiver Verschlüsselungstechniken anstreben.[58] Ohne globale Kontrollverfahren ist die Ausbreitung wirkungsvoller Verschlüsselungstechniken mit öffentlichen Schlüsseln nicht aufzuhalten.

Als letztes Argument gegen eine Falltür der Regierung kann man anführen, daß diejenigen, die eine Überprüfung durch die Regierung aus gutem Grund scheuen, sich solchen Kontrollen zu entziehen wüßten; für gesetzestreue Bürger oder Organisationen, die die Regeln akzeptieren, könnte sich hingegen gerade das staatliche Falltürmonopol als zentrales Sicherheitsproblem erweisen. Was wäre beispielsweise im Falle von Sicherheitsschlupflöchern oder wenn korrupte Beamte innerhalb der Regierung die Geheimnisse an kriminelle oder terroristische Gruppen oder Feindstaaten weitergäben? Gegen wesentliche Teile der Kommunikations- und Computersysteme in Amerika könnte dann ein verheerender Cyber-Angriff gestartet werden. Präsident Clintons Commission on Critical Infrastructure Protection, die ansonsten den Standpunkt der Regierung in der Frage einer Hinterlegung der Schlüssel wiedergibt, legt den Schluß nahe, die beste Methode zur Wahrung nationaler Sicherheitsinteressen könnten effiziente Chiffriersysteme sein, da sie die informationelle Infrastruktur des Landes für Angriffe unverwundbar machten.[59]

Im Grunde genommen kann man davon ausgehen, daß in diesem Kampf nur eine Seite gewinnen kann. Der Standpunkt der Regierung der USA ist theoretisch anfechtbar und läßt sich unmöglich wirksam in die Praxis umsetzen. Viel wahrscheinlicher ist deshalb, daß sich am Ende die effiziente Verschlüsselung umfassend durchsetzen wird. Selbst wenn sie kriminellen und terroristischen Elementen Schutz bietet, schützt sie doch auch Individuen, Gruppen und Organisationen weitgehend vor staatlichen oder nichtstaatlichen Übergriffen. Angesichts der schreckenerregenden technischen Möglichkeiten einer Überwachung der Privatsphäre, wie wir sie beschrieben haben, ist diese Art dezentralisierter, demokratischer Sicherheit wahrscheinlich die beste Lösung.

DER KLEINE BRUDER UND DAS KINDERMÄDCHEN
IM NETZ: ZENSUR IM CYBERSPACE

Verschlüsselung macht Kommunikation im Cyberspace sicherer. Doch die Sicherung der Inhalte privater E-Mails ist nur ein Aspekt. Was im Internet mitgeteilt und zur Verfügung gestellt wird, wirft vollkommen andere Probleme auf, die das Thema Zensur berühren. Tatsächlich hat die Öffentlichkeit auf die Bedrohung, die das Internet für Moral und Sicherheit darstellt – insbesondere durch die Verbreitung von Pornographie und Hetzpropaganda –, geradezu panisch reagiert. Die Gefahr politischer Subversion durch das Internet hat dagegen in westlichen Ländern weniger Besorgnis hervorgerufen als in der dritten Welt. Doch darauf werde ich später zurückkommen.[60] Pornographie und rassistische Propaganda ließen überall im Westen Alarmrufe laut werden; man schlug eine Reihe von Maßnahmen vor und führte sie in einigen Fällen auch durch.

Daß die Öffentlichkeit derart verschreckt reagierte, läßt sich möglicherweise auf das Zusammenwirken zweier Faktoren zurückführen. Zum einen löst die Einführung neuer, grundlegend anderer Kommunikationsmedien stets massive gesellschaftliche Ängste aus. Der Filmindustrie wurde anfangs von vielen Seiten nachgesagt, sie untergrabe die Moral, und Hollywood sei so etwas wie Sodom und Gomorrha. Kaum wurden in den Kinos die ersten Filme gezeigt, war auch schon die Zensur durch nationale und regionale Behörden zur Stelle. Wie das Fernsehen, das seinerseits einem wachsenden Druck zur Zensur ausgesetzt ist, scheint das Internet besonders subversiv zu sein, weil es direkt in die Wohnung kommt und damit für Kinder (die vielleicht technisch gewiefter sind als ihre Eltern) leicht zugänglich ist. Ein weiterer Grund zur Panik ist, daß es keine Grenzen kennt.

Zum anderen fiel die Internettechnologie in eine Zeit erhöhter sozialer und kultureller Spannungen, die in vielen Ländern des Westens entlang ethnischer, rassischer und geschlechtlicher Trennlinien verlaufen. Kampagnen gegen Pornographie führten zu ungewöhnlichen Allianzen zwischen Konservativen der moralischen

Mehrheit und militanten Feministinnen. Der multikulturelle Ansatz, überlieferte Herrschaftsansprüche neu zu überdenken, ließ die Forderung laut werden, Hetzpropaganda gesetzlich zu verbieten. Die Pionier- und Aufbruchstimmung im Internet, in dem immer noch die größtmögliche Freiheit vor Zensur und Vorschriften herrscht, hat offenbar viele zur Verbreitung pornographischer und rassistischer Botschaften ermutigt. Wieder einmal erschallt nun im ganzen Land der uralte Ruf: »Ein Gesetz muß her«, ein Ruf, der ironischerweise häufig von denen kommt, die sich ansonsten nachdrücklich für die Grundsätze des freien Marktes einsetzen und die Gesellschaft vor staalichen Übergriffen bewahren wollen.

Wie so oft, wenn eine derartige Panikstimmung herrscht, verwechselt man das Medium mit der Botschaft. Das Internet als solches und mit ihm das breite Spektrum neuer Kommunikationstechnologien, in die es eingebettet ist, wurde für einige das Hauptziel ihrer Angriffe, nicht sein Gebrauch oder möglicher Mißbrauch. Doch gerade die ungewöhnlichen Eigenschaften dieser neuen Technologie machen Zensur zu einem komplizierteren, schwierigeren und möglicherweise unlösbaren Problem. Erneut wird eines der zentralen Paradoxe der neuen Kommunikationsmittel deutlich, die ihren Nutzern einerseits eine Vielfalt neuer Möglichkeiten eröffnen, gleichzeitig jedoch das Risiko einer Überwachung und Kontrolle in sich bergen.

Die Freiheit des Wortes, die auch für Rassisten, Antisemiten, Pädophile oder Frauenfeinde mit Vergewaltigungsphantasien gilt, kann für rassische Minderheiten, Juden, Kinder und Frauen eine unmittelbare Bedrohung darstellen; zumindest ist sie verletzend und beängstigend. Das gilt für das Internet natürlich genauso wie für andere Medien wie Print oder Video. Im Unterschied zum Internet sind diese jedoch von ihrem Wesen her leichter durch die Verwaltungsbehörden zu kontrollieren und zu regulieren, wenn nicht gar zu verbieten. Andere Medien werden an bestimmten Orten produziert und verteilt, wo man dem Gesetz Geltung verschaffen kann.

Der Cyberspace hingegen setzt sich über alle Grenzen hinweg. Auch wenn eine Website an einem bestimmten Ort zusammengestellt wird, springt sie doch wie Quecksilber hierhin und dorthin, sobald sie erst einmal im Netz ist. Dazu ein ziemlich banales Beispiel: In bestimmten Länder, etwa Kanada und Frankreich, ist es während einer gewissen Zeitspanne vor Parlamentswahlen verboten, die Ergebnisse politischer Umfragen zu veröffentlichen. 1997 fanden in beiden Ländern Wahlen statt, und in beiden Fällen wurden Websites eingerichtet, auf denen unter anderem Umfrageergebnisse übermittelt wurden. Als die Karenzzeit begann, in der es Zeitungen, Radio- und Fernsehsendern verboten war, über Umfragen zu berichten, sprangen einige dieser Websites einfach auf sogenannte Spiegelseiten, die in anderen Ländern beheimatet waren. Dadurch entzogen sie sich der Rechtsprechung ihrer Länder, blieben aber für deren Bewohner weiterhin genauso zugänglich wie vorher.[61] Wie aber sollen Staaten Internetseiten zensieren, die sich ihrer Rechtsprechung entziehen, auch wenn sie sich mit ihren Botschaften und Bildern an die Bürger des Landes wenden? Kann die Freiheit der Überbringer dieser Nachrichten zum Schutz der Angesprochenen beschnitten werden?

Zweifellos fordert die Öffentlichkeit lautstark Kontrollen des Internets. Eine kanadische Umfrage machte deutlich, wie sehr vor allem Frauen und insbesondere Mütter kleiner Kinder eine Zensur wünschen. 66 Prozent der erwachsenen Kanadier sprachen sich für Regelungen durch die Regierung aus. Die Meinungsforscher wiesen darauf hin, daß die technischen Probleme einer Zensur des Web dabei keine Rolle spielen: »Hier kommt ein moralischer Imperativ ins Spiel. Die Leute kennen zwar die technischen Schwierigkeiten, doch sie wollen, daß irgend jemand es auf jeden Fall zumindest versucht.«[62] Wenn die öffentliche Meinung erst einmal mobilisiert ist, lassen auch die Politiker nicht mehr lange auf sich warten. Die erste Reaktion der US-Regierung stand im Einklang mit dem Patentrezept: »Ein Gesetz muß her!« Die Clinton-Administration verabschiedete den Communications Decency Act, der Kinder vor unsittlichem Online-Material bewahren sollte. Darin wurde es zu einem Verbrechen erklärt, das mit bis zu zwei Jahren Gefängnis und 250 000 Dollar Geldstrafe geahndet werden konnte, unsittliches

Material auf eine Weise im Internet zu veröffentlichen, die Kindern unter achtzehn Jahren den Zugang ermöglichte. Das Gesetz rief umgehend Verfechter bürgerlicher Freiheiten auf den Plan, und der Supreme Court erklärte Teile davon als nicht verfassungskonform. Allerdings konnte das Urteil die gesetzgebenden Organe einzelner Bundesstaaten nicht von Versuchen abhalten, eigene Gesetze zu verabschieden, und auch der Kongreß versuchte, abgewandelte Versionen des gescheiterten Gesetzes durchzusetzen.[63]

Inzwischen verlagerte sich das Interesse jedoch auf eine einfallsreichere Version der Selbstzensur im Netz. Die Platform for Internet Content Selection (PICS) ist auf großangelegte Server ausgerichtet, arbeitet mit dem Web-Browser von Microsoft und sucht nach elektronischen Kennzeichen auf speziellen Sites, die automatisch gesperrt werden, sobald ein Nutzer eine bestimmte Suche startet. Der Nutzer sieht nur die Treffer und merkt nichts von den gesperrten Seiten. Unternehmen wie CyberPatrol und NetNanny stellen Listen akzeptabler Inhalte zusammen und arbeiten dabei mit einer Kombination aus der automatischen Suche nach Schlüsselbegriffen und ihren eigenen moralischen Beurteilungen. Vizepräsident Al Gore lobte diese Entwicklung und forderte Eltern sowie interessierte Bürger auf, von ihnen selber entdeckte anstoßerregende Inhalte für Listen der geächteten Themen zu benennen, um dem Ausleseverfahren Volksnähe zu verleihen.[64]

Institutionen wie Bibliotheken oder Schulen, die umfangreiche Computereinrichtungen zur Verfügung stellen, installierten eigene Filtersysteme; im Falle einer Weigerung, sich dieser Kampagne anzuschließen, wurde ihnen sogar der Entzug von Zuschüssen der Bundesregierung angedroht.[65] Einige Verfechter bürgerlicher Freiheiten fragen sich allmählich, ob sie sich mit ihrem erfolgreichen Kampf gegen den Communications Decency Act letztlich nicht selbst ausgetrickst haben. Dezentralisierte, undurchsichtige Ausleseverfahren ohne Regierungsbeteiligung könnten sich als weit schlimmer herausstellen als der alte Popanz staatlicher Zensur, wie der Juraprofessor Lawrence Lessig von der Harvard University meint. PICS kann von jedem in der Verteilerkette eingesetzt werden. So ist es möglich, den Filter auf den Computern von Einzelpersonen, eines Unternehmens, eines Internet-Providers oder sogar eines Landes unterzubringen, ohne daß der Endbenutzer etwas davon merkt; das macht zentralisierten Zensoren die Arbeit leichter. »Gemeinsam eingesetzt führen PICS und Filtersoftware zu einem fest verdrahteten Gefüge von Sperren, das den ursprünglichen Werten des Internets, dem freien Fluß und der Förderung freier Rede, diametral entgegengesetzt ist.«[66]

Zunehmende Erfahrung mit PICS und den Praktiken von Cyber Patrol und NetNanny sowie anderen Diensten ließ auch Kritik an den Moralvorstellungen dieser privaten Zensoren aufkommen. Zum Beispiel entdeckten Schwulen- und Lesbengruppen, daß ihre Sites routinemäßig ausgeschlossen wurden; unklar ist, ob dies aufgrund schwulenfeindlicher Vorurteile oder einfach infolge einer Wortsuche geschah, die Worte wie »Sex« negativ kennzeichnete. In einigen Fällen sind die Beurteilungen eindeutig ideologisch gefärbt: Der National Organization of Women, NOW, wurde eine Website gesperrt, weil CyberPatrol verkündete: »Wie allgemein bekannt, verfolgen sie lesbische Ziele«! In manchen Fällen dürfte die Zensur hingegen lediglich das ungewollte Ergebnis der Beschränktheit von Suchprogrammen sein. Einem Fußballverein, der die Wendung »Jungen im Alter von zwölf Jahren oder jünger« einsetzte, wurde die Site als potentiell pädophil gesperrt.[67] Und noch immer ist die Frage nach der Zuständigkeit ungeklärt: Bei wem kann man sich in einem so dezentralisierten und privatisierten System wirklich beschweren? Diese Frage wird besonders kompliziert, wenn die Filter unter Mitwirkung besorgter Bürger entwickelt werden.

Ironischerweise brachte die dezentralisierte, diffuse Welt des Internets eine möglicherweise ebenso diffuse und dezentralisierte Methode der Selbstzensur hervor, die sich als schwer angreifbar und noch viel weniger begreifbar erweisen dürfte. Die altmodische, zentralisierte Zensur durch den Staat in freiheitlichen Demokratien war zumindest einigermaßen einfach nachzuweisen.

VOM TAYLORISMUS ZUR TRANSPARENZ:
ARBEITNEHMER UNTER BEOBACHTUNG

Das Paradox Zunahme an Fähigkeiten und Möglichkeiten und gleichzeitig größere Anfälligkeit wird besonders deutlich, wenn wir die Auswirkungen der neuen Informationstechnologien am Arbeitsplatz betrachten. In der von Ford geprägten Fließbandphase des Industriekapitalismus war der Taylorismus die vorherrschende panoptische Ideologie, die sogenannte wissenschaftliche Betriebsführung, die mit Zeit- und Bewegungsstudien die Effizienz der Arbeiter kontrollierte.[68] Die Ausstattung der Arbeitsplätze mit Computern, zusammen mit weiteren technischen Möglichkeiten institutionalisierter Überwachung, etwa intelligenten Personalausweisen und elektronischen Kennzeichnungen, scheint die Macht des Managements über die Arbeitnehmer lediglich auszuweiten. Diese Ansicht äußerten auch einige Beobachter und Kritiker.[69] Darüber hinaus machte man diese Entwicklung für die Vernichtung von Arbeitsplätzen, Langzeitarbeitslosigkeit und Unterbeschäftigung verantwortlich.[70] Auf diesen zweiten Fragenkomplex kann ich im Rahmen dieses Buchs nicht näher eingehen.

Für festangestellte Arbeitnehmer schafft der mit einem Computer ausgestattete Arbeitsplatz jedoch eine komplexere, mehrdeutigere Situation, als die Vorstellung eines elektronisch erweiterten Taylorismus zunächst nahelegt. Für viele Beschäftigte bedeutet der vernetzte Computer eine Ausweitung ihrer Möglichkeiten, den alltäglichen Anforderungen gerecht zu werden. Ginge es nur um eine Beschleunigung der einzelnen Arbeitsabläufe, so liefe die Ausrüstung mit Computern lediglich auf eine schnellere Produktion und damit auf einen verbesserten Taylorismus hinaus. Das mag in der Tat für viele Arbeitnehmer zutreffen, die sich gezwungen sehen, im Takt des Computernetzes anstelle des Fließbands zu funktionieren. Doch in vielen Fällen bedeutet die Umstellung auf Computer, daß ein gewisses Maß an Verantwortung vom überwachenden Management nach unten auf die Arbeiter in der Produktion oder die Außendienstmitarbeiter übertragen wird.

Um nur ein Beispiel herauszugreifen: Die Bordcomputer in Polizeifahrzeugen, die mit umfassenden Datenbanken verbunden sind, wurden zu einer Zeit eingeführt, als sich auch die »bürgernahe Polizei« als ein beliebtes neues Modell durchsetzte. Dies ermöglicht Polizisten im Straßeneinsatz unter anderem, mehr Entscheidungen an Ort und Stelle zu treffen. Über einen winzigen Informationssplitter wie eine Autonummer hat ein Polizist im Streifenwagen unmittelbar Zugriff auf eine Fülle von Daten. Mit ein paar Anschlägen auf der Tastatur kann er Identität, Wohnort, Beruf, Sozialversicherungsnummer, eventuelle Vorstrafen und vielleicht sogar finanzielle Angaben über den registrierten Fahrzeughalter abrufen. Gleichzeitig kann er Aufnahmeprotokolle eingeben, ohne zum Revier zurückzufahren. Derlei Entwicklungen haben einen doppelten Effekt. Unbestreitbar verwischen sie hierarchische Strukturen und verschieben traditionelle Überwachungsstrukturen von der Zentrale an die Peripherie. Richard Ericson und Kevin Haggerty zufolge »ermöglicht es die Kommunikationstechnologie, Strukturen und Aufgaben der Polizeiarbeit auf unzählige Mikrozentralen des Wissen und der Macht zu verteilen«[71]. Allerdings weisen dieselben Autoren auch darauf hin, daß »jeder Tastenbefehl den Polizisten entsprechend der Qualität und Quantität seiner Erkenntnisse charakterisiert und ihn dadurch zwingt, sich als nützlicher Angestellter zu erweisen, ohne daß dazu noch eine unmittelbare Überwachung notwendig wäre … Das Computerterminal im Polizeifahrzeug ist eine fortgesetzte Zeit- und Bewegungsstudie.«[72] Nach den traditionellen Begriffen von Macht und Autorität mag dieses Ergebnis zutiefst widersprüchlich erscheinen. Im Rahmen der neuen technischen Möglichkeiten der Nachrichtenübermittlung und der veränderten Autoritätsstrukturen, zu denen sie geführt haben, ist dies jedoch kein Widerspruch. Arbeitnehmer werden genauer überwacht als je zuvor, doch die Streuung der Informationen schichtet gleichzeitig die Überwachungsstruktur sowohl vertikal wie auch horizontal um. In gewisser Hinsicht ermöglicht es der Computer den einzelnen Beschäftigten, sich selber zu überwachen.

Eine weitere einschneidende Auswirkung der Umstellung auf

Computer ist die Aufsplitterung von Arbeitsstätten. Für voll computerisierte Firmen besteht, vor allem wenn sie keine materiellen Waren herstellen, keine Notwendigkeit mehr, alles an einem Ort zusammenzufassen. So entstanden das »Telependeln« oder die Telearbeit und das ausgelagerte Büro in der Wohnung. Auf der einen Ebene können die Beschäftigten dadurch freier den Ort wählen, an dem sie gern arbeiten wollen, und reduzieren ihre Wegekosten und Fahrzeiten. Auf der anderen Ebene reichen die Überwachungsmöglichkeiten des Unternehmens nun bis in die Wohnungen der Beschäftigten hinein, deren Arbeitsstunden und Produktivität sie genau erfassen können. Wie es sich für einen Pionierort der High-Tech-Industrie gehört, ging das Silicon Valley schon einen Schritt weiter, und zwar im Sinne einer

… globale[n] Telearbeit, mit der die Technologieunternehmen [der USA] ein völlig neues Reich des internationalen Handels geschaffen haben, indem sie ihre Arbeit exportierten und Programmierer in Übersee anheuerten, die sie ausführen. Nachdem sie schon alle erreichbaren amerikanischen Programmierer an sich gebunden haben, indem sie ihnen die Chance boten, via Internet von ihren Wohnungen in Jackson Hole, Wyo., oder Boulder, Colo., aus zu arbeiten, greifen die Firmen nun nach Gegenden wie Südafrika oder den Philippinen aus. Am Welthandel sind daher in zunehmendem Maße nicht mehr nur mit Brent-Rohöl gefüllte Tanker oder mit Videorecordern beladene Containerschiffe beteiligt, sondern auch summende Kabel, die Computerprogramme, Entwürfe für das Produktdesign sowie technische Diagramme und Formeln übermitteln.[73]

Dennoch forderte die informationstechnologische Industrie die Regierung auf, die Einwanderungsgesetze zu ändern, damit mehr Programmierer in die USA immigrieren können. Anscheinend ist eine virtuelle Einwanderung nicht gut genug, und wenn eine Verknappung bestimmter Fertigkeiten spürbar wird, ist die altmodische »echte« Immigration wieder gefragt. Das weist auf Grenzen des

Konzepts der Telearbeit hin. Die als globale Telearbeiter eingesetzten Leute sind im Grunde die Reservebank; sie erledigen Aufgaben wie die Fehlersuche in Programmen oder die Detailbereinigung. Für innovatorische Tätigkeiten ist eine bestimmte Konzentration von Menschen erforderlich; nur sie schafft die für Kreativität notwendige Synergie. So lassen sich auch die Knoten im globalen Netz an Stellen wie im Silicon Valley erklären.

Selbst innerhalb kleinerer Regionen erwies sich Telearbeit auf den Ebenen von Management, Forschung und Entwicklung als weniger wirksam als an den unteren Enden der Arbeitsskala. Wie sich herausstellt, sind die Jobs, die am erfolgreichsten in die Wohnungen der einzelnen Beschäftigen ausgelagert wurden, die elektronische Variante ausbeuterischer Arbeitsverhältnisse. Dazu gehören etwa Leute, die telephonische Bestellungen für Pizza-Heimdienste entgegennehmen und erledigen. Aus der Perspektive der Betriebsleitung werden mit diesen ausgelagerten Jobs die Unterhaltskosten für Büroflächen auf die Arbeiter verlagert. Außerdem braucht man keine Gesundheits- und Sicherheitsvorschriften am Arbeitsplatz zu beachten und erschwert durch Isolierung der Beschäftigten deren Solidarität und gewerkschaftliche Organisation. Diese Arbeitsplätze erlauben eine wirksame Fernüberwachung und räumen den Angestellten gleichzeitig nur äußerst geringe Entscheidungsvollmachten ein. Doch bei den meisten Organisationen funktioniert, auf den ganzen Betrieb bezogen und mit Sicherheit in den mittleren und gehobenen Rängen, diese Art von überfrachtetem Taylorismus nicht. Dort werden die Leute in Zukunft flexibler arbeiten und bei ihrer Arbeit weit mobiler sein können, doch vermutlich weiterhin konkret zusammenarbeiten.

Die Cybersklaven, die sich auf Kommissionsbasis in ihren Häusern oder Wohnungen abplagen, sind im allgemeinen nicht an ein in zwei Richtungen verlaufendes Kommunikationssystem angeschlossen. Sie verkörpern eher ein Rekrutierungssystem, das noch nicht vollständig automatisiert ist, aber in diese Richtung zielt. E-Mail als Kommunikationsmittel innerhalb des Managements selbst weist hingegen ganz andere Eigenschaften auf. Zum einen schließt

E-Mail die hierarchischen Untertöne aus, die der Kommunikation von Mensch zu Mensch anhaften. Frauen werden nicht mehr von dominanten Männerstimmen zum Schweigen gebracht, Diskussionen können »farbenblinder« ablaufen und so weiter. Untersuchungen zu den Auswirkungen der Kommunikation über E-Mail in länderübergreifenden Unternehmen lassen auf eine Einebnung der hierarchischen Ordnung, eine gewisse, wenn auch beschränkte Demokratisierung schließen.

Leider hat auch dies eine Kehrseite: Die Leute berichten von einem höheren Grad an Unsicherheit und Ungewißheit, wie sie sich angesichts schwieriger Probleme verhalten sollen: Letztlich bleibt die Organisation doch hierarchisch strukturiert, nur die Richtlinien und Verhaltensregeln sind nicht mehr so deutlich formuliert. Auch die Demokratisierung bringt Unsicherheit mit sich. Da es im Netz nicht möglich ist, Status und Privilegien mit Hilfe der Körpersprache auszudrücken und für eine freundliche Zurechtweisung einzusetzen oder, umgekehrt, Zeichen von Zurückstecken oder Unterwerfung zu verstehen, nehmen manche gelegentlich Zuflucht zu verbaler Gewalt: Man macht seine Gegner durch gemeine Wortattacken fertig.[74]

Es ist sehr schwer, allgemeine Aussagen über die Auswirkungen der neuen Informationstechniken auf die Arbeitswelt zu treffen. David Lyon schlägt den Ausdruck »desorganisierte Überwachung« vor, um sie einigermaßen angemessen zu charakterisieren.[75] Die neuen technischen Möglichkeiten verändern die Unternehmen wie auch die Arbeit selbst, doch gegenwärtig befinden wir uns in einer Zeit des Übergangs. Was am Ende dabei herauskommt, ist noch völlig ungewiß. Doch das entscheidende Paradoxon ist hinreichend deutlich. Die Ausweitung der Fähigkeiten und ein höheres Maß an Verletzlichkeit sind im Prozeß der dezentralisierten Überwachung eng miteinander verknüpft.

5 DIE UNSICHTBARE MACHT – DATENBANKEN UND ENTFREMDUNG

VOM GEHEIMDOSSIER ZUR DATENBANK ALS WARENLAGER

Die neuen Überwachungstechnologien haben wir uns angesehen. Wenden wir uns nun den *Anwendungsmöglichkeiten* der mittels Überwachung zusammengetragenen Informationen zu. Die neuen Technologien machten es leichter, Informationen zu sammeln, zu speichern, abzurufen und zu verarbeiten. Sie laufen in *Datenbanken*, relativ sicheren Sammelstellen für systematisch erhobene Daten, zusammen, die sich im Besitz von Regierungen, Unternehmen und anderen Organisationen befinden, die sie verwalten und für ihre spezifischen Zwecke nutzen. Datenbanken sind nicht das gleiche wie Bibliotheken, in denen Bücher, Zeitschriften, Tageszeitungen und so weiter aufbewahrt werden, die die Leser für jeden gewünschten Zweck nutzen können. Die in Datenbanken angehäuften Informationen werden dagegen für ganz bestimmte Zwecke gesammelt und systematisch geordnet. Bereits die Ausgangsdaten werden im Hinblick auf bestimmte Fragestellungen erhoben, und das System einer Datenbank – ihre Aufgliederung, die Ordnungskriterien und die Zeichen oder Schaltungen, über die Informationen abgerufen werden – spiegelt diese Fragestellungen wider.

In ihrer Systematik und Zweckbestimmtheit ähneln Datenbanken in gewisser Weise den Akten oder Dossiers von Geheimdiensten und Sicherheitspolizei. Auch diese werden zielgerichtet zusammengestellt und geordnet und sollen einem bestimmten Zweck dienen. Beide können laufend ergänzt und ausgebaut werden. Und noch etwas haben sie gemeinsam: *Sie sind auf sich selber rückgekoppelt,* das heißt, sie speisen sich aus sich selbst. Je größer und detaillierter die Datenbank oder Akte ist, desto mehr nützliche Informationen liefert sie. Datenbanken sind den Nachforschungen der Geheimdienste vergleichbar. Je mehr Informationen man sammelt, desto mehr Hinweise ergeben sich, die zu weiteren Quellen führen. In beiden Fällen beschleunigen die neuen Nachrichtentechnologien die jeweiligen Abläufe. Sammeln, Speichern und Abrufen von Daten, all diese Vorgänge lassen sich in unterschiedlichem Maße automatisieren und so immer schneller erledigen.

In mindestens drei wichtigen Punkten unterscheiden sich Datenbanken jedoch von Geheimdienstakten. Zum einen bestehen die Dossiers von Sicherheits- und Geheimdiensten vor allem, wenn auch nicht ausschließlich, aus geheimen Informationen, die andere vorsätzlich zurückhalten oder verbergen. Datenbanken hingegen enthalten selten Auskünfte, die man sich im Rahmen geheimer Nachforschungen beschaffen muß; dennoch können derartige Informationen auch in bestimmten Datenbanken gespeichert sein (etwa Vorstrafenregister oder Besteuerungsdaten). Im wesentlichen bestehen Datenbanken – insbesondere im privaten Bereich – jedoch aus Informationen, die man offen oder mit Zustimmung der Betroffenen zusammenträgt – ein entscheidender Unterschied. Wie man die freiwillig gelieferten, in Datenbanken gespeicherten Informationen einsetzt, hat allerdings oft nur noch sehr wenig mit den ursprünglichen Gründen für die Zustimmung tun – ein weiterer wichtiger Unterschied, auf den ich später zurückkommen werde.

Zweitens werden Geheimdienstdossiers, die man insgeheim und mittels verdeckter Aktionen zusammengestellt hat, im Gegensatz zu Datenbanken meist eifersüchtig gehütet und nur im Rahmen genau abgewogener Tauschaktionen an Behörden weitergegeben, die auf dem gleichen Gebiet tätig sind. Datenbankbetreiber hingegen betrachten ihre Informationen eher als Handelsware, die verkauft werden kann und verkauft werden soll. Hindernisse für eine Vermarktung von Daten werden normalerweise von außen her errichtet: durch Gesetze und Regierungsvorschriften, freiwillige Verhaltensregeln der Industrie und sogar den Wettbewerbsdruck bestimmter

Märkte. Regierungsbehörden sehen sich ihrerseits oft durch Gesetze und die gängige Praxis bei der Nutzung der nur ihnen zur Verfügung stehenden Daten eingeschränkt; allerdings werden diese Bestimmungen zunehmend und rapide gelockert: Auch Regierungen stehen zunehmend unter dem Druck, ihre Dienste nach dem Kostendeckungsprinzip zu vermarkten oder aus Profitgründen zu privatisieren. Im großen und ganzen tendiert alles zu einer Umwandlung von Daten in eine Ware, die sich vermarkten läßt. Dieser Trend ist so ausgeprägt, daß sich bereits eine ganz neue Schicht von Datenhändlern bildete und die Betreiber von Datenbanken sich zunehmend selbst wie Infomakler verhalten.

Der dritte Unterschied, der eng mit dem zweiten zusammenhängt, besteht darin, daß die Dossiers von Sicherheits- und Geheimdiensten an einer zentralen Stelle aufbewahrt werden und und einer zentral gesteuerten, hierarchischen Kontrolle unterliegen. Historisch gesehen dienten sie, was nicht weiter überrascht, zentralistischen Staaten als Stützpfeiler ihrer Macht. Datenbanken hingegen sind eher horizontal und dezentralisiert angelegt. Sie gewannen zur gleichen Zeit an Bedeutung, als der Staat sich zunehmend aufsplitterte, der staatliche Einfluß geringer wurde und die Märkte in immer höherem Maße die Politik bestimmten.

Ich habe diese Unterschiede zwischen Geheimdienstdossiers und Datenbanken aus einem ganz bestimmten Grund hervorgehoben. Beide enthalten personenbezogene Informationen über Bürger, die man in beiden Fällen im Hinblick auf ihre Verwendungsmöglichkeiten zusammenträgt; in beiden Fällen geht man dabei von der Annahme aus, diese Informationen seien wertvoll und stellten eine Art von *Macht* dar. Doch durch das Prisma der beiden unterschiedlichen Vorgehensweisen beim Sammeln und Systematisieren von Informationen wird Macht jeweils unterschiedlich interpretiert. Die zentralisierte, geheime Variante wurde teilweise von dem neueren, dezentralisierten Warenmodell verdrängt, obwohl beide weiterhin nebeneinander herlaufen und sich auf etwas unterschiedliche Weise der gleichen Informationstechnologien bedienen. Andererseits lassen sich auch weitgehende Ähnlichkeiten feststellen. Datenbanken, ob öffentlich oder privat, behördlich oder geschäftlich, enthalten die Daten im allgemeinen in maschinenlesbarer und vernetzter Form. In der Regel dienen sie einem von zwei umfassenden Zwecken oder beiden gleichzeitig: (1) Risikoeinschätzung und Risikovermeidung sowie (2) Identifizierung und Einbeziehung von Konsumenten. Datenbanken stellen ein Informationssystem zur Verfügung, mit dessen Hilfe man Schlußfolgerungen ziehen und Voraussagen machen kann. Aus diesem Grund sind sie für Regierungen und Unternehmen so nützlich. Sie sagen ihnen, wen sie als Risiko ausschalten und wen sie als Verbraucher oder Kunden ansprechen sollen.

VON DER ÜBERWACHUNG ZUR DATENÜBERWACHUNG

Der Begriff Datenüberwachung wurde geprägt, um »die Überwachungspraktiken zu beschreiben, die durch die umfassende Erhebung und Speicherung großer Mengen personenbezogener Daten erleichtert wurden«[1]. Der Schlüssel zur Verwaltung und Koordinierung eines dezentralisierten, breit gestreuten und scheinbar desorganisierten Systems von Datenbanken ist die *Digitalisierung*. »Digital« ist die universelle Sprache, in der Datenbanken miteinander »sprechen« können. Um ein anderes Bild zu verwenden: »Digital« ist ein allgemeine Währung, die einen Datenfluß ermöglicht. Datenbanken sind nach jeweils besonderen Prinzipien aufgebaut, doch die Daten der einen Bank können problemlos in eine andere Datensammlung eingelesen und integriert werden; dies ist auch der Grund, weshalb es so leicht war, Daten zu einem Handelsgut zu machen. Eines der entscheidenden Elemente für die Umwandlung von Daten in eine Ware ist das Verfahren des *Datenabgleichs* oder der *Datenverknüpfung*, bei dem getrennt erhobene und getrennt aufbereitete Datenblöcke verglichen oder miteinander verknüpft werden, um daraus neue und wertvolle Informationen abzuleiten. Als Beispiel könnte eine Lebensversicherungsgesellschaft dienen, die ihren Bestand an Versicherungsnehmern mit medizinischen Daten abgleicht und feststellt, bei bestimmten Gruppen besteht ein erhöhtes

Krebsrisiko; die Folge sind höhere Prämien. Oder ein Werbeunternehmen vergleicht Verbraucherdaten der Nutzer eines speziellen Fernsehkanals mit der Produktpalette eines seiner Kunden und kommt dabei auf die Idee eines neuen Werbespots für ihn. Die Datenverknüpfung eröffnet Infomaklern ein Betätigungsfeld und ermöglicht das *Datenschürfen*, bei dem Daten aus verschiedenen Quellen zielgerichtet aufgespürt und mit Gewinn ausgewertet werden. So können etwa Geburtsdaten von Firmen genutzt werden, die Babyprodukte verkaufen; wenn Datenbanken zusätzlich sozioökonomische Angaben über die Verbraucher liefern, kann die Zielgruppe für die Werbung noch genauer eingegrenzt werden. All diesen Verfahren der Datenüberwachung liegt eine wichtige Beobachtung zugrunde: *Datenbanken bilden trotz ihrer breiten Streuung und Dezentralisierung ein mehr oder weniger einheitliches Funktionssystem.* Oscar Gandy unterscheidet elf verschiedene Kategorien personenbezogener Daten, die mittlerweile routinemäßig in öffentlichen oder privaten Datenbanken in Form maschinenlesbarer, vernetzter Dateien gespeichert sind:

(1) *Persönliche Daten zur Feststellung und näheren Bestimmung der Person*
Geburtsurkunde, Führerschein, Paß, Wählereintrag, Kraftfahrzeugzulassung, Schulzeugnisse, Heiratsurkunden

(2) *Finanzdaten*
Bankauszüge, Sparbücher, Automatenkarten, Kreditkarten, [Kunden- und Bargeldkarten, Unterlagen für On-line-Banking], Darlehensauszüge/-unterlagen, Steuererklärungen, Wertpapierkonten, Reiseschecks

(3) *Versicherungsdaten*
Krankenversicherung, Kraftfahrzeugversicherung, Hausrats-, Geschäfts,- allgemeine und spezielle Haftpflichtversicherungen, Gruppen- und Einzelpolicen

(4) *Daten über die soziale Absicherung*
Sozialversicherung, Krankenversicherung, Betriebsrenten,
Arbeitslosenunterstützung, Invaliditätsrenten, Pensionen,
Essensmarken und andere staatliche Beihilfen, Kriegsrenten,
Renten/Ruhegelder

(5) *Daten in Verbindung mit Versorgungsunternehmen*
Telephon, Strom, Gas, Kabelfernsehen, [Internetdienste],
Kanalisation, Heizung, Müll, Wachdienste, Lieferservice

(6) *Immobiliendaten*
Alles, was mit Kauf, Verkauf, Vermietung und Miete
zusammenhängt

(7) *Daten über Unterhaltung/Freizeitverhalten*
Reiseziele, Urlaubsprofile, Mietwagen und andere Miet- oder
Leasingverträge, Zimmerreservierungen, Flug-, Schiffs- und
Zugreservierungen, Kartenreservierungen für Veranstaltungen,
Abonnements für Zeitungen und andere Publikationen,
Fernseh-/Kabelgebühren

(8) *Daten zum Verbraucherverhalten*
Kreditkarten des Handels, andere Konten, Anzahlungsgeschäfte,
Leasing- und Mietverhältnisse, Einkäufe, Anfragen für Beschaf-
fungen, Subskriptionslisten, Kleidergröße und Schuhnummer

(9) *Daten über Beschäftigungsverhältnisse*
Bewerbungen, medizinische Unterlagen, Empfehlungs-
schreiben, Beurteilungen, beruflicher Werdegang, Bewerbungen
bei Arbeitsvermittlungsstellen

(10) *Ausbildungsdaten*
Schulbewerbungen, akademische Zeugnisse, Empfehlungs-
schreiben, außerschulische Aktivitäten/Mitgliedschaften, Preise
und Sanktionen, Ranglisten

(11) *Juristisch relevante Daten*
Führungszeugnisse, Anwaltsakten, Zeitungsberichte,
Verzeichnisse und Karteien[2]

Wie werden all diese Daten erhoben? Viele Angaben entnimmt man
Auskünften auf Formularen, statistischen Erhebungen und Umfragen. In manchen Fällen sind derlei Auskünfte obligatorisch. Bei
Steuererklärungen riskiert man Gefängnisstrafen, falls man die ge-
forderten Angaben unterschlägt. Gelegentlich liefert man die Information notgedrungen – etwa bei Fragen im Zusammenhang mit
einer Bewerbung: Verweigert man die Anwort, wird man für die
jeweilige Stelle gar nicht erst in Betracht gezogen. Manchmal sind
Angaben auch freiwillig, so bei Umfragen zu Lebensstil und Verbrauchervorlieben, die Garantiescheinen und Anmeldeformularen
beigefügt sind, oder wenn man sich für Websites registrieren läßt. In
vielen Fällen wird die Information, ob freiwillig oder zwangsweise
geliefert, scheinbar nur für einen bestimmten Zweck eingeholt.
Doch damit ist nicht garantiert, daß sie nicht auch in ganz anderem
Zusammenhang und oft von anderen Personen als denjenigen
genutzt wird, die die entsprechenden Auskünfte zunächst verlangten
oder erbaten. In einer wachsenden Anzahl von Fällen erfährt derjenige, der seine persönlichen Daten preisgibt, nicht einmal von
einer solchen Weitergabe, ganz zu schweigen davon, wie und von
wem sie letztlich verwendet werden. Bei Daten, die aufgrund von
Belegen für bestimmte Transaktionen, beispielsweise bei Einkäufen
mit Kreditkarte, weitergeleitet werden, ist dies meistens der Fall. Der
einfache Handgriff, wenn man der Kassiererin seine Kreditkarte
zum Einlesen oder zur Begleichung der Rechnung gibt, setzt möglicherweise einen sofortigen, aber unsichtbaren Datenfluß zurück
zu den Datenbanken des Kreditkartenunternehmens oder in die
Kundenkartei des Händlers aus. Von dort aus können die Daten in
verschiedene Richtungen weitergleitet werden. Man sollte sich klar-
machen, daß bei jedem Datenabgleich die Informationen möglicherweise mehr wert werden, wovon jedoch die Person, deren
Daten genutzt werden, höchstens indirekt profitiert. Obwohl es sich

um persönliche Daten handelt, erhält der ursprüngliche Eigentümer der Information kein Entgelt dafür. Für all jene, die sich die Daten für ihre Zwecke aneignen, haben sie jedoch einen Wert.

Datenbanken können auf bestimmte Kategorien der Bevölkerung und/oder Einzelpersonen abzielen. Datenbanken der Regierung sind in hohem Maß personenbezogen. Besteuerungsdaten etwa beziehen sich aufgrund einer Reihe von Transaktionsbelegen präzise auf den einzelnen; mit ihrer Hilfe wird das finanzielle Profil einer bestimmten Person individuell beschrieben und zugeordnet, da jeder Vorgang mit Kennziffern wie der Sozialversicherungsnummer verbunden ist. Der einzelne Steuerzahler gibt sein Einkommen oder seinen Verdienst an, doch der Staat kann die Erklärung mit Daten vergleichen, über die er völlig unabhängig von dem Steuerzahler verfügt. Sie werden entweder bestätigt oder zum Zweck einer genaueren Überprüfung und Nachforschung gekennzeichnet.

Obwohl sie personenbezogen sind, werden diese Daten auch eingesetzt, um den einzelnen in eine Gruppe weitgespannter Unterkategorien des abstrakten Begriffs »Steuerzahler« einzuordnen. Angaben über das Einkommensniveau ordnen einzelne Steuerzahler bestimmten Steuerklassen zu, die bei progressiven Steuertarifen unterschiedlich eingestuft werden. Entspricht der jeweilige Steuerzahler den Kriterien einer oder mehrerer Untergruppen, die spezielle Steuerbefreiungen oder Ermäßigungen zulassen? Und so weiter. Die Personalisierung der Daten dient im wesentlichen lediglich der korrekten Einstufung in Kategorien. Bestimmt interessiert sich der Staat nicht für den Steuerzahler X als solchen, sondern dafür, wie er in das abstrakte staatliche Schema der Kategorien von Steuerzahlern einzuordnen ist. Zu diesem Zweck muß der Staat jedoch den Steuerzahler X und seine finanziellen Angelegenheiten bis in ziemlich intime Einzelheiten »kennen«.

In einigen Fällen, wenn beispielsweise gewisse Steuerzahler sich auffällig verhalten oder ein Profil aufweisen, das Regelverstöße wahrscheinlich macht, können staatliche Nachforschungen durchaus persönlichen Charakter annehmen. Drahtzieher der Mafia, die sich einer Strafverfolgung ihrer Taten entziehen konnten, wurden gelegentlich wegen Steuerhinterziehung gefaßt. Hin und wieder findet bei Leuten, die sich bei regierenden Politikern unbeliebt gemacht haben, eine Betriebsprüfung statt. In einem solchen Fall beschweren sich die Zielpersonen, sie seien Opfer politischer oder persönlicher Racheakte geworden, und je nach den Umständen sympathisiert die Öffentlichkeit mit ihnen oder auch nicht.

Interessiert der Staat sich allzusehr für Persönliches, ist dies ein Alarmzeichen für eine gewisse Parteilichkeit in der Verwaltung öffentlicher Angelegenheiten. Allgemein geht man davon aus, eine Eigenschaft des modernen bürokratischen Staates sei, daß er nicht einzelne Individuen herausgreift, sondern seine Bürger neutral und in Übereinstimmung mit den umfassenden, unpersönlichen Kategorien administrativer Regelungen behandelt. Paradoxerweise benötigt der Staat, um diese Aufgabe unparteiisch erfüllen zu können, äußerst detaillierte Informationen, um seine Bürger zutreffend einzuordnen. Zu diesem Zweck stellen die neuen Informationstechnologien immer präzisere Datensammlungen mit personenbezogenen Angaben zur Verfügung.

Um ihrer Nutzung Grenzen zu setzen und einen möglichen Mißbrauch auszuschließen, gehören in liberalen Demokratien seit einiger Zeit Kontrollmaßnahmen zur Tagesordnung, meist in Form von Datenschutzgesetzen und Kommissionen zum Schutz der Privatsphäre. Auf der anderen Seite haben Staaten jedoch eindeutig ein Interesse daran, immer mehr Daten aus unterschiedlichen Quellen zu sammeln, miteinander zu vergleichen und zu verknüpfen. Datenschutz als spezielle Aufgabe der Regierung steht daher in einem steten Spannungsverhältnis zu ihrem Bestreben, ungehindert Daten für zahlreiche staatliche Zwecke zu sammeln und zu verwenden – und die für den Datenschutz eingesetzten Personen befinden sich in einer unendlich viel schwächeren Position als die Bürokraten, die Informationen aufspüren und nutzen.[3]

Die Aussichten für eine Kontrolle staatlicher Datensammlungen werden eher noch düsterer, wenn man bedenkt, daß Regierungen über immer mehr Schnittstellen mit dem privaten Sektor verknüpft sind, über die andere Daten fließen. Ericson und Haggerty ziehen aus ihrer Untersuchung von Kontrollmaßnahmen den Schluß, daß der beschleunigte Informationsfluß zu den Datensammlungen der Polizei, der durch die Einführung der neuen Informationstechnologien erleichtert wird, die Polizei selber verändert hat. War sie früher noch eine der staatlichen Institutionen, die sich weitgehend zur Geheimhaltung verpflichtet fühlte, erweist sie sich nun als eine Art Infomakler, der Daten an Institutionen wie Versicherungsgesellschaften und Gesundheits- oder Wohlfahrtsverbände weitergibt. Das gemeinsame Interesse ist Risikovermeidung.[4]

Risikovermeidung entspricht im öffentlichen wie im privaten Bereich einem rationalen wirtschaftlichen Verhalten. Bei Personen, auf die sich die Verwendung solcher Daten negativ auswirkt, können sich persönliche Konsequenzen von kleinen Unannehmlichkeiten bis hin zu Katastrophen ergeben. Für wohlhabende Fahrer mögen hohe Beiträge zur Autoversicherung ärgerlich sein; für ärmere Fahrer, die das Auto zum Erwerb ihres Lebensunterhalts benötigen, können sie sich als ernstes Problem erweisen. Und was ist mit den Fällen, in denen Falschinformationen in die Datenbanken gelangen und bestimmte Personen zu Unrecht bestraft werden? Große bürokratische Organisationen tendieren dazu, Klagen von Einzelpersonen nicht zur Kenntnis zu nehmen, und eine Überprüfung ihrer Datenbestände durch Außenstehende lehnen sie ab – selbst wenn es sich bei diesen »Außenstehenden« um die betroffenen Personen handelt.

Nehmen wir nur den Fall des Kaliforniers Bronti Kelly, der 1990 seine Stelle als Verkäufer in einem Warenhaus verlor und anschließend bei Dutzenden von Arbeitsstellen als Einzelhandelskaufmann abgelehnt wurde. Wenn er eine Stelle bekam, wurde er meistens nach wenigen Tagen wieder entlassen. Der Grund? Kelly war 1990 sein Personalausweis von einem Mann gestohlen worden, der später wegen Ladendiebstahls verhaftet wurde. Ein Verhaftungsprotokoll mit seinem Namen fand den Weg in allgemein zugängliche Gerichtsakten. Alle angehenden Arbeitgeber Kellys konsultierten eine von Einzelhandelsketten benutzte Datenbank, die Gerichtsakten anzapft. Obwohl Kelly von der Polizeibehörde in Los Angeles eine

»Unschuldsbescheinigung« erhielt, ist diese Information nicht in der abfragbaren Online-Datenbank der Gerichtsakten enthalten. Der falsche Bericht über seine Verhaftung hingegen bleibt in der Datenbank der Einzelhandelsunternehmen. Daher findet Kelly, der mittlerweile den Offenbarungseid leisten mußte, keinen Job in seinem Berufszweig. »Irgendwie ist das Ganze irreal«, meint Kelly. »Ich wünschte, ich könnte die Leute daran hindern, an diese Akte heranzukommen, wenn sie mich überprüfen. Aber ich kann absolut nichts machen. Es ist eine Schweinerei.«[5]

VIELE KLEINE BRÜDER VERDRÄNGEN DEN GROSSEN BRUDER

Datenschutzgesetze und Überwachungsbehörden konzentrieren sich höchstwahrscheinlich eher auf den öffentlichen als auf den privaten Bereich. Doch der öffentliche Sektor geht nicht nur fließend in den privaten über, vielmehr sind in den Vereinigten Staaten die Datensammlungen des privaten Bereichs den staatlichen weit überlegen, was ihre Reichweite und ihre Möglichkeiten betrifft, in das Alltagsleben der Bürger einzugreifen. Angesichts der mittlerweile verfügbaren Techniken zu einer umfassenden Überwachung und der Bandbreite horizontaler Datenverknüpfung wird die Tätigkeit privater Infomakler zum echten »Big Business«. Nehmen wir nur das Geographische Informationssystem GIS, eine

> Technologie an vorderster Front, die detaillierte Karten und hochauflösende Luftaufnahmen in computergestützte Bilder umsetzt … Diese Technik erweist sich als erstaunlich leistungsfähiges und gewinnbringendes kommerzielles Werkzeug, das Informationen aus öffentlichen Archiven und Datenbanken des privaten Bereichs frißt und für ein Haus nach dem anderen Angaben ausspuckt, die von der Steuerveranlagung oder dem Führerscheinphoto des Hausherrn bis zu Einzelheiten seines Konsumverhaltens alles enthalten können … Ursprünglich war GIS ein Verfahren, um Land, Meer und Himmel über Zeit und

Raum hinweg kartographisch zu erfassen. Seine gesellschaftlichen Anwendungsmöglichkeiten erwiesen sich als ungeheuer nützlich, von der Einkreisung des Ursprungs der Legionärskrankheit bis zur Unterstützung der Gemeinden in Südflorida, als diese die Hilfseinsätze nach dem Hurrikan Andrew koordinieren mußten.

Die Kommerzialisierung dieser Technologie läßt sie jedoch in völlig anderem Licht erscheinen. Eine Anwendungsmöglichkeit erlaubt es »Firmen, die Autonummern auf einem Parkplatz in ein Programm einspeisen, anschließend Name und Adresse des Kunden sowie statistische Daten und demographische Einzelheiten abzurufen ... Ein weiteres Programm wandelt Telephonnummern in detaillierte Profile aller in Frage kommenden Verbraucher um, die eine bestimmte Nummer wählen.« Die elektronische Überwachung öffentlicher Räume aus Sicherheitsgründen und für die Verkehrsplanung kann von GIS dazu benutzt werden, Personen oder Fahrzeuge aufzuspüren. Diese Informationen lassen sich mit einer Fülle anderer Daten verknüpfen, die man computergestützten Archiven entnimmt. Immer häufiger verkaufen Behörden, die knapp bei Kasse sind, ganze Informationspakete an Unternehmen oder gehen Joint-ventures ein, um die Angaben für Werbefirmen attraktiver zu machen. Noch vor einem Jahrzehnt sagte der Kongreß nein, als das FBI eine Genehmigung für den Zugriff auf alle Datenbanken des Landes beantragte. »Nun hat der Markt das für sie erledigt.« Regierungsbehörden wie das FBI »brauchen wie alle anderen nur zu bezahlen«.[6] Die GIS-Technologie brachte eine aufstrebende Industrie hervor, die der datengestützten Werbung, dem Gesundheitswesen, Versicherungsgesellschaften, Immobilienfirmen und Finanzdiensten Datenprofile von Personen und Haushalten liefert. Kreditbüros, Infomakler und Datenschürfer gingen neue Zusammenschlüsse und Partnerschaften ein, um gigantische Datensammlungen anzulegen. Diese werden »ständig auf den neuesten Stand gebracht und analysiert, um eine noch nie dagewesene Fülle von Einzelheiten über praktisch jede Person im Land zu erhalten«.

In dieser aufblühenden Welt der Macht der Datenbanken können wir die Acxiom Corporation herausgreifen, die kaum jemandem ein Begriff sein dürfte, aber von der *New York Times* als neuer Machtfaktor beschrieben wird:

Wenn Informationen Geld sind, dann ist eine Firma mit Namen Acxiom Corporation eine der Handelsbanken unserer Epoche ... Ihr Zentrum liegt hinter den verschlossenen Türen zu einem Bereich, den ein Führer als »Schauplatz des Produktionskriegs« bezeichnet. In niedrigen Bunkern vergleichen dort sechs Roboter in kleinen, miteinander verbundenen Silos mit einer Durchlaufgeschwindigkeit von neunzig Stundenkilometern Datenbänder, während zwanzig Großrechner pro Sekunde 1,3 Milliarden Bytes an Daten schlucken. GIS ist nur ein Teil der Informationsinfrastruktur. Im Steuerjahr 1997 stiegen die Einnahmen der Acxiom um fast 50 Prozent auf 402 Millionen Dollar. Zu ihren wichtigsten Kunden gehören Datenriesen wie AT&T, die Wal-Mart-Ladenkette, die Citibank, ein Ableger der Citicorp, IBM, die Allstate Corporation und ADP Automatic Data Processing, die die Hälfte aller Lohnkonten in den USA verwaltet ...[7]

Acxiom sammelt und sortiert Informationen über 196 Millionen Amerikaner. In ihren Datenbänken sind Verbraucherdaten in Form von 350 Billionen Zeichen gespeichert. Zweimal monatlich erhält sie jede Adressenänderung, die die amerikanische Post aufzeichnet, um immer auf dem neuesten Stand zu bleiben. Ein leitender Angestellter der Acxiom wird mit folgenden Worten zitiert: »Die Daten sind schon immer dagewesen, aber erst jetzt, mit der neuen Technologie, kommt man auch sie heran ... Inzwischen ist unsere Fähigkeit, Unmengen von Daten zu erheben, zu sortieren und sinnvoll aufzubereiten, nahezu unbegrenzt.«[8]

Diese Konzentration von Informationen wirkt sich in vielfältiger Weise auf die Privatsphäre aus. Mit einem der Probleme, die sich daraus ergeben, wurde zu ihrem Entsetzen eine Frau aus Ohio konfrontiert, als sie in ihrer Post den zwölfseitigen, handgeschriebenen

Brief eines Fremden fand, der alles über sie zu wissen schien, »von ihrem Geburtstag bis zu den Titeln ihrer Lieblingzeitschriften, von der Tatsache, daß sie geschieden war, bis zu der Seifenmarke, die sie beim Duschen verwendete«. Diese Einzelheiten waren in sexuelle Phantasien eingeflochten, die der Absender zu verwirklichen drohte, sobald er eine Möglichkeit dazu bekäme.

Der Verfasser des Briefs war wegen Vergewaltigung und Einbruchs verurteilt worden und saß in einem Staatsgefängnis in Texas ein. Er hatte [ihren] Namen, Adresse und andere persönliche Angaben einem der Produktfragebögen entnommen, die sie und Millionen andere Verbraucher mit der Post erhalten und nichtsahnend ausgefüllt hatten. Für deren Rücksendung an Postfächer in Nebraska und New York waren ihnen Gutscheine und kostenlose Muster zugesichert worden. Die Antworten wurden lastwagenweise an die texanische Gefängnisorganisation weitergeleitet, die die Umfragen im Auftrag der Metromail Corporation bearbeitete, eines führenden Anbieters von Informationen für die Direktwerbung. Hunderte unbezahlter Häftlinge, darunter viele Sexualstraftäter, übertrugen die Informationen für die Metromail, die über detaillierte Datensammlungen von über 90 Prozent aller amerikanischen Haushalte verfügt, auf Computerbänder.[9]

Die Frau reichte eine Sammelklage gegen die Metromail ein. Ihre (sicherlich unappetitliche) Geschichte stellt ein einfaches Beispiel für die Gefahren dar, die der Privatsphäre drohen. Langfristig bedeutsamer ist allerdings die ungeheure Fülle personenbezogener Daten über die Bürger, die man zu privaten Zwecken nutzen kann, und zwar mehr oder weniger, ohne darüber Rechenschaft ablegen zu müssen.

IST DIE PRIVATSPHÄRE TOT?

In dem Roman *1984* blieb den Untertanen von Oceana kein Frei-raum, in dem sie vor dem aufdringlichen Blick des Großen Bruders sicher waren. Der Staat verfügte über eine riesige zentrale Daten-bank, die alles enthielt, was man über jeden einzelnen Bürger wissen mußte. Den heutigen Staaten stehen weit umfassendere techno-logische Möglichkeiten der Überwachung, des Datenabgleichs und -abrufens zur Verfügung, als Orwell sich je hätte träumen lassen, und einige Aspekte des Großen Bruder-Staates wurden tatsächlich Wirklichkeit. Doch die Kleinen Brüder sind es, die Daten über das Leben der Menschen anhäufen – die beispielsweise wissen, welche Seife eine Frau in Ohio beim Duschen benutzt. Darüber hinaus liefern die Leute die Informationen, die in diese Datenbanken einfließen, freiwillig (wie die Dame in Ohio), oder sie werden, still-schweigend und unbemerkt, ohne Wissen des Betroffenen ge-sammelt. Der Große Bruder beherrscht das gesamte Informations-wesen, etwa über Steuererklärungen oder statistische Umfragen; daher läuft er Gefahr, Zorn und gelegentlich sogar Widerstand her-vorzurufen. Die Kleinen Brüder hingegen belästigen in der Phase der Datenerhebung die Leute kaum. Die verstreuten, aber mitein-ander gekoppelten Datenbasen des privaten Sektors lassen sich nicht eindeutig fassen und benennen; der Staat hingegen ist in einem Füh-rer verkörpert oder muß, in einem demokratischen System, der Öffentlichkeit – zumindest theoretisch – Rechenschaft ablegen. Iro-nischerweise wurde die einseitige Transparenz, die der Orwellsche Staat anstrebt, im privaten Bereich weit effektiver verwirklicht als im staatlichen, der, zumindest bis zu einem gewissen Grad, in beide Richtungen durchlässig ist. Ein Autor der *New York Times* drückte dies kürzlich folgendermaßen aus: »Vielleicht war uns so sehr daran gelegen, einen totalitären Großen Bruder im Orwellschen Sinne zu vermeiden, daß wir die Ankunft von Millionen geschwätziger Wich-tigtuer gar nicht bemerkten.«[10]

In der Titelgeschichte der *Time* vom August 1997 über den »Tod der Privatsphäre«[11] stellt Joshua Quittner eine Reihe von Möglichkeiten, die Privatsphäre zu schützen, zur Diskussion: weniger Kreditkarten benutzen, keine Garantiescheine ausfüllen und »Cookies« außer Gefecht setzen. Die Idee eines regulierenden Eingreifens des Staates verwirft er allerdings. Dies steht im Einklang mit dem in Amerika vorherrschenden ausgeprägt individualistischen und antidirigistischen Denken. Privatsphäre als rein individuellen Wert oder Ziel aufzufassen verstärkt jedoch einen atomistischen Individualismus, der den einzelnen unweigerlich in Konflikt mit der Gesellschaft sieht, und definiert Privatheit in negativen Begriffen als das »Recht, in Ruhe gelassen zu werden«. Dies stellt jedoch, laut Priscilla Regan, kaum eine tragfähige Ausgangsbasis dar, um politische Regelungen in diesem Bereich auszuarbeiten und durchzusetzen.[12] Sie schlägt vor, Privatsphäre als einen positiven sozialen oder kollektiven Wert neu zu definieren. Die demokratische Öffentlichkeit profitiert von der Partizipation freier und gleicher Individuen, die sich eigenständig und selbstbewußt in eine Gemeinschaft von Gleichen einbringen. Regans Argumentation ist schlüssig, doch von einer individualistischen Sichtweise bestimmt. Es ist schwer vorstellbar, wie das einzelne Individuum oder auch eine kleine Anzahl Gleichgesinnter, die jeweils für sich handeln, die Auswirkungen einer Datenüberwachung umkehren könnten, hinter der soviel Geld und unternehmerische Macht stehen.

Vielleicht ist Privatsphäre, mit Calvin Gotliebs Worten, ein Begriff, »dessen Zeit gekommen war und nun zu Ende ist«[13]. Seiner Ansicht nach »liegt, allen Beteuerungen zum Trotz, den meisten Menschen, sobald andere Interessen auf dem Spiel stehen, nicht genug an einer Privatsphäre, um sie wirklich zu schützen ... Die Privatspäre zugunsten anderer Vorteile zu opfern ist mittlerweile so üblich, daß es praktisch keine Privatsphäre mehr gibt.« Privatheit ist, so fügt er hinzu, kein wirklich ernstes politisches Anliegen mehr. Und in diesem Punkt hat er zweifelsohne recht. Sich für den Schutz der Privatsphäre einzusetzen bringt keine Wählerstimmen; daher verfechten nur wenige Politiker sie ausdauernd. Andererseits sprechen sich zahllose Politiker für eine Ausweitung der Überwachung aus, mit der populären Begründung, dies diene der Aufrechterhaltung von Recht und Ordnung und der öffentlichen Sicherheit.

Vielleicht treffen die Übergriffe privater Datenbanken nur deshalb auf so wenig Widerstand, weil es in den Augen der meisten Leute Vorteile mit sich bringt, Unternehmen und Händlern persönliche Informationen zu überlassen. Unsere Rolle als Mitspieler im Panopticon untersuche ich im folgenden Kapitel. An dieser Stelle genügt es, noch einmal darauf zu verweisen, daß Datenbanken zwei umfassenden Zwecken dienen: der Risikoeinschätzung (Ausschluß) und der Verbraucheridentifizierung (Einschluß). Viele glauben, ein Ausschluß beträfe nur Menschen, die ohnehin am Rand der Gesellschaft stehen. Die Vorteile, in die Verbraucherwirtschaft einbezogen zu sein, werden hingegen von den meisten sehr geschätzt.

Diese Wertschätzung verstärkt sich, wenn die Vorteile auf einen persönlich abgestimmt scheinen, wie dies mit den neuen Strategien der Mikro- und Nischenmarkterschließung möglich ist, für die die neuen Informationstechnologien den Weg bereiteten. Massenvermarktung – die natürlich nach wie vor stattfindet – ist ein ziemlich plumpes Instrument, ein wenig den Bomben vergleichbar, die im Zweiten Weltkrieg abgeworfen wurden: In einigen hundert Metern Höhe steuerte man das Zielgebiet visuell oder mit Hilfe von Radar an; die Mannschaft öffnete die Türen, warf die Bomben ab und hoffte das Beste. Die wirtschaftliche Erschließung von Nischen, wie sie heute betrieben wird, entspricht eher den intelligenten Waffensystemen unserer Zeit: Das Ziel wird präzise anvisiert, und der Abwurf wird von Anfang an und bis das Geschoß einschlägt überwacht. Der Schlüssel zu der neuen intelligenten Vermarktung ist Information. Verbraucher werden nicht als undifferenzierte Masse angesprochen, sondern als Untergruppen mit sehr spezifischen Vorlieben und jeweils unterschiedlicher Kaufkraft. Das Sammeln von Daten über Verbrauchervorlieben wird, wenn die Zielpersonen es überhaupt wahrnehmen, als Erleichterung für den Verbraucher betrachtet. Beispielsweise beschleunigen elektronische Kassen in Videoläden den Leihvorgang für die Kunden. Nur wenigen ist klar, daß Informationen über jeden ausgeliehenen Film Bestandteil eines speziellen Datenprofils werden, welche Filme der jeweilige Kunde bevorzugt.[14] Bei besonders wohlhabenden Kunden gestaltet sich die Mikrovermarktung sogar sehr individuell. Einige Lebensmittelketten in den Vereinigten Staaten stellen wöchentlich Verbrauchsmuster bevorzugter Kunden fest; möglicherweise nehmen sie persönlich Verbindung mit ihnen auf und erkundigen sich, wie sie ihnen entgegenkommen können. Der springende Punkt dabei ist: Wenn jemand den Zusammenhang zwischen der Preisgabe persönlicher Informationen und verbraucherorientierten Datenbanken überhaupt wahrnimmt, betrachtet er ihn wahrscheinlich eher in positivem als in negativem Licht.

Denjenigen, die von all diesen Segnungen ausgeschlossen sind, würde es hingegen schwerfallen, irgend etwas an der Praxis der Überwachung gut zu finden. Doch selbst für die Nutznießer des Systems verschleiern die durchaus greifbaren Vorteile tieferliegende, beunruhigende Gefahren. Definiert man Privatsphäre negativ als Abschaffung des isolierten Einzelgängers, braucht man ihrem Verlust eigentlich keine Träne nachzuweinen. Fassen wir hingegen Überwachung und Privatheit in gesellschaftliche Begriffe und sehen sie als ein Gefüge von Faktoren, die den einzelnen in der Gesellschaft prägen, sind die Aussichten weit beunruhigender.

WIR ALLE SIND JETZT OWEN LATTIMORES

Wahrscheinlich erinnern Sie sich, wie ich an früherer Stelle[15] die Rolle, die die innere Sicherheit in liberalen Demokratien spielt, und den Apparat zur Überprüfung auf Sicherheitsrisiken beschrieben habe. In diesem Zusammenhang habe ich den Fall des Gelehrten Owen Lattimore erwähnt, der in der McCarthy-Ära ins Visier der antikommunistischen Hexenjäger geriet. Lattimore überlebte die Tortur und beschrieb eindringlich, wie die Akten des Sicherheitsdienstes das Bild eines Mannes entworfen hatten, »*der existiert haben könnte*«.

In gewissem Sinne ist heute jeder von uns ein Owen Lattimore.

Die privaten und staatlichen Datenbanken, jene düster aufragenden Türme im Cyberspace, beherbergen die Schatten-Ichs nahezu eines jeden Bürgers und Verbrauchers. Diese Datenprofile oder Phantom-Ichs überschatten unser wirkliches Selbst, und dies hat beträchtliche Auswirkungen.[16] »In Wirklichkeit sind es Gespenster«, erklärt Don Goldhammer, Experte für Computernetze an der University of Chicago. »Einem jeden von uns folgt ein unsichtbares Profil, das behauptet, das eigentliche Ich zu sein.«[17] Leute, die sich gegen eine negative Einschätzung ihrer Kreditwürdigkeit wehrten, mußten feststellen, es war schier unmöglich, selbst einfache Fälle einer simplen Verwechslung richtigzustellen. So wie die staatlichen Sicherheitswächter seit jeher behaupten, jeder Zweifel müsse zugunsten des Staates ausgeräumt werden, so bedeutet das machtvolle Motiv einer Risikovermeidung auf seiten des Kapitals, daß im Zweifelsfall immer zugunsten des Unternehmens zu entscheiden ist. Firmen ist es gleichgültig, ob sie Fehler machen oder sich Einzelpersonen gegenüber ungerecht verhalten (außer in den wenigen Fällen, die genügend Aufsehen erregen, um ihrem Ansehen in der Öffentlichkeit zu schaden), denn es *lohnt sich nicht*, auf derlei Möglichkeiten zu achten. Ihre Aufgabe ist es, im Interesse ihrer Anteilseigner Risiken zu vermeiden; Datenprofile lassen auf Risikokategorien schließen, und man trifft Maßnahmen, um jeden zu meiden, dessen Profil ihn dieser Kategorie zuordnet. Das Ergebnis ist eine Art gesellschaftliche *Auslese*: Bestimmte Menschen werden von der uneingeschränkten Nutzung ihrer bürgerlichen Rechte ausgeschlossen, nicht im Rahmen des Staates, sondern in der bürgerlichen Gesellschaft.

Unsere im Cyberspace beheimateten Ichs neigen dazu, unsere realen Ichs zu überschatten, und zwar aus guten wie aus schlechten Gründen. Datenbanken spiegeln die reale Welt wider, allerdings nur unvollkommen. Und diese Unvollkommenheit ist strukturell bedingt, sie gehört zu ihrem Wesen. So wie ein vollkommenes wissenschaftlich-mathematisches Modell des konkreten Universums – in einem 1:1-Verhältnis zur Wirklichkeit – eine absurde Theorie darstellte, genauso umfassend und vielschichtig wie das tatsächliche

Universum selber, stellen auch Datenprofile immer *Vereinfachungen* der Wirklichkeit dar. Die Schlüsselpunkte sind: Wer stellt die Fragen? Wer legt die Parameter für die Datenerhebung fest? Zu welchen Zwecken und in wessen Interesse? Die Antwort lautet natürlich: Denjenigen, die über Reichtum und Macht verfügen, steht das Recht zu, die Fragen und damit die Art von Vereinfachungen, die sich daraus ergeben, zu formulieren. Datenbanken von Unternehmen und die staatlichen Datenbanken, zu denen Unternehmen sich privilegierten Zugang erkaufen, sind dazu da, unternehmerische Fragen zu beantworten. Die einfachen, vielleicht allzusehr vereinfachenden Datenprofile sind so gestaltet, daß sie den Bedürfnissen der Unternehmen entgegenkommen. Die Menschen der wirklichen Welt sind unverbesserlich wirr, zum Verrücktwerden vielschichtig, irritierend inkonsequent, voller Widersprüche – mit einem Wort: schwierig. Aber genau das macht es schließlich und endlich aus, ein Mensch zu sein, und das ist der Grund, warum wir in persönlichen Beziehungen oft die Hände über dem Kopf zusammenschlagen, Gedichte und Romane und Theaterstücke verfassen, uns mit Biographien abplagen und als Sozialwissenschaftler vergeblich versuchen, individuelles Verhalten mit Hilfe von Metatheorien zu erklären. Unsere Schatten-Ichs im Cyberspace hingegen sind nicht wirr, vielschichtig, inkonsequent, widersprüchlich: Sie sind einfache, leicht durchschaubare Konstrukte, die man schnell und billig aus der Datenbank abrufen kann und die von den Kunden, die für sie bezahlen, kosteneffizient genutzt werden. Diese Karikaturen verdrängen die unüberschaubare Wirklichkeit, denn die Welt wirtschaftlicher Transaktionen ist so strukturiert, daß nur bestimmte Arten von Information eingespeist werden können. Paßt man nicht in das Programm, dann muß man zurechtgestutzt oder gestreckt werden, je nachdem. Es ist die Teegesellschaft bei dem verrückten Hutmacher: Wenn die Schlafmaus sich nicht in die Teekanne stopfen läßt, wird sie ausgeschlossen – sie stellt ein *Risiko* dar.

Die neuen Informationstechnologien haben sehr viel versprochen, und sie haben sogar ein neues, paralleles Universum erschlossen – den Cyberspace. Dieses parallele Universum ist aufregend, doch es kann auch ein bedrohliches Territorium sein, an dessen Horizont düstere Datentürme aufragen, bevölkert von den verzerrten Schatten unserer selbst, die uns in unserem täglichen Leben bedrohen und verhöhnen. Es ist eine *entfremdete* Welt, in der die Gestalten, die wir selber erfunden haben, zurückkehren, um uns zu quälen.

6 DAS MITBESTIMMTE PANOPTICON

»ER SCHREIBT EINE LISTE, LIEST ZWEIMAL SIE DURCH...«

Der Weihnachtsmann ist ein Märchen für Kinder. Wie alle derartigen Mythen soll es beispielhaft wirken, damit sie »brav« sind. Doch es verkörpert auch ein wesentliches Element zeitgenössischer kapitalistischer Kultur. Strafe bedeutet Ausschluß von den Vorzügen der Verbrauchergesellschaft. In Benthams Panopticon machen totale Überwachung und die unausgesprochene Drohung, Leute, die gegen die Vorschriften verstoßen, zu bestrafen, die Insassen gefügig; sie verinnerlichen die Regeln und kommen so der tatsächlichen Verhängung unmittelbarer Sanktionen zuvor. Der panoptische Weihnachtsmann ergänzt diese alte Vorstellung durch eine neue Dimension, die sie auf den neuesten Stand bringt und verbessert. Das Problem bei den Panoptica Benthams, Taylors und Orwells war, sie alle logen, was Einverständnis und Zwang betraf. Sie behaupteten, an die Stelle von Zwang trete aktives Einverständnis, doch alle diese Modelle beruhten grundsätzlich auf Zwang, um sich die Untertanen zu unterwerfen: Zwang trat nur deswegen in den Hintergrund, weil Zwang die Grundvoraussetzung des Ganzen war. Das zeitgenössische Panopticon ist auffällig anders gestaltet: ein Verbraucherpanopticon, das auf den Vorteilen beruht, die es mit sich bringt; seine schlimmste Strafe ist der Ausschluß. Benthams Gefangene würden nichts lieber tun als ausbrechen; die Dissidenten in Orwells *1984* würden nur zu gern an einen anderen Ort fliehen, wo alles besser ist (doch sie können es nicht, es gibt keinen solchen Ort). Unser Panopticon ist die Quelle von Wohltaten.

DER GROSSE BRUDER HAT AUSGEDIENT:
DAS DEZENTRALISIERTE PANOPTICON

In zwei wesentlichen Punkten unterscheidet sich das neue Panopticon vom alten: Es ist dezentralisert, und es beruht vorwiegend auf Einverständnis. Das erstgenannte Merkmal scheint paradox. Im innersten Kern der Vorstellung Benthams war Macht streng zentralisiert und in einer Architektur verkörpert, in der vom Kommando- und Kontrollzentrum des Aufsehers gottähnliche souveräne Autorität ausstrahlte. Jetzt, gegen Ende des 20. Jahrhunderts, ist diese Auffassung jedoch technologisch veraltet. Bentham brauchte dieses zentralisierte architektonische Gefüge, da ihm keine andere Technologie der Überwachung zur Verfügung stand als das bloße menschliche Auge. Es bedurfte eines raffinierten Tricks, um die Gefangenen dazu zu bringen, an die Allgegenwärtigkeit des Aufsehers zu glauben. Die neuen Informationstechnologien bieten die Möglichkeit einer realen, nicht nur einer vorgetäuschten Allwissenheit und ersetzen gleichzeitig den einen Aufseher durch eine Vielzahl von Inspektoren, die manchmal im Einvernehmen, gelegentlich aber auch in Konkurrenz zueinander agieren.

Neue Technologien machen die einzelnen auf eine Weise »sichtbar«, wie Bentham sie sich nicht einmal hätte vorstellen können, doch sie sind vielen Blicken aus vielen Richtungen ausgesetzt, die auf verschiedene Dinge achten. Stellen Sie sich ein umfassendes Netzwerk umherschweifender, sich überschneidender Strahlen von Suchscheinwerfern vor, die fortwährend Einzelpersonen ins Licht tauchen, so daß sie einen Augenblick lang wie Glühwürmchen aufleuchten und dann wieder verschwinden, nur um erneut und immer wieder aufzuglimmen: ein Bild, das sich aus flüchtigen Momenten zusammensetzt und nichts von der plumpen Einfachheit der Architektur Benthams hat, vielmehr der vielschichtigen Realität unserer Zeit näherkommt. Jedesmal wenn Sie etwas kaufen oder eine finanzielle Transaktion vornehmen, jedesmal wenn das, was Sie tun, aufgezeichnet wird (und es gibt kaum mehr etwas, das nicht irgendwo aufgezeichnet würde), geraten Sie einen Augenblick lang ins Blickfeld des jetzt allgegenwärtigen, dezentralisierten Panopticons. Diese momentane Durchschaubarkeit ergibt, zusammen mit all den anderen Augenblicken, in denen Ihr Verhalten mittels elektronischer Datenverarbeitung und Datenabgleich festgehalten wird, ein einheitliches Muster. Bekanntlich machen die neuen Informationstechnologien viele Menschen arbeitslos. Weniger bekannt ist die Tatsache, daß in dieser neuen Ära als einer der ersten der Aufseher/ Große Bruder überflüssig wird. Man braucht eigentlich keine Kommandozentrale, kein einzelnes, scharfsichtiges Auge mehr, wenn man mit vielen verstreuten, sogar miteinander konkurrierenden Augen die gleiche Wirkung erzielen kann, da sie in ihrer Gesamtheit ein Überwachungssystem ergeben, das umfassender ist als das von Orwell erdachte. Die Stärke des neuen Panopticons beruht darauf, daß die Menschen dazu neigen, freiwillig Teil dieses Systems zu werden, da dies in ihren Augen Vorteile mit sich bringt; weniger wahrscheinlich ist, daß sie auch die Nachteile oder Bedrohungen wahrnehmen. Es ist nicht unbedingt falsch, so zu denken, denn die Vorteile sind offenkundig, handfest, greifbar; die Nachteile hingegen sind nicht so greifbar, sind indirekter und vielschichtiger. Allerdings sollte man sie nicht außer acht lassen.

Das einverständliche Panopticon dehnt sein Blickfeld auf verführerische, doch heimtückische Art und Weise aus. Geldautomaten sind bequem, da man jetzt Geld abheben kann, wann es einem gerade paßt. Telephonisches und Online-Banking sind noch praktischer, weil man finanzielle Transaktionen zu Hause und zu jeder beliebigen Zeit, an jedem beliebigen Tag tätigen kann. Kredit-, Kunden- und Geldautomatenkarten bieten noch mehr Annehmlichkeiten, da man so einkaufen gehen kann, ohne sich Sorgen machen zu müssen, ob man genügend Bargeld dabeihat; darüber hinaus erlauben solche Karten in zunehmendem Maße Einkäufe aus der Ferne, per Telephon oder online, was es überflüssig macht, zu den jeweiligen Geschäften zu gehen. Intelligente Karten treiben dies noch weiter und bieten den zusätzlichen Vorteil Sicherheit, da sie persönliche Informationen speichern können, die einen nicht autorisierten Gebrauch verhindern.

Intelligente Krankenversicherungskarten könnten zahlreiche Informationen über Ihre Gesundheit codieren. Dies hat eindeutige Vorteile. Stellen Sie sich nur einmal vor, Sie werden in einen Verkehrsunfall verwickelt und liegen bewußtlos und blutend auf dem Boden. Sanitäter vom Notdienst treffen am Ort des Geschehens ein, finden Ihre intelligente Karte, überprüfen sie kurz und erhalten eine Menge sachdienlicher Informationen: Blutgruppe, bekannte Allergien gegen bestimmte Medikamente, Krankheiten, die zu Komplikationen führen könnten, Hausarzt und so weiter. Wer hätte etwas gegen diese eindeutigen Vorteile einzuwenden?

Überwachung im Dienst der öffentlichen Sicherheit wird im allgemeinen begrüßt. Allmählich gibt es auf öffentlichen Plätzen genauso viele Videokameras zur Überwachung wie im privaten Bereich. Auf Plätzen, die ständig überwacht werden, sind kriminelle Übergriffe weniger wahrscheinlich, und Gewerbe, die die Wohnqualität in einem Viertel beeinträchtigen, etwa Drogenhandel und Prostitution, ziehen sich mit großer Wahrscheinlichkeit aus Bereichen aktiver Überwachung zurück. Zudringliche Überwachung durch eine tyrannische Regierung (»Der Große Bruder bewacht dich!«) weckt Ärger und Zorn, doch was ist, wenn das Schlagwort heißt: »Der Große Bruder hält für dich Wacht«?

All diese panoptischen Eigenschaften erleichtern das Alltagsleben, tragen zur Sicherheit bei und machen den Verbrauchern das Leben leichter. Was passiert, wenn die Einkäufe, die jemand tätigt, sorgfältig verzeichnet werden, um ein Profil der jeweiligen Vorlieben des Kunden zusammenzustellen, das dann an verschiedene Händler weitergeleitet wird? Vermutlich haben die meisten nichts dagegen einzuwenden, wenn sie sehen, daß man in der Folge ihren Bedürfnissen und Wünschen besser entgegenkommt. Stellen Sie es sich wie einen Wunschzettel für Weihnachten vor, der es dem Weihnachtsmann leichter macht, Ihre Wünsche zu erfüllen. Das Verbraucherpanopticon belohnt die Teilnahme.

Doch leider hat alles seinen Preis. Intelligente Krankenversicherungskarten bieten Vorteile, doch was ist, wenn ein und dieselbe Karte Informationen über Art und Umfang der Krankenversicherung, über Kreditwürdigkeit oder -risiken oder andere Daten enthält, die dazu führen könnten, daß die Notaufnahme einer Privatklinik Ihnen die Tür vor der Nase zuschlägt? Wenn sie Informationen über den HIV-Status, Geisteskrankheit, Drogenmißbrauch und anderes liefert, die sich unter bestimmten Umständen verheerend für den Betreffenden auswirken? Und, wenn wir einen Sprung ins 21. Jahrhundert machen, was ist, wenn das menschliche Genom immer weiter aufgeschlüsselt und kartographiert wird und genetische Informationen über Einzelpersonen verfügbar werden?

Viedeoüberwachung verleiht den Menschen ein Gefühl von Sicherheit und erhöht, im Zusammenspiel mit anderen ausgeklügelten Aufspürungstechnologien, die Chancen, vermißte Personen, vor allem Kinder, wiederzufinden. Der englische Schriftsteller Andrew O'Hagan macht sich in seinem Buch *The Missing* Gedanken über die schrecklichen Auswirkungen auf Eltern, Ehegatten und Freunde, die verängstigt sind und die Welt nicht mehr verstehen, wenn jemand verschwindet. Doch er räumt auch die Möglichkeit ein, Verschwinden könnte oft etwas mit Entfliehen zu tun haben:

> Das Problem des Verschwindens kann in jeder Hinsicht unheilvoll, in vieler Hinsicht jedoch auch von Vorteil sein. Vielleicht wird es dereinst durch ein landesweites Überwachungssystem gelöst, das alle Arten von Übel auszumerzen hilft, es jedoch den Menschen, die dies wollen, auch unmöglich macht unterzutauchen. Vielleicht ist das der Preis, den man dafür zahlen muß.[1]

Offenbar hat tatsächlich alles seinen Preis.

Eine noch dunklere Seite bleibt dem durchschnittlichen Nutzer solcher Dienstleistungen meist verborgen. Den Besitzern von Bank-, Kredit-, Kunden- und Geldautomatenkarten stehen mehr Möglichkeiten offen, doch dies bringt notwendigerweise eine Einschränkung der Möglichkeiten anderer mit sich. Man kann kreditwürdigen Personen nur dann einen Kredit einräumen, wenn man die Risikopersonen identifiziert und ausschließt. Dasselbe Panopticon, das demjenigen Vorteile bietet, den es einbezieht, straft andere mit

Ausschluß. Die gleiche Überwachung bis in alle Einzelheiten, die Vorteile auf Personen zuschneidet, hat auch jene im Visier, die ausgeschlossen werden sollen. Darüber hinaus – und an diesem Punkt schlägt die Verführung in Heimtücke um – werden Konsumenten *durch den Konsum als solchen* diszipliniert und dazu gebracht, sich an die Regeln zu halten, »brav« zu sein, nicht weil dies vom Moralischen her besser ist, als »unartig« zu sein, sondern weil man sich keine Alternative dazu vorstellen kann, außer der, nicht mehr in den Genuß der Vorteile zu kommen.

VON MACHIAVELLI ZUR MICKEYMAUS

Vor ein paar Jahren bezeichneten die beiden Kriminologen Clifford Shearing und Philip Stenning in einer glänzenden Metapher Disney World als die zeitgenössische Verkörperung panoptischer Macht. Die Leute strömen massenweise nach Disney World; oft sieht man lange Schlangen, und es kommt zu Verzögerungen, wenn Familien darauf warten, Zutritt zu bestimmten Exponaten zu erhalten. Dennoch verhalten sich alle gesittet und friedlich, und offenbar läuft alles reibungslos, doch ohne sichtbare Anzeichen von Zwang ab. Ermöglicht wird dies durch den gemeinsamen Wunsch von Management und Kunden, das Genießen der Disney-Produkte zu erleichtern.

In Disney World ist die Kontrolle verborgen, vorbeugend, unauffällig, kooperativ und wird offensichtlich niemandem aufgezwungen, sondern alle sind damit einverstanden ... Alles steht unter Überwachung, aber sie ist das Gegenteil der aufdringlichen Kontrolle im Orwellschen Staat: Sie geht nicht von der Regierung aus und wird nicht vom Großen Bruder ausgeübt. Die Ordnung instrumenteller Disziplin ist nicht die einheitliche Ordnung eines zentralistischen Staates, sondern besteht aus breit gestreuten, voneinander getrennten Ordnungen, definiert von privaten Autoritäten, die für die feudalen Einzelbereiche von

Disney World, Landgütern, Handelszentren und ähnlichem, zuständig sind. Im Rahmen zeitgenössischer Disziplin ist Kontrolle so feinkörnig, wie Orwell sich das vorstellte, doch sie trägt ganz andere Züge ... Die Menschen lassen sich heute von dem Vergnügen, das der Konsum der Güter, die unternehmerische Macht anzubieten hat, zu Fügsamkeit verführen.[2]

Disney World ist eine Einfriedung unter einheitlicher Leitung mit einem einheitlichen Ziel, das alle Exponante und Schauplätze, die die buntgestaltete Geographie und Architektur des Gesamtkomplexes bilden, einschließt. In diesem Sinne ist Disney World wie der Orwellsche Staat angelegt. Man kann jedoch das gleiche Prinzip auf den Konsum in der kapitalistischen Wirtschaft insgesamt ausdehnen; es gilt selbst dort, wo die vielfältigen panoptischen Blicke nicht von einer zentralen Stelle ausgehen, sondern möglicherweise sogar miteinander konkurrieren. Konkurrenz, die auf der Ebene des Produktangebots sehr real sein kann, und Belohnungen für Anteilseigner tragen ebenfalls dazu bei, die Kultur des Konsums zu festigen und damit den potentiellen Markt für alle Konkurrenten auszuweiten. Als wäre ihnen dieses gemeinsame Interesse bewußt, wird in der Tat ein Großteil der von diesen Konkurrenten gesammelten personenbezogenen Informationen von Infomaklern zusammengefaßt und allen zugänglich gemacht, die willens sind, dafür zu bezahlen. Das dezentralisierte Panopticon ist aufgesplittert und einheitlich zugleich.

VERTIKALE ISOLIERUNG, HORIZONTALE SOLIDARITÄT

Das alte, zentralisierte und hierarchische Panopticon war darauf angewiesen, seine Insassen voneinander zu isolieren. Benthams Gefängnis war ausdrücklich so angelegt, daß eine Kommunikation zwischen den Gefangenen unmöglich war; jedem einzelnen wurde nur eine scheinbar einzig auf ihn zugeschnittene Beziehung zum Aufseher zugestanden. Wissenschaftliche Unternehmungsführung versuchte, Kontrolle über die Arbeit zu gewinnen, um die Zünfte und Gewerkschaften zu zerschlagen, die die Solidarität unter den Arbeitern stärkten. Die entarteten Regimes Zamjatins und Orwells versuchen systematisch, horizontale Beziehungen zwischen den Untertanen durch eine Kommunikation in einer Richtung, von oben nach unten, zu verdrängen. In beiden Fällen wird der Widerstand der Untertanen gebrochen, wenn sie durch Terror dazu gezwungen werden, denjenigen zu verraten, dem sie am nächsten stehen; Winstons Verrat an seiner Geliebten Julia ermöglicht es ihm schließlich, vorbehaltlos den Großen Bruder zu lieben.

Das neue Panopticon vermeidet sorgfältig die Plumpheit und Brutalität seiner Vorgänger. In ihm gibt es kein Zimmer 101 am Ende des langen Korridors. Dennoch besteht eine strukturelle Ähnlichkeit. Die neuen Informationstechnologien individualisieren zunehmend den Verbraucher-Bürger. Tatsächlich zielt Marktforschung in immer höherem Maße auf eine sorgfältige Abgrenzung des Geschmacks und der Vorlieben der einen Gruppe von denen einer anderen und letztlich auf eine Unterscheidung der Präferenzen eines (zahlenden) Verbrauchers von denen eines anderen. Soziale Solidarität wird geschwächt, wenn der panoptische Markt das Bewußtsein, anders zu sein, beharrlich abschätzt, ausnutzt und verkauft. Die Bürger werden voneinander isoliert und die bürgerliche Gesellschaft aufgesplittert, jedoch nicht mittels der alten Schlagring- und Gummiknüppelmethoden. Richtet der panoptische Blick sich jetzt auf die einzelnen und befragt sie, so will er ihre Bedürfnisse verstehen und ihre Wünsche erfüllen. So anpassungsfähig ist dieses System, daß zahlreiche Produzenten miteinander konkurrieren, um die Aufmerksamkeit und das Geld des Königs Kunde in ihre Richtung zu lenken. Überwachung, an der man selbst mitwirkt, ist natürlich ein weit machtvollerer Mechanismus des Einverständnisses als alles, was es bislang gab.

Eine Reihe von Veränderungen in den Medien und Kommunikationsmöglichkeiten erleichtern diesen Prozeß. Die elektronischen Medien sprechen nicht mehr die Massen an, sondern liefern auf unterschiedliche Zielmärkte zugeschnittene Unterhaltungssendungen. Noch vor einigen Jahrzehnten gab es nur eine Handvoll Fernsehkanäle. In den fünfziger Jahren konnten die Zuschauer zwischen CBS, NBC und ABC hin- und herschalten. In anderen Ländern war die Auswahl noch kleiner und blieb dies auch für längere Zeit. Groß aufgezogene Shows hatten ein Massenpublikum, und Werbefachleute zielten auf einen so breiten Markt für ihre Produkte wie nur möglich. Die Entwicklung des Kabel- und Satellitenfernsehens veränderte diese Medienlandschaft drastisch. Mittlerweile nähert sich das Fernsehen einem Universum mit 500 Kanälen an, und hochspezialisierte Kanäle sind im Kommen. Ein Programm, das sich nur um Golf dreht, hat natürlich ein relativ begrenztes Publikum, doch es handelt sich um ein Publikum, das von Werbefachleuten sehr genau überwacht wird, deren Produktpalette sich mit dem Kundenprofil deckt. Je mehr die Werbefachleute über die Zuschauer wissen, desto besser können sie diese kleine Marktnische bedienen. Und je besser sie diese Zuschauer bedienen, desto mehr erfahren sie über sie.

In den Printmedien läßt sich die gleiche Entwicklung beobachten. Seit Jahren sinken die Auflagezahlen von Massenblättern; gleichzeitig finden Übernahmen und Zusammenschlüsse zu Holdinggesellschaften statt. Immer wieder geraten Tageszeitungen wegen schrumpfender Gewinnspannen in Krisen. Andererseits waren die neunziger Jahre das goldene Zeitalter der Zeitschriften – nicht für die alten Zuschnitts, die für den breiten Markt gedacht waren und jedem etwas boten, etwa die alte *Life* oder *Saturday Evening Post*, die großteils eingingen, sondern eher für die Special-Interest-Blätter. Heute öffnet sich an jedem Zeitungskiosk eine Schatzhöhle Aladins dem potentiellen Kunden, doch jede Zeitschrift stellt nur in den Augen eines bestimmten Publikumssegments einen Schatz dar. Zeitschriften locken Liebhaber der Hip-Hop-Musikszene und des Fliegenfischens an, bedienen Leute, die sich für die Fremdenlegion, Oldtimer, Gesellschaftstanz, Sadomasochismus, Pudel oder seltene Münzen interessieren. Nennen Sie, was Sie wollen – fast mit Sicherheit gibt es ein, zwei Zeitschriften, die Ihren Vorlieben entgegenkommen. Die Inserate sind für die Leser interessanter als die Artikel.

Die Leserkreise dieser Zeitschriften wissen, hier finden sie Anzeigen für Produkte, die exakt auf ihre Spezialinteressen zielen.

Die Entwicklung des Rundfunks folgte dem gleichen Muster. An die Stelle eines Hauptprogramms traten einzelne Sender, die spezielleren musikalischen Vorlieben entgegenkommen: Rock, Rap, Unterhaltungsmusik, Oldies, Country- und Westernmusik, Volksmusik und so weiter, jeweils mit einem entsprechenden Aufgebot an Werbung. Das jüngste Medium, das Internet, treibt diese Entwicklung auf die Spitze. Einzig die Phantasie und Energie der Nutzer des Netzes setzen der Anzahl spezialisierter Websites Grenzen. Bislang schlug die Werbung noch kaum Kapital aus den Möglichkeiten, die das Internet einem auf Gruppen mit Sonderinteressen spezialisierten Marketing eröffnen, doch vermutlich hinkt sie nur ein wenig nach und holt früher oder später auf.

Infolge der Aufsplitterung des Massenpublikums gibt es auch immer weniger Programme für die breite Masse. Natürlich ziehen so hochgejubelte Ereignisse wie die Fußballweltmeisterschaft nach wie vor ein relativ breites Publikum an, so daß auch eine Reihe aufwendiger Werbeblöcke eingeblendet werden, die auf ein relativ breites Publikum zielen (und zusammen mit dem Spiel in den Medien besprochen werden). Doch selbst die Fußballweltmeisterschaft und andere große Sportereignisse oder Unterhaltungsspektakel ziehen nicht mehr so viele Zuschauer an wie früher. Bestimmte Sendungen, meist Sitcoms, erreichen unter Umständen eine Zeitlang ein breites Publikum, da sie eine bestimmte Mode aufgreifen oder eine besondere Stimmung in der Öffentlichkeit treffen. Doch in zunehmendem Maße können wir mit aufgesplitterten Zuschauergruppen rechnen, die sich spezielle Programme ansehen und denen ihrerseits spezielle Werbeleute nachjagen. Das Wirtschaftssystem des Panopticons bestimmt das Ergebnis. Doch wie wirkt sich diese Aufsplitterung in verschiedene Kulturen auf Massendemokratien aus? Eine sehr umfassende Frage, die wir hier natürlich nur ansatzweise beantworten können.

Überlegen wir uns einmal, wie das Geschäftsleben in Nordamerika unterschiedliche Gruppen eingrenzte, sich auf sie einstellte und sie gezielt ansprach. Zu Recht griffen Feministinnen die Art an, wie Frauen in der Werbung als Sexualobjekte oder Accessoires von Männern dargestellt wurden. Zu einer Zeit, als großteils Männer die Kaufkraft des Landes kontrollierten, war die Madison Avenue zu dem Schluß gekommen: »Sex verkauft sich gut«, und das bedeutete: »Sexy Frauen verkaufen sich gut.« In Bereichen, in denen seit jeher Frauen Geld ausgeben – für Haushaltsgegenstände, Kleidung und so weiter –, war die Werbung auf Frauen abgestimmt, die in Wirklichkeit das Spiegelbild von Anzeigen waren, die auf Männer zielten, das heißt auf Frauen als Hausfrauen/Mütter oder auf solche, die sich bemühten, sexy auf ihre Männer zu wirken. Im Zeitalter des Massenmarketing mußte eine Schuhgröße mehr oder weniger allen passen. Als Frauen immer weiter in die Arbeitswelt vordrangen und in ihr immer höher stiegen, veränderte sich die Werbung. Da diese Veränderungen mit der raschen Ausbreitung neuer Informationstechnologien und neuer Marketingstrategien zusammenfielen, vollzog sich dies nicht in Form einer einfachen Kehrtwendung oder Umkehrung der Rollenbilder. Statt dessen zielte die Werbung nun, nachdem sie sie identifiziert hatte, allmählich auf besondere Kategorien »neuer« Frauen, die über eine gewisse Kaufkraft verfügten. Junge, attraktive Karrierefrauen tauchten in verschiedenen Berufs- und Geschäftszweigen auf, immer elegant gekleidet und selbstsicher; manchmal erteilten sie älteren männlichen Vorgesetzten kluge Ratschläge, gelegentlich trafen sie selber Entscheidungen. Eine Spielart ist die Frau in der Arbeitswelt, die sich aggressiv attraktive Männer aussucht; die Botschaft lautet: Du kannst beides haben – Erfolg und Sex.

Doch diese Bilder verdrängen keineswegs andere, ältere Klischees. Einige stellen Variationen alter Vorstellungen dar, etwa die Anzeigen für Schnell- und Tiefkühlgerichte, die berufstätige Mütter im Visier haben; sie wollen ihren Familien ein Abendessen auftischen, haben aber nicht mehr die Zeit, selber zu kochen wie die Hausfrauen-Mütter. Diese Anzeigen beruhigen Frauen, die versuchen, zwei Rollen gerecht zu werden: Du machst beides, lautet ihre Botschaft, untertags arbeitest du, und abends, wenn ihr alle nach Hause kommt, umsorgst du deinen Mann und deine Kinder. Doch auch traditionellere Vorstellungen halten sich, etwa das auf den Mann ausgerichtete Sexobjekt (trinken Sie unser Bier, und Sie kriegen die Frau; fahren Sie unseren Wagen, und die Frau wird Ihnen zu Füßen liegen) oder die sich aufopfernde Hausfrau und Mutter; beide geraten regelmäßig in die Schußlinie verärgerter Feministinnen, die behaupten, letztlich habe sich nichts geändert, solange nach wie vor derart unpassende Rollenmodelle progagiert werden.

Eine solche politisch motivierte Kritik (wie berechtigt und ehrenwert sie als solche auch sein mag) läuft Gefahr, am Kern des Problems vorbeizugehen. Im Geschäftsleben geht es, um Marx' bekannten Satz auf den Kopf zu stellen, nicht darum, die Welt zu verändern, sondern sie zu verstehen. Die Welt präsentiert dem panoptischen Blick mittlerweile ein weit abgestuferes, vielseitigeres Bild der Frau. Streben die neuen Frauen vor allem nach beruflichem Erfolg? Finde sie, stelle fest, wie man sie ansprechen kann, wieviel Geld sie ausgeben können, was sie kaufen wollen. Und dann entwirf das Produkt und gestalte die dazugehörige Werbung, damit deine Erzeugnisse sie ansprechen. Andererseits gibt es die berufstätigen Frauen, die ihrer Rolle ambivalent gegenüberstehen und unsicher sind, wie ihre Männer und Kinder sie sehen. Gestalte die entsprechenden Produkte, die diese Unsicherheit ansprechen, und entwirf Anzeigen, die genau diese Unsicherheit ausnutzen und so dafür sorgen, daß sie die Produkte kaufen. Gleichzeitig gibt es, trotz der Verschiebung der Geschlechterrollen, immer noch Männer, denen der Geldbeutel locker sitzt, wenn man bestimmte Marken mit willigen weiblichen Körpern in Verbindung bringt. Daher finden wir in der Werbelandschaft Püppchen und Flittchen neben selbstsicheren Karrierefrauen und ernsthaften, aber besorgten berufstätigen Müttern. Der Kapitalismus versteht sich nicht als Speerspitze sozialen Wandels, vielmehr bringt gerade das Fehlen eines sozialen Programms es mit sich, daß sein panoptischer Blick Anzeichen eines bevorstehenden Wandels ausmachen, sie aufgreifen und zu Verbraucherwünschen umgestalten kann, auf die man sich innerhalb des Systems einstellt. Indem es das Bild der »Frau« differenziert, trägt das moderne Panopticon außerdem dazu bei, die potentielle politische Wählerschaft der »Frauen« in verstreute, vielfältige Wählerschaften verschiedener Arten von Frauen mit unterschiedlichen Neigungen und Zielen aufzugliedern. Natürlich bringt es diese Wählerschaften nicht hervor, doch indem es Differenzierung und Individualisierung fördert, verstärkt es die bereits gegebenen Trends zu einer Aufspaltung.

Im Lauf der letzten Jahre wurden amerikanische Unternehmen allmählich auf das Potential eines »Schwulenmarkts« aufmerksam. Dies war erst möglich, als homosexuelle Männer und Frauen sich aus ihrem Versteck hervorwagten und selbstsicher schwule und lesbische Lebensweisen und Kulturen zur Schau stellten, die nun für die Welt der Normalen auch deutlich als solche erkennbar waren. Natürlich gibt es in der Gesamtgesellschaft immer noch homophobe Reaktionen, die durch die Aids-Hysterie und die religiös untermauerte Agitation der sogenannten moralischen Mehrheit geschürt werden und sich in der Androhung weiterer Sanktionen und gewaltsamen Ausschreitungen gegen Schwule manifestieren. In einer solchen angstbesetzten Atmosphäre stellt es auf beiden Seiten ein gewagtes Unternehmen dar, den Homosexuellenmarkt einzugrenzen und anzusprechen. Der panoptische Blick, der seinen Zielpersonen so oft ein mildes, wohltätiges Gesicht zeigt, erscheint in diesem Fall unter Umständen als gefährlich zwiespältig, sogar einschüchternd. In jüngster Vergangenheit – eine Vergangenheit, aus der Bedrohungen in die Gegenwart hineinwirken – neigte der panoptische Blick eher dazu, sexuelle »Abweichler« als Sicherheitsrisiko oder potentielle Erpressungsopfer (gelegentlich konnte man kaum zwischen diesen beiden zusammengehörigen Bedrohungen unterscheiden) dingfest zu machen.

Ein Fall, der 1998 in den Vereinigten Staaten landesweit Aufsehen erregte, zeigt, daß das Problem nach wie vor existiert. Trotz der

»Frag-nicht-und-sag-nichts«-Politik, die ein Ergebnis von Präsident Clintons gescheitertem Versuch war, antischwule Diskriminierung im amerikanischen Militär auszuschalten, wurde ein altgedienter Marineoffizier entlassen, der siebzehn Jahre lang ehrenvoll seine Pflicht erfüllt hatte. Die Aufdeckung der angeblichen sexuellen Orientierung des Offiziers beruhte darauf, daß er in einem Internet-profil seinen Familienstand mit dem Wort *gay* beschrieben hatte. Ausgangspunkt der Untersuchung der Navy war ein Mitglieder-profil von American Online (des führenden Internetdienstes), das sich eine zivile Angestellte beschafft hatte, nachdem sie und der Offizier über E-mail korrespondiert hatten, um einen Wohltätig-keitsbasar für Spielsachen zu organisieren.[3] Obwohl das Profil keine persönliche Identifizierung enthielt, über die der Deckname mit dem Marineoffizier in Verbindung gebracht werden konnte, be-schaffte die Navy sich unrechtmäßig die Information von AOL, der sich im nachhinein für diese Enthüllung entschuldigte.[4] Doch da war es schon zu spät.

In einem solch potentiell bedrohlichen Kontext überrascht es kaum, daß die Leute dem panoptischen Blick, der die Gesellschaft nach einem eingrenzbaren Schwulenmarkt durchkämmt, eher mit Argwohn begegnen. Andererseits müssen Unternehmen bei der Ausarbeitung von Werbekampagnen vorsichtig vorgehen, um nicht eine heftige homophobe Gegenreaktion bei den anderen Kunden auszulösen. Trotz dieser Einschränkungen markiert die Herausbil-dung des Schwulenmarkts zweifelsohne einen wichtigen Schritt auf dem Weg zu einer Neugestaltung der Beziehung zwischen Schwu-len/Lesbierinnen und der Mehrheit der Gesellschaft, die vielleicht dazu führt, daß die auf der sexuellen Orientierung beruhende Dis-kriminierung verschwindet. Das Verbraucherpanopticon ist in der Lage, vormals an den Rand gedrängte Gruppen zu legitimieren, indem es eine Verbindung zwischen ihnen und ihrem Geld und dem Verbrauchermarkt herstellt. Dabei betrachtet es sie eben nicht als Massenkonsumenten, deren spezielle Identität verborgen bleibt, sondern beruft sich vielmehr ausdrücklich auf das, was sie von ande-ren Gruppen und der breiten Masse unterscheidet. Indem es sich an

Schwule *als Schwule* wendet, nicht an Massenkonsumenten, die in ihrer Freizeit zufällig schwul sind, wie es früher war, erkennt der panoptische Blick ihre Verschiedenheit an und bekräftigt sie.

Zu diesem Vorgang panoptischer Anerkennung ist einiges zu sagen. Eines sollte man jedenfalls nie vergessen: Anerkennung wird nur im Austausch gegen Kaufkraft gewährt. Randgruppen ohne reale Kaufkraft bleiben an den Rand gedrängt. Im Fall des Homosexuellenmarkts wurde zum Beispiel behauptet, Lesbierinnen hätten weniger Kaufkraft als männliche Homosexuelle, folglich würde dem lesbischen Markt relativ wenig Aufmerksamkeit zuteil. Man könnte diese Beobachtung ohne weiteres auf unterschiedliche Gruppen innerhalb der Schwulengemeinschaft ausdehnen. Der panoptische Blick richtet sich am häufigsten und wohlwollendsten auf die Homosexuellen mit dem größten verfügbaren Einkommen. Vor allem zielt er auf Selbständige, die Geschäftswelt und den Unterhaltungsbereich, da deren Angehörige bekannt und reich sind. Auf diese Weise werden Klassenunterschiede hervorgehoben und verstärkt. Außerdem knüpfen sich bestimmte Bedingungen an die panoptische Anerkennung. Eine radikale, subversive, trotzige Schwulenpolitik wird vermutlich nicht honoriert; angenehme, anpassungswillige, harmlose Unterschiede im Lebensstil hingegen werden begrüßt. Mag sein, daß mitbestimmte Überwachung auf Einverständnis und Herunterspielen des Zwangs beruht, doch letztlich geht es um Disziplin und Integration, nicht um Rebellion und Widerstand. Und Differenzierung und Aufsplitterung dienen genau diesem Zweck.

Multikulturalismus ist derzeit in Mode, umstritten und ein hochgradig politisches Thema. Von einem multikulturellen Panopticon zu sprechen kommt einem vielleicht abwegig vor. Mulitkulturalismus gilt weitgehend als Programm der Linken, gegen das die Konservativen sich leidenschaftlich stemmen. Von seinem Wesen her ist es unwahrscheinlich, daß der Unternehmenskapitalismus eine Herausforderung seiner Vorherrschaft auch noch unterstützt. Doch Kulturkriege verschleiern weit mehr, als sie offenlegen. Das Gespür des panoptischen Blicks für – selbst geringfügige, verborgene – Unterschiede ist ein grundlegendes Wesensmerkmal eines kreativen, anpassungsfähigen, flexiblen Konservatismus.

Im Rahmen der wirtschaftlichen Globalisierung stellt die Doppelgesichtigkeit des Panopticons – wettbewerbsorientiert und zugleich vereinheitlichend – eine enorme Stärke dar: Konkurrenz ist die Triebkraft für die Erschließung neuer Märkte, während Vereinheitlichung die umfassende Akzeptanz der Konsumkultur sicherstellt. Das Verbraucherpanopticon kann seinen Blickwinkel weltweit ausdehnen, eben weil es sich ohne weiteres auf lokale Unterschiede einstellen kann. Vor einigen Jahren ließ IBM eine Reihe Werbespots senden, die »Lösungen für einen kleinen Planeten« vorstellten und in clever gemachten Clips Menschen in einer exotisch-traditionellen Umgebung über verschiedene Geheimnisse der neuesten IBM-Technologien diskutieren ließen (mit englischen Untertiteln). Beispielsweise flüstern Nonnen in einem europäischen Kloster während des Gebets einander zu, sie könnten es kaum mehr erwarten, »im Netz zu surfen«. Microsoft, das zahlreiche indische Programmierer und Systemanalytiker für verschiedene ausgelagerte Aufgaben beschäftigt, veranstaltete einen Wettbewerb bei indischen Schulkindern, die technische Lösungen für bestimmte Programmierungsaufgaben finden sollten. Die Gewinner wurden in einer vom Fernsehen übertragenen Feier vorgestellt, bei der kein Geringerer als Bill Gates höchstpersönlich ihnen unter den Blicken der stolzen Eltern, die teilweise traditionelle indische Gewänder trugen, die Preise überreichte. Die selbstbewußte multirassische und multikulturelle Werbung von Benetton (»United Colours of Benetton«) treibt diese Strategie so weit, daß sie gelegentlich zu Ausbrüchen fremdenfeindlicher Entrüstung führte, etwa wo sie Sex zwischen Angehörigen verschiedener Rassen suggerierte oder, in einem berühmten Fall, eine Schwarze als Queen von England abbildete. Übrigens wurde Benetton auch beschuldigt, in Ausbeutungsbetrieben der dritten Welt billige Arbeitskräfte zu beschäftigen. Dies zeigt recht deutlich, wie multikulturelles Marketing sehr wohl auf multikultureller Ausbeutung beruhen kann: In beiden Fällen ist Rentabilität das vorrangige Kriterium. In den fünfziger und sechziger Jahren warnten Kritiker vor einer »Coca-Kolonisierung« der Welt. In der Frühzeit der Massenwerbung stand ein so gängiges und verbreitetes Produkt wie Coca-Cola symbolisch für einen Imperialismus, in dem eine gleichgeschaltete Massenkultur dem Markenzeichen folgte. In der Praxis erwies sich Coca-Cola als besonders geschickt darin, seine Produkte an die Bedürfnisse der verschiedenen Kulturen anzupassen.[5] Ronald Diebert meint zu den neuen Informations- oder »Hyper-«Medien:

> Hypermedien ermöglichen über computergestützte, digitalisierte Herstellungs- und Werbesysteme die Herstellung von auf lokale Bedürfnisse zugeschnittenen »Nischen«-Produkten. Über von Computern ausgearbeitete Verbraucherprofile und andere Marktüberwachungsmechanismen können die Unternehmen ständig verschiedene Orte überall auf der Welt im Blickfeld behalten, unterschiedlich auf die örtlichen Gegebenheiten reagieren und die Werbekampagnen umgehend anpassen, um den Geschmack der dortigen Konsumenten zu beeinflussen. Selbst McDonald's – das Symbol für kapitalistische Gleichschaltung, wenn es je eines gegeben hat – verändert regelmäßig viele seiner Produkte, um sich auf die lokalen Verbraucherprofile einzustellen. In Japan beispielsweise wandelte es den Namens seines Maskottchens von Ronald McDonald zu Donald McDonald und den Firmennamen zu »Makudonaldo« ab; beides ist für Japaner leichter auszusprechen.[6]

Multinationale Unternehmen haben keine Probleme mit Multikulturalismus in ihrer Belegschaft oder bei der Festlegung globaler Vermarktungsstrategien. Die sich überkreuzenden Suchscheinwerfer heben die kulturellen, sprachlichen, ethnischen und andere Besonderheiten der Zielmärkte hervor, und eine flexible Produktion kann rasch mit entsprechend abgewandelten Produkten und Dienstleistungen reagieren. Das setzt natürlich verfügbare Einkommen voraus. Einige Teile der Welt bleiben relativ dunkle Flecken: ein Großteil Afrikas, Teile von Asien, weite Gebiete in Lateinamerika.

Der panoptische Blick sucht sie ab, findet jedoch wenig Interessantes. Andere Gegenden, wie die ehemalige Sowjetunion, sind in verschwommenes Halbdunkel getaucht: Noch ist nicht klar, ob sie aus der Finsternis heraustreten oder in sie zurückfallen. Doch wo Märkte entwickelt wurden oder werden, tastet der panoptische Blick unaufhörlich alles ab.

Vor etlichen Jahren schrieb der kanadische politische Philosoph Charles Taylor einen vielbeachteten Artikel über Multikulturalismus als Politik der Anerkennung des Unterschieds.[7] Im Gegensatz zu einem älteren, vereinheitlichenden Liberalismus, der sich bemühte, farbenblind, geschlechtsblind und so weiter zu sein, strebt eine multikulturelle Politik danach, kulturelle Unterschiede als Voraussetzung einer Gemeinschaft, an der alle teilhaben, anzuerkennen und zu bestätigen. Der panoptische Blick des Kapitalismus spürt die Unterschiede auf und reagiert auf sie. Doch was für eine Art Multikulturalismus ist damit gemeint? Kritiker, die eine rein weiße, männliche, eurozentrische Welt des Kommerz schildern, die dem Rest der Welt eine vorgefertigte Rassen-/Geschlechterhierarchie und eine zwanghaft verbindliche kulturelle Struktur aufoktroyiert, verkennen zweifellos die Fähigkeit panoptischer Praktiken, sich an verschiedenartigste Umgebungen anzupassen und in ihnen Wurzeln zu schlagen. Gleichzeitig besteht ein grundlegender Unterschied zwischen dem Multikulturalismus des Informationskapitalismus und dem Multikulturalismus als einer Philosophie des gesellschaftlichen und politischen Wandels. Der Kapitalismus erkennt und beschreibt Leute als *Verbraucher*, nicht als *Staatsbürger*. Multikultureller *Konsum* ist nicht gleichbedeutend mit multikultureller Staatsbürgerschaft: Dazwischen liegen Welten.

Frühere Panoptica riefen immer Widerstand hervor. Das heutige Panopticon ist raffinierter, flexibler, beruht in höherem Maße auf Mitbestimmung und Einverständnis. Doch eine vollkommene soziale Kontrolle existiert nach wie vor einzig in der Phantasie. Das auf Genmanipulation beruhende Einverständnis in der *Brave New World* Huxleys mag uns auf den ersten Blick näher stehen als die Brutalität des unerbittlichen Orwellschen Polizeistaats, doch diese

Ähnlichkeit ist oberflächlicher Art. Die Konsumanreize sind verführerisch, doch es existieren bei weitem zu viele Menschen – in der dritten Welt Millionen, aber auch in der »entwickelten« Welt sind es zu viele –, die von den Vorteilen ausgeschlossen sind und damit vom panoptischen Blick nicht erfaßt werden. Den meisten fehlt seit jeher schon allein der Paß, der ihnen den Zugang eröffnet: Geld. Andere wurden als »Risiken« aus dem Zauberkreis ausgestoßen; mit der raschen weltweiten Ausbreitung des neoliberalen Wirtschaftsprogramms fallen sie nun sogar aus dem sekundären Überwachungssystem staatlicher Wohlfahrt, das sich auf dem Rückzug befindet. Andere spüren instinktiv, welch politisch begrenzte und kulturell verarmte Realität sich hinter der Bezeichnung »König Kunde« verbirgt. Widerstand nimmt die Form eines Kampfes um Bürgerrechte an, den man nicht durch eine Anerkennung der Menschen als Verbraucher unterdrücken oder in den Griff bekommen kann. Und es liegt eine ungeheure Ironie darin, daß genau die Technologien, die den panoptischen Blick des Kapitalismus stützen und ihm Macht verleihen, auch dem Kampf um Bürgerrechte dienen. Dem demokratischen Versprechen, das die neuen Technologien in sich bergen, wende ich mich im nächsten Kapitel zu.

DIE EPOCHE DER MULTIDIREKTIONALEN ÜBERWACHUNG

Wenn sich hochtechnisierte Überwachung von oben nach unten verstärkt, so gilt das gleiche auch für die Überwachung von unten nach oben. Fernsehen begann als Medium, das in eine Richtung, von oben nach unten zielte; die einzig mögliche aktive Beteiligung als Zuschauer lief über das streng ausgewählte und kontrollierte Studiopublikum (in Sitcoms häufig durch eine automatische »Lachkonserve« ersetzt) oder über das unpersönliche System der Messung von Einschaltquoten. Durch Sicherheitskameras mit geschlossenem Stromkreis, die alles, von den Eingangshallen in Apartmenthäusern über Tiefgaragen bis hin zu den Korridoren in Büroanlagen, abtasten, wurde das Fernsehen zu einem Überwachungssystem in einer

Richtung ausgebaut. Die gleiche Technologie wurde in Form der Videokamera, die man in der Hand hält, zu einem Werkzeug für billige, bewegliche Gegenüberwachung von unten. Meist wird sie für triviale, unpolitische Zwecke eingesetzt und von den Medien umgehend als Unterhaltungsware aufgenommen und genutzt: *America's Funniest Home Videos.*[8]

Es gibt jedoch auch Beispiele für einen politisch brisanten Einsatz von Video. Die Videoaufnahmen eines zufälligen Zeugen, der filmte, wie Rodney King in Los Angeles von Polizisten niedergeknüppelt wurde, waren der Auslöser für einen immer weiter um sich greifenden Rassenkonflikt und Unruhen in vielen amerikanischen Städten. In Kanada schockierten Videos, die Teilnehmer von Trainingskursen einer Eliteeinheit der Luftwaffe aufgenommen hatten und die dann im staatlichen Fernsehen gezeigt wurden, mit ihrer Zurschaustellung von Rassismus, Brutalität und Demütigung die Zuschauer so sehr, daß das Regiment vom Verteidigungsminister aufgelöst wurde. In einem anderen Fall, ebenfalls in Kanada, wurden rebellierende Insassen eines Frauengefängnisses bestraft, indem man sie zwang, nackt vor den Wachen Spießruten zu laufen; der Vorfall wurde auf einem Videofilm festgehalten und dieser den Medien zugespielt. Dies führte zu einer offiziellen Untersuchung und schließlich zum Rücktritt des zuständigen Gefängnisdirektors. In all diesen Fällen wurde das Verhalten von Staatsbeamten und Angestellten des öffentlichen Dienstes, das früher außer Sichtweite praktiziert und damit auch nie bekannt wurde, plötzlich an die Öffentlichkeit gezerrt – mit ernsten Folgen. Nicht immer geht es um Überwachung von unten: Richard Nixons Neigung, Unterhaltungen im Oval Office aufzuzeichnen, verstrickte ihn in das Fiasko mit den Bändern aus dem Weißen Haus, das ihn angesichts eines unmittelbar drohenden Impeachments zum Rücktritt veranlaßte. Manchmal ist die Technik selber der Schuldige und nicht der Mensch, der sich ihrer bedient, wie im Fall der E-Mails im Weißen Haus, die etliche Beamte der Reagan-Administration in die Iran-Contra-Affaire hineinzogen: Die Verschwörer hatten es versäumt, sich ausreichend über das automatisierte Speichersystem für E-Mails im Weißen Haus zu informieren, und trotz hektischer Zerstörung elektronischer Aufzeichnungen und einer ausgiebigen Benutzung des Reißwolfs gelang es ihnen nicht, alle Aufzeichnungen geheimer Gespräche zu vernichten. Schließlich wurden aufgrund einer Klage, die eine Interessengruppe im Namen der Öffentlichkeit einreichte, Tausende Computerbänder und sogar 135 Festplatten des Personals des National Security Council im staatlichen Archiv gelagert.[9]

Eine der unmittelbaren Auswirkungen dieser Epoche multidirektionaler Überwachung ist, daß Persönlichkeiten des öffentlichen Lebens ständig ins gleißende Scheinwerferlicht der Öffentlichkeit gerückt werden, das sich auf ihr öffentliches wie ihr Privatleben richtet, um – angeheizt vom Hunger der Medien – schäbige Sexaffairen der Mächtigen aufzudecken. Nehmen Sie nur das groteske Schauspiel, als Anfang 1998 das Präsidentenamt der Vereinigten Staaten wochenlang von der Frage blockiert war, ob der Präsident mit einer Angestellten des Weißen Hauses, die damit einverstanden war, Sex hatte oder nicht – die ganze Geschichte wurde durch die heimliche Aufzeichnung und spätere Veröffentlichung von, wie die Angestellte glaubte, vertraulichen Gesprächen mit einer »Freundin« ins Rollen gebracht. Die Monica-Lewinsky-Affaire (wir könnten sie als die erste »virtuelle Affaire« bezeichnen) stellt eine Art *reductio ad absurdum* demokratischer Verantwortlichkeit dar. Der jähe Aufstieg des sogenannten Skandals an die Spitze der Tagesordnung der Medien (er übertrumpfte sogar einen historischen Besuch des Papstes in Fidel Castros Kuba) wurde teilweise dadurch gefördert, daß im Internet Gerüchte als Nachrichten verbreitet wurden. Letzteres mag im Gegensatz zu der streng durchstrukturierten und massiv institutionalisierten Welt der elektronischen und Printmedien als demokratisches Medium der Mitbestimmung erscheinen. Eine Begleiterscheinung der Vernetzung, die auch andernorts in der Geschäftswelt sichtbar wurde und traditionelle Unternehmensstrukturen zerstörte, macht sich nun auch in den Medienunternehmen bemerkbar; man bezeichnet es als Ausschaltung der Vermittlung. Jack Shafer erklärt dies folgendermaßen:

In der Welt des elektronischen Kommerz ist oft von einer »Ausschaltung der Vermittlung« die Rede – das Web verdrängt Mittelsmänner und Verteiler, da es die Hersteller unmittelbar mit den Konsumenten verbindet. Es wäre verfrüht, die Ausschaltung der Vermittlung im Nachrichtengeschäft zu verkünden, in dem Unabhängige bisweilen die Herausgeber, auf Verleumdungsklagen spezialisierte Anwälte und herkömmliche journalistische Regeln übergehen. Doch... jeder, der über einen Internetanschluß verfügt und etwas Originelles zu sagen hat, kann ein weltweites Publikum erreichen. Als die alten Medien spürten, wie diese Ausschaltung der Vermittlung immer weiter um sich griff, weiteten sie ihre Präsenz auf das Web aus... Schon jetzt sprechen Experten für elektronische Medien von einer »Wiedereinführung der Vermittlung«, in deren Rahmen ein neuer Schlag von Web-Mittelsmännern auf den Plan treten wird, um Ordnung in das durch die Ausschaltung der Vermittlung hervorgerufene Chaos zu bringen. Mit der Weiterentwicklung des Web werden Internetanschlüsse so allgegenwärtig wie Telephone werden. Jeder Zeitung wird die Möglichkeit offenstehen, Nachrichten so schnell zu veröffentlichen wie ein Fernsehsender. Und jeder Fernsehsender wird die Möglichkeit haben, zu einer Zeitung zu werden.[10]

Der Nachteil: Zur Zeit gibt es kaum professionelle Richtlinien für Journalismus oder Moral im Internet; das ist insofern nicht überraschend, als gerade das Amateurhafte dem Netz sein eigentümliches populistisches Gepräge verlieh. Doch die Kehrseite von Dilettantismus ist Unverantwortlichkeit. Wie schlechte Nachrichten gute verdrängen, so zwangen in der Lewinsky-Affäre vom Netz verbreitete Gerüchte die etablierten Medien, angeführt von den Kabelnachrichtensendern mit ihrer Gier nach den allerneuesten Nachrichten, ihrerseits mit unbestätigten Gerüchten in Druck und auf Sendung zu gehen, von denen viele innerhalb weniger Tage oder sogar Stunden widerrufen werden mußten.

Die intensive Überwachung von Persönlichkeiten des öffentlichen Lebens hat etwas Gemeines an sich, zumal Reichtum und Macht im privaten Bereich bei weitem nicht so gründlich durchleuchtet werden. Da in einer Demokratie Politiker den Wählern Rechenschaft schuldig sind, halten viele ihr Privatleben für Allgemeingut. Industriemagnaten sind, wenn überhaupt, nur ihren Anteilseignern Rechenschaft schuldig, und man gesteht ihnen einen größeren Freiraum für ein Verhalten im Privatleben zu, das, ginge es um Politiker, in den Medien zu großen Moralpredigten führte. In einer Zeit, in der Staaten angesichts des weltweit vordringenden privaten Sektors auf dem Rückzug sind, könnte man sagen, daß die Trivialisierung des öffentlichen Sektors auf Seifenopernniveau seinen Verfall zugunsten des privaten Sektors beschleunigt, ebenso wie Politik durch Märkte und Staaten durch Unternehmen verdrängt werden. In der Tat wird es immer schwieriger, die »reale« Welt der Politik von der »Traum-«Welt des Fernsehens zu unterscheiden, ein Prozeß, den Politiker, ängstlich darauf bedacht, sich in die vom Fernsehen inspirierte Traumlandschaft einzuklinken, noch beschleunigen. Acht Jahre verbrachte Ronald Reagan im Weißen Haus und spielte dort eine letzte Hollywood-Rolle, diesmal als Präsident der Vereinigten Staaten, und laut Meinungsumfragen machte er das gar nicht einmal so schlecht. Der ehemalige Vizepräsident Dan Quayle, der sich zum Hüter der Familie aufschwang, beschimpfte eine Figur aus einer Fernsehsitcom, Murphy Brown, weil er ein uneheliches Kind hatte (gerade so, als sei Murphy Brown ein Gegenspieler aus der Demokratischen Partei). Und um den Kreis zu schließen, wurde Dan Quayle in einer anschließenden Murphy-Brown-Show selber zu einer Figur. Und so werden Bill und Hillary, statt Präsident und First Lady zu sein, so etwas wie Gestalten in einer Seifenoper – und Monica, »die andere Frau«, winkt fröhlich von Beverly Hills, Postleitzahl 90210, herüber: zufällig der Titel einer Serie, in der bezaubernde junge Leute und fieberhafte Seitensprünge die Hauptrolle spielen. Die Lewinsky-Affaire trat nur ein paar Wochen, nachdem eine Hollywood-Komödie, *Wag The Dog,* in die Kinos gekommen war, ins Bewußtsein der Öffentlichkeit. In diesem Film retten ein parteiischer Berater und ein Filmproduzent einen in eine sexuelle Verfehlung im Weißen Haus verstrickten Präsidenten, indem sie sich einen Phantasiekrieg ausdenken und als Medienereignis inszenieren, um die Öffentlichkeit abzulenken – mit Erfolg. Präsident Clinton hielt sich anscheinend an das Skript, als er unverzüglich einen Konflikt mit jenem nützlichen Allzweck- und Allwetterfeind Amerikas, Saddam Hussein, eskalieren ließ. In Kürze kommt *Desert Storm, Fortsetzung* in die Kinos. Nachrichten werden als Unterhaltung verpackt, und Unterhaltungssendungen sind Nachrichten. Je weiter wir uns in den Zauberkreis dieser Wunschwelt begeben, desto weniger Sendezeit bleibt für langweilige Politstreber übrig, die über Armut, Gesundheitsfürsorge und Umweltschutz reden wollen. Als Clinton aus dem skandalumwitterten Weißen Haus floh und ins Landesinnere aufbrach, um gute wirtschaftliche Neuigkeiten zu verbreiten – sinkende Arbeitslosenzahlen, niedrige Inflationsrate und niedrige Zinsen –, kommentierte ein CNN-Nachrichtensprecher, es wäre interessant zu sehen, ob es dem Präsidenten gelänge, die Wähler »abzulenken«!

Unter der glänzenden Oberfläche populistischer Selbstbeweihräucherung schließt »demokratische« Gegenüberwachung ein Paradox in sich. Liberalismus legt den Schluß nahe, die Antwort auf zudringliche Überwachung sei die Verteidigung der *Privatsphäre,* die Errichtung legaler und moralischer Sperren, um den einzelnen vor einer Myriade neugieriger Augen zu schützen oder sie zumindest soweit wie möglich auf Abstand zu halten. Daher die Errichtung bürokratischer Hindernisse wie Kommissionen zum Schutz der Privatsphäre, Datenschutzbeauftragte und freiwillige Verhaltensregeln sowie gesetzliche Absicherungen, um Datenabgleich und Datenschürfen zu blockieren oder zumindest zu verlangsamen. Man erläßt Gesetze, die den Zugang zu Daten von Privatpersonen einschränken, normalerweise Hand in Hand mit Gesetzesvorschriften zur Informationsfreiheit. Und genau hierin liegt das Paradox: Schutz der Privatsphäre befindet sich in einem steten Spannungsverhältnis zur Informationsfreiheit. Tatsächlich mußten in der Praxis Leute, die sich Zugang zu Regierungsarchiven verschaffen wollten, feststellen, daß die unüberwindlichste Barriere der Schutz der Privatsphäre

sogenannter dritter Parteien ist. Die Tatsache, daß sowohl die Gesetze zum Schutz der Privatsphäre wie der Informationsfreiheit von
Gruppen durchgesetzt wurden, die die Überwachungsgewalt des
bürokratischen Staates einschränken wollten, entbehrt nicht der Ironie. Gegenaufklärung für demokratische Zwecke neigt ebenso zur
Mißachtung der Privatsphäre wie der Wächter Staat und die Unternehmen. Ob die Gegenüberwachung nun von Enthüllungsjourna-
listen, Akademikern, Bürgerrechtsgruppen oder sozialen Bewegungen ausgeht und was auch immer ihre politischen Folgen sind, sie
führt paradoxerweise immer dazu, den »Geist der Überwachung«
und die Akzeptanz in der Gesellschaft noch zu verstärken. Die
Privatsphäre schützen zu wollen erscheint dagegen oft automatisch
als reaktionär oder verdächtig: Sicher versuchen doch nur diejenigen, die etwas zu verbergen haben, sich vor den prüfenden Blicken
der Öffentlichkeit zu schützen? Dies ist natürlich genau das Argument, das die konservativen Befürworter von Überwachung ins Feld
führen.

Eine dezentralisierte, multidirektionale Überwachung eröffnet
unter Umständen mehr Möglichkeiten des Widerstands. Sie könnte auch dazu beitragen, die Legitimität großer Organisationen zu
untergraben, und eines der ersten, wenn auch gewiß nicht das letzte Opfer wäre der Staat. Eine andere Sache ist das Verschwimmen
der Trennlinie zwischen Wirklichkeit und Phantasie, zwischen
Nachrichten und Unterhaltung. Wenn alle und alles mit der Kamera
und auf Tonband aufgezeichnet werden, um die lüsterne Neugierde
aller zu befriedigen, wird schon die bloße Vorstellung, sein Leben
dem Dienst an der Allgemeinheit widmen zu wollen, nicht nur verdächtig, sondern nahezu unbegreiflich. J. Edgar Hoover ließ die
Hotelschlafzimmer, in denen Martin Luther King übernachtete,
verwanzen und ausspionieren und legte Dossiers über Kings Seitensprünge an, um dessen Kampagne für die Bürgerrechte zu diskre-
ditieren. Der Versuch schlug fehl. (Und Hoover wurde nach seinem
Tod selber Opfer von Voyeuren, die behaupteten, er sei homosexuell
und – wofür es kaum Beweise gab – im Privatleben Transvestit gewesen.) Sobald jedoch Überwachung in alle Richtungen geht und

nicht mehr das ureigenste Revier des FBI ist, wird Privatsphäre allmählich nur noch als Hindernis gegenüber dem Recht der Öffentlichkeit, Bescheid zu wissen, betrachtet. Es wäre töricht zu glauben, diese abstoßende Neugierde würde sich auf die Reichen und Berühmten beschränken. Andy Warhol sagte einmal, jeder würde irgendwann einmal für fünfzehn Minuten ein Medienstar – vielleicht sollte man das mittlerweile lieber auf fünfzehn Sekunden einschränken. Doch was passiert, wenn diese fünfzehn Minuten nicht Ruhm, sondern Schande bedeuten, fünfzehn Minuten, in denen man zum Beispiel vor den Zuschauern von *America's Most Censorious Home Videos* entblößt wird? Durchlässigkeit in beide Richtungen in der Stadt aus Glas mag im 18. Jahrhundert ein Traum Rousseaus gewesen sein, der sich naiverweise einbildete, die Reinheit seiner Seele, die für ihn selber so offenkundig war, sei allen anderen ebenso evident.[11] Dieser Traum könnte sich in einen Alptraum des 21. Jahrhunderts verkehren.

So schreibt der Kolumnist der *New York Times,* Russell Baker, nur halb im Scherz:

George Orwell, der in seinem Roman *1984* den Großen Bruder erschuf, stellte sich das stets wachsame Monster als politischen Tyrannen vor... Da er in einem Zeitalter der Tyrannen lebte, glaubte er, die Technologie des 20. Jahrhunderts könnte unangreifbare politische Diktatoren hervorbringen. Doch da irrrte er. Eben diese neue Technologie ließ die Tyrannei nach sowjetischem Vorbild veralten.

Dennoch, es gibt solche und solche Tyranneien. Eine Welt, in der man der Überwachung nicht entrinnt, kann nicht der Traum des Durchschnittsmenschen von einem demokratischen Paradies sein. Und Überwachung beschränkt sich nicht auf offiziell autorisierte Wichtigtuer wie das FBI, Kenneth Starr und Ihren Streifenpolizisten mit seiner Radarkanone. Ein Privatbürger mit seiner Videokamera photographierte, wie in Los Angeles Polizisten Rodney King zusammenschlugen. Heutzutage sind diese Kameras überall. Wenn Sie sich in der Nase bohren, könnte es passieren, daß Sie im *National Enquirer* auftauchen. Und wenn Sie hinterm Haus Ihrem aufsässigen Fünfjährigen den Hintern versohlen, könnten Sie wegen Kindsmißbrauchs im Gefängnis landen ...

Man sagt, Leute, die nichts zu verbergen hätten, fürchteten sich nicht vor dieser Technologie der Überwachung, die einem die Luft abschnürt. Doch wo sind sie, diese Leute, die nichts zu verbergen haben?[12]

Fürwahr, eine schwierige Frage. Und im Zeitalter einer dezentralisierten, multidirektionalen Überwachung erhebt sich eine andere schwierige Frage: Was passiert, wenn es keinen Ort mehr gibt, wo man sich verstecken könnte?

7 DER GROSSE BRUDER IM AUSSENDIENST – DAS GLOBALISIERTE PANOPTICON

Im Rahmen dieses Buches haben wir beschrieben, wie sich die neuen Informationstechnologien auf die Machtverteilung und -ausübung auswirkten. Dabei haben wir uns angesehen, wie sich die Vorstellungen von Panopticon und Überwachung als Mechanismen sozialer Kontrolle veränderten. Die vernetzte Gesellschaft wurde zum neuen Paradigma politischer, sozialer und wirtschaftlicher Organisation, und wir haben einige kulturelle Folgeerscheinungen dieses Wandels diskutiert. Im Mittelpunkt standen dabei die freiheitlichen Demokratien Nordamerikas und Westeuropas. Doch die neuen Informationstechnologien werden allmählich Allgemeingut, und die panoptischen Techniken, die der Westen erfunden und weiterentwickelt hat, breiten sich immer weiter aus. Die vernetzte Gesellschaft ist auf dem Weg, den ganzen Globus zu umspannen – ihre innere Dynamik zielt ja in der Tat auf eine Globalisierung. Welche Form wird Macht in dieser vernetzten Welt voraussichtlich annehmen?

VIRTUELLER FEUDALISMUS?

Abbe Mowshowitz prophezeite der vernetzten Gesellschaft eine mögliche Zukunft, die er als »virtuellen Feudalismus«[1] bezeichnet. Er setzt bei einer Analyse der technologischen Entwicklungen an, die zur »virtuellen Organisation« als effizienter neuer Organisationsform führten. Diese neue Revolution werde, so überlegt er weiter, von strukturellen Veränderungen begleitet, deren Tiefenwirkung und Ausmaß denen des Übergangs vom Feudalismus zum Kapitalismus vergleichbar seien; in traditionellen Autoritätsstrukturen, insbesondere in der Familie und im herkömmlichen Nationalstaat, werde dies bereits offenkundig. Dieser sehe entweder seinem »Niedergang« oder seinem »Ende« entgegen; falls der Nationalstaat nicht ganz verschwinde, so will er damit offenbar andeuten, werde er praktisch bedeutungslos werden.

Niedergang und Fall des Nationalstaates haben schon viele andere vorausgesagt. Mowshowitz' Zukunftsvision zeichnet sich durch seine beeindruckende Schilderung einer ironischen historischen »Wiederkehr« aus: Die »neue« nachnationalstaatliche Ära werde der vorkapitalistischen Welt des Feudalismus ziemlich ähnlich sein. Das feudale Herrschaftssystem wurde von einem um sich greifenden Markt ausgehöhlt und schließlich völlig zerstört; ebenso werden die wirtschaftlichen Möglichkeiten der flexiblen virtuellen Organisation in der neuen vernetzten Welt die Herrschaftsverhältnisse einer in Nationalstaaten organisierten Welt untergraben und schließlich zerstören. Mit dem Niedergang der staatlichen Ressourcen und damit der staatlichen Macht übernehmen allmählich privatwirtschaftliche Machtzentren auch die politische Macht. Wie im Feudalismus des Mittelalters werden grundlegende Regierungsfunktionen schließlich von privaten Gruppierungen ausgeübt. Damit ändert sich im Angebot öffentlicher Leistungen nicht bloß ein Name; vielmehr bringen diese Funktionsverschiebungen auch eine Verschiebung der Machtverhältnisse und der Legitimation mit sich. Private Gruppen üben Herrschaft im eigenen Namen und nicht im Namen eines Gesetzes aus, das ihre eigene Macht übersteigt. Das ist das Wesen des Feudalismus.[2]

Das Bild, das er von diesem neuen Feudalismus zeichnet, ist alles andere als erfreulich. Es schließt die weitreichende Verarmung von Millionen Menschen ein, die von den Segnungen der Informationswirtschaft ausgeschlossen bleiben und in vielen Fällen nicht einmal mehr für billige Handlangerdienste benötigt werden, mit denen sie ihren Lebensunterhalt verdienen könnten, während die ausgezehrten, mittellosen Staaten ihnen in zunehmendem Maße Sozialleistungen verweigern. Die groteske Ungleichheit in der Verteilung des Reichtums wird nicht einmal mehr durch eine moderate Umverteilung gemildert; die Logik der Gewinnmaximierung hat sich mit der politischen Macht verbunden und schließt jede makrosoziale Vernunft zugunsten der vorherrschenden mikroökonomischen Rationalität aus. Folglich werden wahrscheinlich auch Unruhen um sich greifen, die von privaten Streitkräften eingedämmt werden müssen.[3] Neben relativ sicheren Zentren wird es gesetzlose Bereiche geben – eine Geographie, wie sie im Kontrast zwischen den verödeten, trostlosen Innenstädten und den wohlhabenden Vorstädten mit ihren Zufahrtskontrollen im Amerika des ausgehenden Jahrhunderts vielleicht bereits vorgezeichnet ist. Zum allermindesten wird es wahrscheinlich zu einer ausgedehnten Phase der Aufstände und der Anarchie kommen, die dem finsteren Zeitalter entspricht, das dem Mittelalter voranging, in dem sich die feudalen Beziehungen stabilisierten und etablierten.

Mowshowitz verzichtet darauf, die ganze Logik seiner Feudalismusanalogie durchzubuchstabieren. Tatsächlich schreckt er vor einigen ihrer besonders düsteren Aspekte zurück. Doch die Feudalmetaphorik entwickelt eine Eigendynamik, die über ihren bewußt begrenzten Gebrauch als Erkenntnisinstrument hinausreicht. Wir im Westen erinnern uns an das Mittelalter als eine Zeit der Unterdrückung, des Obskurantismus und Aberglaubens, des Hexenwahns und der wilden Kriegsherren, der Inquisition und des Schwarzen Todes. Sich vorzustellen, das 21. Jahrhundert werde zu den Lebensbedingungen von vor tausend Jahren zurückkehren, bedeutet, sich ein Versinken in Wahnsinn und Verfall auszumalen. Dies läßt die finstere Vision eines »virtuellen Feudalismus« im 21. Jahrhundert, unabhängig von den Absichten Mowshowitz', ebenso unmittelbar bedrohlich wirken wie die düsteren Utopien des 20. Jahrhunderts in *1984* und *My*. Die vollständige Zentralisierung aller wirtschaftlichen und politischen Macht in diesem imaginierten totalitären Staat wird durch eine endgültige Dezentralisierung wirtschaftlicher und politischer Macht in einem virtuellen Feudalismus ersetzt; das eine ist so erschreckend wie das andere. Doch ist es deshalb realistischer? Schließlich und endlich existierten in unserem Jahrhundert tatsächlich totalitäre Staaten, die unfaßbare Gewalt und unermeßliches Leid über uns brachten, doch der totalitäre Traum erfüllte sich keineswegs, und am Ende konnten sie sich nicht halten. Wie wahrscheinlich ist es also, daß sich ein virtueller Feudalismus als weltumspannendes System, als globales Organisationsprinzip herausbildet?

Für Mowshowitz' Modell sprechen etliche Faktoren. Aus den allmählich erkennbaren Trends zu einer globalen Vernetzung lassen sich folgende herauskristallisieren: die Dezentralisierung von Macht und Herrschaft, die Ablösung der Hoheitsrechte vom Territorium, der Abbau vieler herkömmlicher Vorrechte des Nationalstaats sowie die Verwischung der Trennlinien zwischen öffentlichem und privatem Sektor, die Veränderung von Arbeit und die Entstehung einer Unterschicht aus anscheinend permanent Arbeitslosen und Nichtvermittelbaren, dazu ein wachsendes Mißverhältnis zwischen Reich und Arm nicht nur in globalem Maßstab, sondern auch in den sogenannten reichen Ländern, sowie die Ausdehnung privater Sicherheitsdienste und einer privatisierten Justiz. All diese und einige weitere Faktoren sprechen anscheinend für die Möglichkeit, daß sich ein neuer Feudalismus entwickelt. Es besteht immer die Gefahr, derzeitige Strömungen einfach linear fortzuschreiben und anzunehmen, die Zukunft werde wie die Gegenwart sein, nur ein wenig ausgeprägter. Doch Mowshowitz geht bei seinen Zukunftsentwürfen nicht allein von den gegenwärtigen Trends aus, sondern, und das ist weit aussagekräftiger, von den strukturellen Ausgangspunkten dieser Strömungen, insbesondere den neuen Organisationsformen, die durch die neuen Informationstechnologien ermöglicht und gefördert werden. Diese neuen Formen legen es nahe, zu dezentralisieren, aufzulösen und zu privatisieren. Dies könnte in die Richtung eines »Feudalismus« weisen, in dem die Zentren wirtschaftlicher und politischer Macht verstreut wären und dessen Hierarchie auf den unteren Stufen sehr steil verliefe, sich in den oberen Rängen jedoch in gewisser Weise abflachte, da wechselnde Gruppierungen mächtiger Barone (Unternehmen?) fortwährend die Autorität relativ schwacher Könige (Staaten?) in Frage stellten.

Dieses Bild der Zukunft mag auf den ersten Blick überzeugend erscheinen, doch es verliert an Schärfe, je länger und je genauer man es betrachtet. Der eigentliche Feudalismus gründete, wie Mowshowitz selber betont, auf immobilem Landbesitz; der virtuelle Feudalismus hingegen beruht auf einer Organisationsform, die durch die Umwandlung von Information in eine weltweit verfügbare Handelsware möglich wird:

> Der virtuelle Feudalismus hat mit dem klassischen Feudalismus die politischen Aspekte gemeinsam, doch seine wirtschaftliche Basis ist ein abstrakter Reichtum, und das auf ihn gegründete Gesellschaftssystem kann sehr fließend sein. Im Mittelpunkt des virtuellen Feudalismus wird eher ein »virtuelles Lehen« als das Landgut oder der Großgrundbesitz des europäischen Feudalismus stehen. Vermögenswerte werden weltweit als »virtuelle Ressourcen« verteilt sein, das heißt, die spezifische Form abstrakten Reichtums könnte sich je nach den finanziellen Bedürfnissen der jeweiligen Institution und den Markterfordernissen jeden Augenblick ändern.[4]

Diese Bewertung schränkt das Modell nachhaltiger ein, als er zugeben will. Gerade die Unbeweglichkeit des Landbesitzes als wirtschaftliche Grundlage ermöglichte ja die dezentralisierte Herrschaftsstruktur des Feudalismus und war im Verlauf der Jahrhunderte, in denen diese Organisationsform vorherrschte, die Voraussetzung für die relative Stabilität der sozialen Beziehungen. Wenn jedoch im Innersten der vorgestellten Organisationsform fließende Übergänge, Flexibilität und der globale Strom abstrakten Reichtums in Echtzeit herrschen, kann man sich nur sehr schwer auch nur die minimal erforderliche Stabilität vorstellen, die notwendig wäre, damit der virtuelle Feudalismus als eigenständiges System überdauern kann. »Feudalismus« als Metapher scheint ganz besonders ungeeignet zu sein, wenn man ein in Festigkeit, Tradition, Brauchtum und Sitte erstarrtes System mit einem anderen vergleichen will, für das, so die Annahme, fieberhafter Wechsel, ständige Auflösung und Neubildung sowie Bewegung fast um der Bewegung willen charakteristisch sind. Möglicherweise bestätigt Mowshowitz ungewollt Marshall McLuhans Aphorismus, der davor warnt, bei der Fahrt in die Zukunft mit Hilfe des Rückspiegels zu steuern.

DER STAAT KOMMT WIEDER INS SPIEL

Mowshowitz' Analyse des Übergangs zum virtuellen Feudalismus enthält noch mehr unmittelbar ins Auge fallende Probleme. Den von Ökonomen so genannten »externen« Faktoren schenkt er keinerlei Beachtung; insbesondere zieht er nicht in Betracht, wie sich eine, wie er meint, von privaten Gruppen ohne jegliche Regulierung »feudal« organisierte Produktion auf die Umwelt auswirkt. »Abstrakter« Reichtum ist schön und gut, doch selbst die vernetzte Informationsgesellschaft hat es mit einer Produktion zu tun, die nicht abstrakt, sondern sehr konkret ist: Sie bringt Produkte hervor, die Menschen ernähren, behausen, wärmen, ihnen Kühlung verschaffen, sie kleiden, befördern, unterhalten, verarzten und so weiter. Materielle Produktion und die Ausbeutung von Ressourcen wirken sich auf die Umwelt aus, wie die meisten von uns nur allzu gut wissen; oft addieren sich diese Folgen und sind dann in der Tat sehr, sehr kostspielig – möglicherweise sogar ruinös. Eine Welt, in der jegliche politische und regulierende Macht vollständig auf eine schwindende Vielfalt profitorientierter privater Gruppierungen mit kurzer organisatorischer Lebensdauer und begrenztem institutionellem Selbstverständnis verteilt ist, von denen jede einzelne die Mikro-Rationalität unmittelbaren wirtschaftlichen Eigeninteresses vertritt, schafft mit Sicherheit die Voraussetzungen für eine weltweite Umweltzerstörung in lebensbedrohlichem Ausmaß: Makro-Irrationalität in schwindelerregenden Größenordnungen.

Ich will damit nicht sagen, daß es nicht genau so kommen könnte. Doch da er in seinem Modell die Umweltaspekte nicht einmal erwähnt, macht Mowshowitz es in weiten Teilen unbrauchbar. Ich glaube sogar, daß die politische Ökonomie unserer Zeit mittlerweile genau diese Schwachstelle erkennt und die Staaten, die ansonsten auf dem Rückzug sind, dazu drängt, auf globaler Ebene ihre Autorität und Entscheidungskompetenz nachdrücklich geltend zu machen. In umfassenderem Sinne dient Umweltzerstörung niemandes Interessen, selbst wenn profitorientierte Aktivitäten, die zu Umweltzerstörung führen, im engen mikroökonomischen Sinn »vernünftig« sind. Solange die Regulierung selbstzerstörerischen Verhaltens universell ist, so daß keine Gruppe Wettbewerbsvorteile einbüßt, wenn sie im Verhältnis zu anderen Wettbewerbern Beschränkungen ihrer Tätigkeit hinnimmt, gibt es keine echten Verluste, nur eine allgemeine Verbesserung. Genau das bedeutet globale Regulierung.

Es gibt jedoch nur eine Instanz zur wirksamen Durchsetzung von Umweltregelungen: den Nationalstaat; weltweite Regelungen setzen verbindliche Abmachungen zwischen Regierungen voraus – Regierungen mit Durchsetzungsvermögen, das heißt, Einzelstaaten, die die Macht und den Willen haben, private Unternehmen, die ihrer Rechtsprechung unterstehen, zur Befolgung entsprechender Vorschriften zu zwingen. Daher die schrittweisen Versuche der neunziger Jahre, auf eine Zusammenarbeit der Staaten hinzuwirken, um die Zerstörung der Ozonschicht und die Treibhausgase in den Griff zu bekommen. Man kann darüber streiten, inwieweit diese speziellen Übereinkünfte in der Praxis funktionieren, doch die grundsätzliche Ankündigung (relativ starker) Staaten, bei der Durchsetzung weltweiter Umweltvorschriften zusammenzuarbeiten, ist wahrscheinlich der erste Schritt in Richtung auf weitere Abkommen in anderen Bereichen, in denen der Allgemeinheit Gefahren drohen und damit die Besorgnis wächst.

Eine erhebliche Schwäche des Modells des virtuellen Feudalismus besteht darin, daß es diese Dimension überhaupt nicht zur Kenntnis nimmt. Schließlich und endlich geriet der klassische Feudalismus im 14. Jahrhundert in eine entscheidende Krise, als eine jahrhundertelange Ausbeutung des Landes in einer großen Hungersnot kulminierte, der kurz darauf die Verwüstungen des Schwarzen Todes folgten. Feudale Institutionen konnten solche »Natur«-Katastrophen weder eindämmen noch in den Griff bekommen, und die folgende Epoche erbitterter Klassenkämpfe und Bauern- und

Handwerkeraufstände trug zum Niedergang und Fall der feudalen Produktionsform bei. Es braucht nicht eigens erwähnt zu werden, daß der Kapitalismus unserer Zeit die Fähigkeiten des Feudalismus, das weltweite ökologische Gleichgewicht und damit seine eigene Sicherheit zu bedrohen, bei weitem in den Schatten stellt.

Ein weiterer gravierender Mangel des Modells des virtuellen Feudalismus wie auch vieler anderer Extrapolationen einer global vernetzten Zukunft ist die passive Rolle, die den Verlierern der globalisierten Wirtschaft zugewiesen wird. In dieser Sicht stellen die Verarmten oder die Opfer höchstens ein kriminelles Problem oder einen Unruhefaktor dar, die man durch – weitgehend privatisierte – Sicherheitsdienste in den Griff bekommt. Allem Anschein nach hat der ungestüme Drang der Neoliberalen, die sozialen Unterstützungsprogramme zu kürzen oder ganz einzustellen, etwas Irrationales an sich. Wenn viele Angehörige der Arbeiterklasse (vor allem junge Männer) durch Langzeitarbeitslosigkeit aus der Disziplin des Arbeitsplatzes entlassen werden, stellen Wohlfahrtsmaßnahmen mit ihrer bürokratischen Kontrolle der Klienten eine Art sekundäres Überwachungssystem dar, um den einzelnen zu kontrollieren. Schneidet das auf die Vermeidung von Risiken bedachte Panopticon diese Unzuverlässigen außerdem noch von jeder Geldquelle ab, so lockern sich die Zugriffsmöglichkeiten auf die Außenseiter. Daher ist es nicht weiter überraschend, daß diese Menschen mit immer größerer Wahrscheinlichkeit in der zwanghaften – und sehr teuren – Disziplin des Gefängniswesens landen, das zu einem der größten Wachstumsbereiche der Vereinigten Staaten angeschwollen ist. Selbst wenn in den Vereinigten Staaten Gefängnisse rapide privatisiert werden, muß doch der Staat sie genehmigen und kontrollieren. Der private Sektor ist aber im allgemeinen eindeutig nicht dazu bereit oder darauf angelegt, über Einzelunternehmen die sozialen Kosten von Polizei, Justiz und Gefängnissen voll zu übernehmen.

Im Modell des virtuellen Feudalismus bleibt das Problem der Durchsetzung von Vorschriften ausgespart; auch daß Mowshowitz die Durchsetzung der Sicherheit (und damit der Souveränität) mit leichter Hand seinen privaten Gruppierungen überantwortet, hält einer näheren Überprüfung nicht stand. In Nordamerika, so viel ist richtig, verfügen die privaten Sicherheitsdienste bereits über mehr Mittel und Personal als die öffentlichen Sicherheitsorgane, und eine private Justiz privater Organisationen, die ohne formale gesetzliche Verfahren auskommt, tritt an die Stelle der Polizei und der Gerichte.[5] Doch diese Entwicklungen vollzogen sich innerhalb der Grenzen eines Landes, das heißt innerhalb eines vorhandenen Rahmens öffentlicher Sicherheit und öffentlicher Rechtsprechung, der den privaten Sicherheitsdiensten ein gewisses Maß an Selbständigkeit zugesteht, die in Wirklichkeit der Staat, innerhalb gewisser Grenzen, genehmigt und delegiert.

Doch das Problem der sozialen Kosten von Verbrechen und Unruhen unter den permanent Benachteiligten der Unterschicht ist nicht der einzige blinde Fleck auf dem neoliberalen Entwurf. Die Vorstellung, die ökonomische Globalisierung könnte sich bis zu ihrer logischen Vollendung weiterentwickeln, ohne weltweit auf den Widerstand jener zu treffen, die an den Rand gedrängt und von ihren Segnungen ausgeschlossen bleiben, ist reichlich absurd und schlägt der Geschichte ins Gesicht. Zudem gibt es keinen Grund dafür, sich wie die unverbindlichen Theoretiker unternehmerischer Hegemonie einzubilden, nur die kapitalistischen Unternehmen seien in der Lage, die neuen Organisationsformen aufzugreifen und erfolgreich auszubeuten, die durch die neuen Informationstechnologien entstehen und befördert werden.

»GROSSER BRUDER, WIR BEOBACHTEN DICH!«

Anfang 1998 wurde folgendes berichtet: »Anhänger der aufständischen *Zapatistas* haben sich im Zuge ihrer bislang am stärksten vernetzten Aktion in eine Website der mexikanischen Regierung eingeklinkt und sie mit Bildern des revolutionären Namensgebers der Rebellen, Emiliano Zapata, vollgepflastert. Ein Ausschnitt der Botschaft der Aufständischen fand sich auf der Homepage des Finanzministeriums und lautete: »Großer Bruder, wir beobachten dich!«[6] Die Zapatistas wurden als »erste informationelle Guerillabewegung« bezeichnet.[7] Diese Aktion hatte wohl allenfalls symbolischen Gehalt; was die Bewegung jedoch tatsächlich auszeichnet, ist ihre bemerkenswerte Fähigkeit, im Rahmen eines Bauernaufstands gegen die mexikanische Regierung und deren neoliberale Globalisierungspolitik in globalem Maßstab vernetzt zu handeln (mittels Internet, Fernsehen und so weiter). Vermutlich hinderten einzig diese weltweiten Verbindungen der Zapatistas die mexikanische Regierung daran, der Rebellion mit der bewährten Strategie massiver Unterdrückung zu begegnen und statt dessen die ungewöhnliche Alternative von Verhandlungen voranzutreiben. Wie Castells erklärt, »verfolgten sie nicht die Strategie, tatsächlich Krieg zu führen. Die Zapatistas setzten Waffen ein, um auf sich aufmerksam zu machen, dann spielten sie mit der Möglichkeit, sich vor den Augen der Weltöffentlichkeit zu opfern, um so Verhandlungen zu erzwingen und eine Reihe vernünftiger Forderungen vorzubringen. Diese stießen, wie Umfragen belegen, offenbar in weiten Teilen der mexikanischen Gesellschaft auf Zustimmung … Die Fähigkeit der Zapatistas, mit der Welt und mit der mexikanischen Gesellschaft zu kommunizieren, die Phantasie der Leute und der Intellektuellen gefangenzunehmen, katapultierte eine lokale, schwache Gruppe von Aufständischen an die vorderste Front der Weltpolitik.«[8] Wichtig waren auch die Netzwerke von Anhängern, die außerhalb Mexikos aufgebaut wurden. Die Chase Manhattan Bank meldete Anlegern, die mexikanische Regierung müsse die Rebellenbewegung vernichten, um das Vertrauen der Investoren wiederherzustellen. Umgehend wurde der Text von einem amerikanischen Unterstützernetz im Internet verbreitet; dies führte zu massiven Vorwürfen gegen die Bank aus Kreisen »ethisch orientierter« Investoren, die sich um die Demokratie ebensosehr sorgten wie um ihre Gewinnspanne.[9]

Ein weiteres, weniger bekanntes Beispiel für Widerstand im Internet lieferten die Cree-Indianern in der James Bay im Norden Québecs. Sie veranstalteten eine erfolgreiche Kampagne gegen das gigantische Wasserkraftprojekt »James Bay II« oder »Great Whale«,

Großer Wal, das die Provinzregierung von Québec und ihr Wasserkraftunternehmen über Jahre hinweg nachdrücklich gefördert hatten. Die Versorgungsbetriebe Hydro-Québec sind ein Kernstück des neuen Nationalismus der Provinz Québec. Die vorangegangene Entwicklung von James Bay I war Wasser auf die Mühlen der Verfechter der Unabhängigkeit Québecs gewesen: Das technisch anspruchsvolle Megaprojekt, das Québec mit den weltweiten Exportmärkten für Strom aus Wasserkraftwerken verband, war zugleich ein Symbol für die Fähigkeit des Landes, einen modernen Staat und eine moderne Wirtschaft aufbauen zu können, die allein von den *Québecois* organisiert und verwaltet wurden. James Bay II sollte diese Entwicklung weitertreiben; nach der Machtübernahme durch eine separatistische Partei im Jahre 1994 wäre es zudem ein Symbol für Québecs Entschlossenheit und Fähigkeit geworden, sich aus den Zwängen des kanadischen Föderalismus zu lösen und seinen eigenen Platz in der Weltwirtschaft zu behaupten.

Aus der Sicht der Ureinwohner im Norden Québecs stellt sich die Entwicklung der James Bay ganz anders dar. Für sie ist sie ein aggressiver, imperialistischer Vorstoß der europäisch-kapitalistischen »Zivilisation« mitten ins Herz des Landes und der Wirtschaft der Eingeborenen. Die Staudämme der Kraftwerke verändern die Landschaft radikal; alte Ländereien werden überflutet, Flüsse und Ströme umgeleitet, die Wanderwege des Wilds zerschnitten und unterbrochen, die Reviere für Jagd und Fallenstellerei auseinandergerissen. Ganze Gemeinden werden entwurzelt und »umgesiedelt«. Auf den ersten Blick erscheint dieser Vorgang geradezu paradigmatisch dafür, wie die Moderne sich auf traditionelle Lebensweisen auswirkt. Das Leitungsnetz der Wasserkraft breitet sich unaufhaltsam über ursprüngliche Landschaften aus und unterwirft Mensch und Tier, Baum und Fluß, alles, was in seinen beherrschenden Bann gerät. Die Natur wird durch die technologische Alchemie in eine Kraft verwandelt, die die Maschinen der kapitalistischen Industrie antreibt. Besonderheiten, Traditionen und Abweichungen werden in die ordentlichen und starren Leitungen des Imperiums gezwungen, die diese Kraft zu den Märkten im Ausland transportieren und damit die alten Ländereien mit dem Netzwerk der globalen Wirtschaft verbinden und sie ihm unterwerfen.

Gegen die Pläne für die zweite Stufe mobilisierten die Crees in der James Bay breiten Widerstand. Dies war nicht bloß ein weiteres verzweifeltes Rückzugsgefecht eines bedrohten Volkes. Sie inszenierten eine raffinierte internationale Werbekampagne, um die Weltöffentlichkeit auf ihre Seite zu ziehen. Sie sicherten sich die Unterstützung einer Persönlichkeit der amerikanischen Politik, Robert Kennedys jr., sowie eines führenden amerikanischen Werbeunternehmens. Die Crees *vernetzten* sich und bauten auf internationale Umweltgruppen, die über die entsprechende Erfahrung und das Fachwissen verfügten, um sich Zugang zu den globalen Kommunikationssystemen zu verschaffen. In den Medien Amerikas und Westeuropas erzeugten sie eine für die Regierung von Québec äußerst ungünstige Stimmung. Die Legislative des Staates New York (des wichtigsten Exportmarkts für Wasserkraft aus Québec) brachten sie dazu, keine vom »Großen Wal« erzeugte Elektrizität zu kaufen. Als in Washington Anhörungen stattfanden, bei denen in einer allgemein Québec-feindlichen Atmosphäre die Crees Sprechern Québecs gegenüberstanden, gab die Provinzregierung von Québec schließlich nach und stellte das Great-Whale-Projekt ein.

Die Eingeborenen im Norden Québecs schlugen zurück, als sie durch die einschnürenden Netze (das Stromleitungsnetz) des globalen Kapitalismus bedroht wurden, indem sie sich mit internationalen Umweltgruppen vernetzten. Selbstverständlich ist die Schlacht für die Rechte der Ureinwohner mit diesem einen erfolgreichen Scharmützel allein nicht gewonnen, doch die Strategie des Widerstands ist interessant und liefert ein Vorbild für das Informationszeitalter.

Der erfolgreiche Feldzug gegen das Multilaterale Investitionsabkommmen (MIA) stellt ein weiteres Beispiel für vernetzten Widerstand in jüngster Zeit dar. Das geplante Abkommen war in aller Stille von Regierungen unter der Ägide der Organisation für wirtschaftliche Zusammenarbeit und Entwicklung (OECD) ausgehandelt worden und hätte verbindliche Regeln für die Behandlung ausländischer Investoren eingeführt.[10] Hinter verschlossenen Türen lief alles glatt, bis einer kanadischen Bürgerrechtsgggruppe ein Entwurf des Abkommens in die Hände gespielt wurde. Ein Reporter beschreibt die anschließenden Ereignisse folgendermaßen:

> Spitzenpolitiker führten Bände von Statistiken und Analysen ins Feld, um zu belegen, weshalb eine Reihe von Investitionsvorschriften die Welt verbessern würde. Einer globalen Vereinigung von Basisgruppen waren sie jedoch nicht gewachsen. Mit wenig mehr als ihren Computern und ihrem Zugang zum Internet trugen sie dazu bei, ein Abkommen scheitern zu lassen. Die internationalen Verhandlungen nahmen in der Tat einen anderen Verlauf, nachdem oppositionelle Gruppen dem Multilateralen Investitionsabkommen (MIA) eine Schlappe beigebracht hatten. Aufgeschreckt vom Trend zur Globalisierung der Wirtschaft, hatten sich diese ihrerseits der Globalisierung bedient, um zurückzuschlagen.[11]

Die Kanadier, von denen sich viele schon früher in erfolglosen Kampagnen gegen die Durchführung des kanadisch-amerikanischen Freihandelsabkommens von 1989 und dann des Nordamerikanischen Freihandelsabkommens (NAFTA) engagierten, hatten aus den Fehlern ihrer früheren Kampagnen in der Zeit vor dem Cyberspace gelernt. Diesmal verbündeten sie sich mit Online-Gruppen in anderen Ländern wie dem Third World Network in Malaysia. Jede noch so winzige Information über den geheimen Entwurf des Abkommens wurde sofort allen zur Verfügung gestellt, und kritische Analysen der Folgen, die das MIA für nationale Regierungen hätte, wurden rasch über den ganzen Erdball verbreitet.

Informationen aus einem Land, die sich für die Regierung eines anderen Landes als nachteilig erweisen konnten, wurden umgehend veröffentlicht. Die nationalstaatlichen Regierungen waren so in ihre Heimlichtuerei verstrickt, daß sie nur unzureichend darauf reagieren konnten. Letztlich waren unabhängige Gruppen sogar besser über die Einzelheiten und Implikationen des MIA informiert als die

Minister der Regierungen, denen sie gegenüberstanden. Eine weltweite Protestwelle überschwemmte die Verhandlungsführer der OECD; Anfang 1998 gestanden sie ihre Niederlage ein. »Dies war die erste erfolgreiche Internetkampagne unabhängiger Organisationen«, erklärte ein an den Verhandlungen beteiligter Diplomat. »Und sie war äußerst wirkungsvoll.« Nachdem sie den Abkommensentwurf verhindert haben, bemühen dieselben Gruppen sich jetzt, in Zukunft eine positivere Rolle zu spielen. Statt sich lediglich den Vorschlägen der Verhandlungsführer der Regierungen zu widersetzen, wollen sie konstruktive Vorschläge machen, beispielsweise welche Bestimmungen Handelsabkommen enthalten sollten. Einer der kanadischen Aktivisten drückte dies so aus: »Wir sind gegen das Modell der wirtschaftlichen Globalisierung. Doch die Idee vom globalen Dorf, die Vorstellung, sich zu treffen und gemeinsam zu arbeiten, ist ein wunderbarer Traum.«[12]

DER BISCHOF VON NIRGENDWO UND ÜBERALL

Als weiteres Beispiel dafür, wie die neuen Informationstechnologien auch neue Formen des Widerstands hervorbringen, könnten wir die weltweit älteste kontinuierliche Autoritätsstruktur betrachten, die Hierarchie der römisch-katholischen Kirche. Keine andere Organisation reicht auch nur annähernd an die Langlebigkeit der katholischen Kirche heran; diese Kirche, deren Ursprünge in die Zeit des Römischen Reiches fielen, wuchs und gedieh während der gesamten Epoche des Feudalismus und wirkt auch gegen Ende des zweiten Jahrtausends unvermindert fort; sie hat sich sogar weiter ausgebreitet denn je. In zweitausend Jahren lernte die Hierarchie das eine oder andere darüber, wie sie ihre Herrschaft aufrechterhalten kann. Angesichts aufmüpfiger Priester begriff der Vatikan schon vor langer Zeit, daß es wirksamere Methoden als unverhohlene Unterdrückung gab. Eine war die Versetzung in die nicht existente Diözese von »Partenia«, die sich an einem fiktiven Ort im Atlasgebirge inmitten der Sahara in Nordafrika befand. Partenia war buchstäblich nirgendwo, eine Diözese ohne Kirche und ohne einen Gläubigen, kurz, ein nützliches Hirngespinst der Herrschenden, in das lästige Geistliche abgeschoben werden konnten. Sie verschwanden spurlos, aber ohne mühsame Inquisitionsverfahren und harte Strafen. In diesem Sinn bediente man sich ihrer jahrhundertelang, bis hin zu Bischof Gaillot im Jahre 1995.

Gaillot ist der ehemalige Bischof von Evreux in Frankreich und ein Kleriker mit ausgesprochen linken Ansichten, die in vielen Punkten von der päpstlichen Doktrin abweichen. Statt seine Meinung für sich zu behalten, erklärte sich Gaillot öffentlich solidarisch mit Gruppen und Anliegen, zu denen die Kirche offiziell auf Distanz gegangen war. Der Papst ernannte Gaillot zum Bischof von Partenia und erwartete zweifellos, nie wieder etwas von ihm zu hören. Das hatte jahrhundertelang funktioniert, doch im Zeitalter des Cyberspace war es damit offensichtlich vorbei. Jacques Gaillot richtete einfach ein Partenia als Website im Internet ein. Die Diözese von Nirgendwo fand nun eine Heimat in dem Medium, das nirgendwo ist – und überall. In der Vergangenheit war eine Diözese in den öden Gebirgen der Sahara so still wie der Wüstensand gewesen, doch eine virtuelle Diözese im Cyberspace verleiht dem Bischof eine Stimme, die überall zu hören ist, und eine Gemeinde, die aus allen Ecken der Welt zusammengerufen werden kann. Anfang 1998 war es somit jedem Besucher Partenias möglich, die Gedanken nachzulesen, die sich der Bischof gemacht hatte, während er an einer Demonstration von Arbeitslosen gegen die französische Regierung teilnahm – und dem Bischof seine eigenen Ansichten per E-Mail zu übermitteln. Ein französischer Autor schrieb dem Cyberspace religiöse Ableger zu: »Die virtuelle Struktur des Internet ahmt Gottes Geist nach; hier wurde die Kluft zwischen physischem Vorhandensein und wirklicher Existenz endlich überbrückt.«[13] Kein Grund abzuheben: Dieser eine Online-Dissident wird die katholische Kirche kaum in ihren Grundfesten erschüttern. Doch die Anwendung der neuen Technologie bedeutet eine Herausforderung für hierarchische Autorität, die dem einen oder anderen Mitglied dieser Hierarchie einen kleinen Schauer über den Rücken gejagt haben dürfte.

Es gibt eine ganze Reihe weiterer Beispiele für politischen Widerstand, den die neuen Informationstechnologien ermöglichten. Der populäre Kampf gegen das Regime von Slobodan Milosevic in Serbien gewann durch Verbindungen im Internet an Schubkraft. Nicht nur verfügten jetzt immer mehr Dissidenten über ein breites Unterstützungsnetz, die Bewegung konnte auch dann über das Internet weiterhin mit der Öffentlichkeit kommunizieren, als das Regime eine Zensur über die heimischen Medien verhängte. Zum Kampf entschlossene Gewerkschaften in Südkorea und die Studentenbewegung in China, die Anlaß zu dem Massaker auf dem Tienanmen-Platz gab (und zu dieser Zeit hauptsächlich über Fax kommunizierte), sind weitere Beispiele. Weniger dramatisch, möglicherweise aber auf lange Sicht wichtiger sind die Basisbewegungen in vielen Ländern der dritten Welt, die das Netz als Werkzeug für den Aufbau ihrer Organisation nutzten. Sie stellten fest, daß ihnen die globale Vernetzung neue Energie verleiht und Möglichkeiten eröffnet, da sie ihre Isolation aufhebt und sie befähigt, in Echtzeit nützliche Verbindungen zu einer Vielzahl unabhängiger Organisationen herzustellen, sowohl zu Entwicklungshelfern wie zu Gruppen von Arbeitern, Bauern oder organisierten Ureinwohnern in anderen Ländern.

Selbst in Ländern, in denen es nur sehr wenige Computer und nicht einmal besonders viele Telephonverbindungen gibt, kann eine kleine Gruppe von Aktivisten, die Zugang zu dieser Technik hat, als Kommunikationskanal für die ganze Bewegung dienen – ein Kanal, der in beiden Richtungen funktioniert, indem er Nachrichten aus der ganzen Welt in den örtlichen Bereich übermittelt, aber auch lokale Nachrichten nach draußen weiterleitet.

Eine Aufzählung der politischen Implikationen des Internet wäre unvollständig, zöge sie die Rolle nicht in Betracht, die es bei der Verbreitung rechtsextremer Propaganda von Neonazis und Rassisten in Europa und Nordamerika spielt. Einige spezialisieren sich auf die Leugnung des Holocaust, andere geben praktische Anleitungen weiter, wie man tödliche Bomben oder andere terroristische Geräte bastelt. Vereinigungen wie die amerikanischen Milizen und auch die Neofaschisten in verschiedenen europäischen Ländern stehen über das Netz miteinander in Verbindung. Auf einer Ende 1997 von den UN gesponserten Konferenz in Genf berichtete ein Beobachter: »Die Zahl der Hetzseiten hat sich im letzten Jahr auf annähernd 600 verdoppelt... Es gibt mindestens 94 Websites, die sich für eine Hierarchie der Rassen einsetzen, in der Europäer nach Hautfarbe, Religion, ethnischer Zugehörigkeit und sogar nach ihrer bevorzugten Sprache eingestuft werden. Es gibt 87 Websites von Neonazis, 35 Sites, die eine Überlegenheit der weißen Rasse behaupten, sowie 51 Sites, die sich für den Terrorismus stark machen.«[14] Diese Art Haßpropaganda ließ, kaum überraschend, Forderungen nach einer Zensur des Internet laut werden – und rief die übliche Ratlosigkeit hervor, wie man das bewerkstelligen könnte, ohne die Freiheit des Wortes zu untergraben und die Spontaneität zu beeinträchtigen, die für die Entwicklung des Internet so bezeichnend war. Bereits existierende Gesetze zur Kontrolle der Haßpropaganda gegen bestimmte Gruppen könnten gegen Autoren von Websites ebenso angewandt werden wie gegen Herausgeber von Druckerzeugnissen – in der Theorie. In der Praxis bleibt es schwierig, die Urheber und deren Aufenthaltsort im globalen Netz festzunageln, solange die Rechtsprechung bestimmten Einschränkungen unterliegt. Für diejenigen, die die neuen Technologien vor allem als Möglichkeit schätzen, fortschrittliche politische Programme zu verbreiten, dürfte das Vorherrschen faschistischer und rassistischer Propaganda eine ernüchternde Lektion sein: Das Netz an sich hat keine politische Färbung. Es zeigt jedoch ironischerweise das *subversive* Potential dieser Technologien auf. Faschismus und Rassismus stehen heute als ideologische Ausdrucksformen außerhalb der legitimen Hauptströmung im politischen Diskurs des Westens. Das Geschick, mit dem diese Bewegungen die neuen Technologien zu ihrem Vorteil zu nutzen wußten, ist nur ein Beweis für die Möglichkeiten, die das dezentralisierte Panopticon vernetzten subversiven Aktivitäten jedweder politischen Richtung eröffnet.

WIRD DAS SCHEUNENTOR GESCHLOSSEN?

Die potentiell subversiven Möglichkeiten des Cyberspace sind abgeschotteten autoritären Regimes nicht verborgen geblieben. Singapur liefert ein besonders faszinierendes Beispiel für eine kapitalistische Gesellschaft mit globalem Ehrgeiz, die High-Tech-Innovationen gegenüber sehr aufgeschlossen ist, aber im Hinblick auf politische Meinungsfreiheit ausgeprägt autoritäre Tendenzen an den Tag legt. In Singapur ist die hochtechnisierte Überwachung der Bürgerschaft wahrscheinlich offenkundiger als sonst irgendwo auf der Welt. Beispielsweise wird der Verkehr flächendeckend kontrolliert und über Computer gesteuert; selbst der Fußgängerverkehr wird elektronisch überwacht, und auch kleinste Verstöße wie das Wegwerfen von Abfällen werden umgehend bestraft. Singapur wünscht und benötigt vollen Zugang zum Internet, um die weltweiten Geschäftschancen zu maximieren, die eine Vernetzung in Echtzeit bietet. Gleichzeitig versuchte Singapur jedoch, das für lokale Nutzer zugängliche Material zu kontrollieren und zu zensieren, um das Regime vor unerwünschten und möglicherweise störenden fremden Ideen zu schützen. Der Stadtstaat wollte in der Tat ein lokales Panopticon errichten, das die Chancen eines weltweiten Kapitalismus nutzt, politische Äußerungen jedoch unterdrückt. Allerdings bleibt die sehr konkrete Frage offen, ob Singapur auf lange Sicht tatsächlich selektive Kontrollen über den Cyberspace durchsetzen kann: Ist ein relativ kleiner Staat in der Lage, sich der Welt auf einem Gebiet zu öffnen, während er auf einem anderen Hindernisse errichtet? Der Cyberspace als Medium ist möglicherweise zu wandlungsfähig und zu formbar, um sich auf derart selektive Weise zähmen zu lassen. Wie die alten Seehäfen der Vergangenheit ist der Cyberspace ein Fenster zur Welt. Mit Exportgütern beladene Schiffe stachen in See und kehrten mit wertvollen Gütern zurück. Doch immer brachten sie auch das Fremde und Exotische mit, den Reiz des Unbekannten ebenso wie den Keim einer Unterwanderung des Bekannten. Und natürlich waren die Ozeane groß und die fremden Häfen weit entfernt, während die Dinge im Cyberspace in Echtzeit hierhin und dorthin fließen.

China ist ein weiterer Staat, der zur Reise durch das Netz aufgebrochen ist und dessen Potential nutzt, gleichzeitig aber versucht, seine Energien zu beschneiden. Hierzu ein Bericht der *Financial Times:*

> Gestern kündigte China eine Reihe von Maßnahmen an, um die Nutzung des Internet zu kontrollieren – ein Versuch, bei Internetnutzern hart durchzugreifen, von denen die Führung in Peking behauptet, sie würden Staatsgeheimnisse weitergeben und »schädliche Informationen« ausstreuen. In der Vergangenheit nahm die chinesische Führung dem Internet gegenüber eine zwiespältige Haltung ein; sie empfand instinktiv Mißtrauen gegenüber seinen Möglichkeiten, subversive Informationen zu verbreiten, fühlte sich aber andererseits von seiner Kapazität angezogen, technologische Innovationen zu befördern.[15]

Bislang verfügt das größte Land der Welt noch nicht über sehr viele Internetanschlüsse. Als die neuen Regulierungen eingeführt wurden, gab es erst 620 000 Internetabonnements; viele werden von zehn oder zwanzig Leuten gemeinsam genutzt, so daß man auf diese Weise etwa ein Prozent der Bevölkerung erreichen konnte. Dennoch begannen Dissidenten innerhalb und außerhalb Chinas, die Möglichkeiten des neuen Mediums zu nutzen und politische Unzufriedenheit zu verbreiten.

Chinas Anstrengungen, die sich windende Krake Internet zu bändigen, sind ein Spiegelbild dessen, was Fachleute als die zentrale Denksportaufgabe der Regierung betrachten: Wie lassen sich Wachstum und Freiheit der Wirtschaft fördern, während man gleichzeitig die politischen Daumenschrauben fest angezogen läßt? Der Sicherheitsbeamte, der die neuen Regelungen bekanntgab, erwähnte mögliche Kompromisse mit keiner Silbe. »Der sichere und effiziente Umgang mit Computerinformationsnetzen«, erklärte er, »ist eine Vorbedingung, um die Modernisierung des Landes reibungslos zu gestalten.«[16]

Möglicherweise ist das für seine repressive Haltung berüchtigte Regime Chinas in der Lage, etwas durchzusetzen, was andere nicht geschafft haben. Dennoch ist der immanente Widerspruch zwischen Vereinnahmung und Vorbehalten gegenüber der neuen Technik auffällig.

In ähnlicher Weise wirkte sich eine ältere Technik, nämlich das Fernsehen, auf einen anderen kommunistischen Polizeistaat aus, die ehemalige Deutsche Demokratische Republik. Die Ostdeutschen konnten ohne weiteres die Fernsehsignale aus Westdeutschland empfangen. Für den fragilen Legitimitätsanspruch eines künstlichen und unbeliebten Staates stellte dies ein gewichtiges Problem dar. Das westdeutsche Fernsehen brachte die kapitalistischen Werte, ohne sprachliche oder kulturelle Hindernisse überwinden zu müssen, direkt in die ostdeutschen Wohnzimmer. Natürlich hätte das Regime den Verkauf von Fernsehgeräten überhaupt verhindern können, doch dazu war es nicht bereit, zum einen, weil die Verbreitung des Fernsehens ein Symbol des wirtschaftlichen »Erfolges« der DDR waren, und zum anderen, weil das Regime das mächtige Medium als Propagandainstrument nutzen wollte. Letzteres war nicht sehr erfolgreich. (Ein alter Ossi-Witz lautete: »Was ist ein ›Ulb‹? Die Einheit für die Energie, die man spart, wenn man den Fernseher während einer Rede von Ulbricht abdreht.«) Es war völlig nutzlos, Stasiakten über diejenigen anlegen zu lassen, die die verbotenen Sender sahen: Alle taten es, und alle wußten, daß alle es taten. Willkürlich herausgegriffene Übeltäter zu bestrafen wäre ebenso nutzlos gewesen. So waren in den Wohnzimmern der DDR allabendlich Bilder des Lebens im Westen präsent und durchlöcherten die Isolation, die das kommunistische System schützen sollte. Sie verlockten eine ständig wachsende Zahl von Menschen, in den Westen zu fliehen – bis das Regime schließlich zusammenbrach und die beiden Teile Deutschlands wiedervereinigt wurden. Für die Schwäche und den Zusammenbruch der DDR und ihres Systems gab es mannigfache Gründe; das Westfernsehen dürfte dabei kaum eine herausragende Rolle gespielt haben. Doch es wirkte wie eine endlose Folge von Wassertropfen, die einen harten Stein langsam, aber sicher aushöhlen.

DER INSPIZIERTE INSPEKTOR:
DAS KYBERNETISCHE PANOPTICON

Welche politischen Implikationen die neuen Technologien haben werden, bleibt also äußerst ungewiß. Optimisten verweisen darauf, daß der Cyberspace neue Möglichkeiten eröffnet und die fortschreitende Vernetzung die Grenzen durchlässiger macht. Autoritäre Regimes würden in Frage gestellt, möglicherweise sogar ernstlich erschüttert. Pessimisten tendieren eher zu der Meinung, Reichtum und Macht würden den Cyberspace bald ebenso beherrschen, wie sie über Land und Güter den konkreten Raum dominieren. Eine weitere Gefahr sehen sie in der Eigentumsstruktur der neuen Medien und der Machtkonzentration, die sich aus dem Zusammenwachsen der verschiedenen Unternehmensarten – Softwarefirmen, Computerhersteller, Telephon- und Kabelgesellschaften, Unterhaltungsproduzenten etc. – durch Fusionen, Partnerschaften, strategische Allianzen und ähnliches ergibt. Wie, so fragen sie, können wir es mit diesem Aufgebot an Macht und Einfluß aufnehmen? Wenn die Regierung der USA darauf besteht, ihre Abhörprivilegien auf den Cyberspace auszudehnen, kommt auch Orwell wieder ins Spiel.

An dieser Stelle ist vielleicht ein alter Scherz angebracht: Der Optimist verkündet glücklich: »Wir leben in der besten aller möglichen Welten«; der Pessimist fügt traurig hinzu, leider könne der Optimist damit recht behalten. Eines ist allerdings klar: Durch die neuen Informationstechnologien hat sich die Ausübung panoptischer Macht von Grund auf gewandelt. Ein dezentralisiertes Panopticon geht weit über sein ursprüngliches Modell hinaus, bei dem die Macht an der Spitze konzentriert ist und die Untertanen an ihrer eigenen Überwachung teilnehmen. Die neue Version macht die unmittelbare horizontale Kommunikation zwischen den Untertanen des Panopticons möglich und stärkt deren Fähigkeit, die »Überwacher zu überwachen« und damit potentiell eine demokratische Kontrolle von unten auszuüben. Die erzwungene Isolation und Trennung der Gefangenen in Benthams Panopticon ist zerschlagen worden, die Wände der Zellen sind eingestürzt. Doch damit nicht genug, nun kann auch der Inspektor selbst inspiziert werden. Darin liegt eine ungeheure Ironie. Bentham stellte sich einen architektonischen Trick vor, um die Illusion einer allwissenden, aber undurchschaubaren, gottähnlichen Figur im Mittelpunkt zu erzeugen. Heute bieten die neuen Techniken sowohl die reale Basis wie auch die Illusion von Allwissenheit, doch dieselben Techniken schieben auch unablässig die Schleier beiseite, die einst das Gesicht der Macht mit voller Absicht verdunkelten. Der Einwegspiegel der gläsernen Stadt ist nun in beide Richtungen durchlässig. Das kybernetische Modell basiert auf Rückkopplung, die zu ständigen Anpassungen und Neuanpassungen führt. Das kybernetische Panopticon wirkt auf sich selbst zurück.

In dem Roman *1984* war es die Aufgabe von Winston Smith im Wahrheitsministerium, die Geschichte ständig umzuschreiben und alte, politisch nicht mehr korrekte Texte im Erinnerungsschacht zu versenken. In der ehemaligen Sowjetunion gab es eine Zeit, in der die große Sowjetenzyklopädie nach Orwellschem Vorbild ständig umgeschrieben wurde. Ein berühmtes Beispiel ist der Artikel, in dem Lawrentij Berija, der schändliche Chef der Geheimpolizei, gepriesen wurde; nach seiner Hinrichtung wurde angeordnet, den Artikel zu entfernen und durch einen Text über die Bering-See zu ersetzen. Außerdem gibt es berüchtigte Beispiele von Photographien, die man bearbeitete, um Unpersonen zu entfernen – wie das Bild von Lenin und Trotzkij, das auf magische Weise retuschiert wurde, um Trotzkij völlig verschwinden zu lassen. Doch der reale totalitäre Staat war nicht so effizient wie das von Orwell erfundene Gebilde. Kopien der Originalaufnahmen blieben erhalten, die Kritiker mit den retuschierten Photos vergleichen konnten. Einige Besitzer der Enzyklopädie hatten möglicherweise die Anweisung nicht befolgt, Berija auszuschneiden und die Bering-See einzukleben. In *1984* wurden jegliche Kommunikation und jedes Medium so streng von oben kontrolliert, daß alle Aufzeichnungen von Informationen, die erst einmal in den Erinnerungsschacht geworfen worden waren, für immer verschwanden. Nie verfügte eine reale Diktatur über ein solches Maß an Kontrolle. Doch das Ausmaß der in der

Vergangenheit tatsächlich ausgeübten Kontrolle ist nichts im Vergleich zu den neuen Informationstechnologien.

Man braucht sich nur vor Augen zu führen, mit welcher Leichtigkeit Informationen von überall her aufgegriffen, in persönliche Computerdateien heruntergeladen und gleichzeitig an eine beliebige Anzahl anderer Adressaten auf der ganzen Welt weitergeleitet werden können. Man stelle sich weiter vor, eine Nachricht werde an einen Empfänger in einem Land geschickt, das nervös reagiert, wenn seine Bürger solche Nachrichten erhalten. In diesem Fall könnte die Botschaft mit einem ausreichend komplizierten Code verschlüsselt werden, der, wenn schon nicht absolut sicher, so doch außerordentlich schwer zu knacken wäre. Besteht die Gefahr, daß der Empfänger durch eine offensichtlich verschlüsselte Botschaft unliebsame Aufmerksamkeit auf sich zieht, könnte man dieselbe Botschaft auch in Form einer Photographie oder eines Musikstücks auf Band übermitteln, die man mit dem passenden Schlüssel als digital codierte Nachricht lesen kann.[17] Schließlich sollte man sich noch vor Augen führen, daß diese Fähigkeiten nicht das Vorrecht mächtiger, geheimnisvoller staatlicher Sicherheits- oder Nachrichtendienste sind, sondern praktisch jedem offenstehen, der über bescheidene Mittel und ein gewisses technisches Geschick verfügt.

Wir haben bereits auf die Fähigkeiten von Eingeborenen- und Völkern der dritten Welt hingewiesen, sich der Möglichkeiten der neuen Technologien und der globalen Vernetzung als einer Strategie des Widerstands zu bedienen. In dem Maße, wie sie ihre Lektion lernen und verinnerlichen, dürften diese Strategien noch viel wirksamer werden. Die Globalisierung des Kapitalismus wird nahezu mit Sicherheit mit einer Globalisierung von Widerstandsnetzen Hand in Hand gehen. Gewerkschaften, Feministinnen, Umweltbewegungen und zahlreiche anderer Gruppen der bürgerlichen Gesellschaft vernetzen sich über Grenzen hinweg, um für spezielle Anliegen zu kämpfen, und formieren sich gleich darauf zu anderen Allianzen und Partnerschaften, um neue Schlachten zu schlagen – genau wie das flexible kapitalistische Unternehmen für spezielle Projekte virtuelle Organisationen bildet und wieder umbildet.

Diese Widerstandsgruppen werden gelegentlich auch Allianzen mit Gruppierungen bestimmter Staaten oder sogar mit bestimmten Unternehmen eingehen, um Uneinigkeiten auszunutzen. Denken Sie nur an den weltweiten Feldzug gegen Landminen. Eine grenzüberschreitende Allianz aus unabhängigen Organisationen mobilisierte mit Hilfe von Medienpersönlichkeiten wie Prinzessin Diana die Weltöffentlichkeit und eine Reihe von Staaten mit mittlerem Machtstatus unter der Führung Kanadas. Es gelang ihr, gegen den hinhaltenden, wenn nicht sogar offenen Widerstand der Vereinigten Staaten einen weltweiten Vertrag gegen Landminen durchzusetzen.

In anderen Fällen wird man Widerstand als Gefahr für das Kapital betrachten und deshalb mit Unterdrückung darauf reagieren, einschließlich einer Überwachung durch Nachrichten- und Sicherheitsdienste und die Polizei. Der unternehmerische Sektor wird jedoch weder die Kosten noch die Verantwortung für eine weltweite Unterdrückung allein tragen wollen. Wie auch immer vernetzte Widerstandsbewegungen operieren und organisiert werden und unabhängig von den Reaktionen des globalen Kapitalismus dürfte klar sein, daß die Konfiguration dieser Kräfte sich deutlich von einem neuen Quasifeudalismus unterscheiden wird.

Wenn wir uns die internationale Arena ansehen, die der Anarchie eines virtuellen Feudalismus näherkommt, ergibt sich ein völlig anderes Bild. Multinationale Firmen werden in ihren weltumspannenden Geschäftspraktiken von »illegitimen« Mitspielern bedroht, die ihrerseits in globalem Rahmen operieren: Politische oder auch unpolitische Terroristen greifen die Führungskräfte der Unternehmen an, benutzen sie als Geiseln für eine Erpressung oder gefährden die Sicherheit von Investitionen; eine international organisierte Kriminalität kontrolliert den Drogen- und illegalen Waffenhandel, Glücksspiel, Prostitution, oft unter dem Deckmantel legitimer Geschäfte; Geldwäsche ist zum globalen Finanzierungsinstrument für alle möglichen illegalen Aktivitäten geworden; Regierungen, die dafür anfällig sind, werden systematisch bestochen. Zwischen kriminellen Handlungen und der globalisierten Wirtschaft bestehen gespenstische Parallelen. Mafiagruppen sind genauso vernetzt organisiert wie multinationale Firmen und ignorieren Grenzen und nationale Gesetze. Sie setzen die neuen Informationstechniken nicht nur bei ihren Geschäften ein, sondern haben auch ihre eigenen Organisationen neu strukturiert, um alle Möglichkeiten der neuen Technologien zu nutzen: Flexibilität, wenn es darum geht, Gelegenheiten aufzuspüren und zu ergreifen; die Möglichkeit, strategische Allianzen und Partnerschaften auszuhandeln und sie schnell wieder aufzulösen, wenn sie ihren Zweck erfüllt haben. Schließlich entwickelten sie auch beträchtliches Geschick dafür, die neuen Technologien mit phantasievollen Spielarten des »Cybercrime« für ihre eigenen Zwecke auszubeuten.

Die »weltweite Verbrechenswirtschaft«, die sich in der Geldwäsche verkörpert, wurde laut Manuel Castell »zu einem wesentlichen und beunruhigenden Bestandteil der globalen Geldströme und Börsenplätze«, doch »die Auswirkungen des Verbrechens auf staatliche Institutionen und deren Politik sind eher noch größer. Die staatliche Souveränität ist durch den Prozeß der Globalisierung bereits angeschlagen ... nun aber einer unmittelbaren Bedrohung durch die flexiblen Netzwerke des Verbrechens ausgesetzt. Sie umgehen Kontrollen und nehmen Risiken auf sich, die keine andere Organisation verkraften könnte.«[18] Doch selbst wenn sie unmittelbar bedroht sind, werden Staaten eben aufgrund dieser Gefahr eher noch notwendiger. Angesichts um sich greifender, grenzüberschreitender Bedrohungen, die wir als Schattenseite der Globalisierung bezeichnen könnten, sind »legitime« private Interessen ziemlich hilflos, wenn ihnen nicht die Staaten mit ihren umfangreichen Überwachungsmöglichkeiten, Sicherheits- und Nachrichtendiensten, ihrem Fachwissen und ihrer Durchsetzungsgewalt zur Seite stehen.

DAS LEBEN IM GLOBALEN NATURZUSTAND: BÖSE, BRUTAL UND KURZ?

Eine andere historische Analogie könnte uns weiterbringen. Im England des 17. Jahrhunderts trat an die Stelle der verfallenden feudalen Institutionen eine kapitalistische Spielart landwirtschaftlicher Produktion; im Verlauf dieses Prozesses vertrieb man die Bauern von ihrem Land. Gleichzeitig wuchs die Bedeutung des Handelskapitalismus; er konzentrierte sich auf Städte, die mit weiterführenden Handelsrouten verbunden waren. Gelegentlich blieb die politische Organisation hinter dieser wirtschaftlichen Entwicklung zurück, und politischer Aufruhr wuchs sich zu Bürgerkriegen aus. Die moderne politische Theorie in England entstand aus diesem Kontext von Vertreibung und Veränderung. Hobbes und Locke waren die herausragenden Persönlichkeiten, die zwar recht unterschiedliche Rezepte empfahlen, doch beide die Vorstellung eines Gesellschaftsvertrags entwickelten, der der Rolle, die die Regierung spielt, zugrunde liegt und sie rechtfertigt. Doch obwohl sie den Staat theoretisch rechtfertigten, waren beide »liberale« Denker und setzten sich für die Emanzipierung der neuen Produktivkräfte des Markts ein; Locke ging es auch darum, die politischen Energien der neuen wirtschaftlichen Klasse freizusetzen und ihr umfassendere Ausdrucksmöglichkeiten zu geben. Besonders Hobbes blieb vielen ein Rätsel: Auf der einen Seite stellte er die Regierung begeistert als den »Großen Leviathan« dar; auf der anderen scheint seine offenbar umfassende Vorstellung von der Macht des souveränen Staates in einem merkwürdigen Konflikt mit seinem Eintreten für marktbestimmte Vertragsbeziehungen zu stehen, die seiner Meinung nach die Grundlage einer vernünftigen Gesellschaft bilden.[19]

Doch Hobbes' Vorstellungen von einem staatlichen »Leviathan«, die aus dem 17. Jahrhundert stammen, verblassen angesichts der Wirklichkeit des 20. Jahrhunderts: Die Mehrzahl der Aktivitäten, die wir uns heute automatisch als staatlich überwacht und reguliert vorstellen, würden, ginge es nach Hobbes, völlig ungehindert ablaufen, ohne daß der Staat von ihnen Notiz nimmt oder sich gar in sie einmischt. Dennoch trug Hobbes als großer Theoretiker der Herrschaft wesentlich dazu bei, die Grundlagen des modernen Staatsbegriffs als Sitz der höchsten, unanfechtbaren Macht und Autorität zu schaffen. Es ist auch gar nicht so schwer, das theoretische Modell staatlicher Souveränität mit dem aufstrebenden freien Markt in Einklang zu bringen. Damit Vertragsbeziehungen die alten Feudalbeziehungen ablösen konnten, mußten die Verträge durchgesetzt werden; wie Hobbes hellsichtig und überzeugend darlegte, konnte der unregulierte Markt allein nicht die Erfüllung vertraglicher Verpflichtungen oder gar die Sicherheit des Eigentums garantieren. Wird der Markt im »Naturzustand« lediglich seinen eigenen Mechanismen überlassen, so ist er ein Krieg aller gegen alle, in dem das Leben »einsam, armselig, böse, brutal und kurz«[20] ist. Der Ausweg aus diesem Dilemma ist der Gesellschaftsvertrag, in dem sich alle damit einverstanden erklären, ihre Macht auf den Souverän zu übertragen: auf eine allgemeine Macht, die über allen steht, vertragliche Verpflichtungen unparteiisch durchsetzt und damit den Markt erst möglich macht. Daher die historische Verbindung zwischen dem Aufstieg des Kapitalismus und dem relativ starken Nationalstaat.

Die globale Wirtschaft unserer Zeit befreite den Kapitalismus von den Zwängen des Nationalstaats, und der multinationale Kapitalismus macht das Beste aus dieser Freiheit. Doch so, wie Hobbes ihn verstand, übt der Staat nicht nur Zwang aus, er beschützt und befähigt die Menschen auch. Der globale Wettbewerb unserer Zeit droht einige der Gegebenheiten des Hobbesschen Naturzustands wiederherzustellen. Natürlich kann und wird es keinen globalen Leviathan geben, der die Bedingungen und Voraussetzungen eines universellen Hobbesschen Gesellschaftsvertrags reproduzieren könnte. Wie ich zu zeigen versucht habe, sind die strukturellen Voraussetzungen für eine zentralisierte, absolute Herrschaft verschwunden, sogar auf der Ebene des Nationalstaats und erst recht in globalem Maßstab. Trotz der paranoiden Ängste der amerikanischen Rechten gibt es keine diktatorische Weltregierung, die unter dem Vorzeichen des Kommunismus, des Zionismus oder des internationalen Bankenwesens am Horizont lauert. Insofern hat Mowshowitz recht. Doch bei seinem Sprung zurück zu dem wiedererstehenden Feudalismus einer Epoche, die noch vor Hobbes und vor der Entwicklung der kapitalistischen Marktbeziehungen liegt, springt er zu weit. Weit wahrscheinlicher erfordern die Bedingungen des globalen Wettbewerbs, wenn schon keinen globalen Leviathan als solchen, so doch ein funktionales Äquivalent, das allerdings auf eine vernetzte Welt zugeschnitten sein muß – möglicherweise ein globales Panopticon. Wie könnte das aussehen?

DER GROSSE BRUDER ALS AUSSENDIENSTMITARBEITER

Wie ich in einem der vorhergehenden Kapitel dargelegt habe, wurde durch die Entwicklung des mitbestimmten Panopticons der Große Bruder als einer der ersten überflüssig. Angesichts der neuen Überwachungstechnologien sind seine Dienste für den Nationalstaat überholt. Die Hitlers und Stalins des realen Lebens sind in die Geschichte eingegangen, doch dies gilt auch für das idealisierte Bild des allwissenden und allmächtigen totalitären Diktators. Die überall verteilte panoptische Macht beraubt den Staat seiner zentralen Stellung. Eine vernetzte Welt ist eine Welt, in der auch die Macht vernetzt ist; sie ist auf Knoten verteilt, die sich an den entscheidenden Schnittstellen des Netzes befinden. Wir könnten uns bestenfalls noch regionale Diktatoren vorstellen, die einige dieser Knoten besetzt halten, die Saddam Husseins und Slobodan Milosevics der Zukunft.

Doch technologisch Überholtes ist nicht unbedingt überflüssig. Arbeitsplätze, die abgeschafft werden, tauchen oft als selbständige Tätigkeiten außerhalb der Organisation wieder auf, zum Beispiel bei Beratungsfirmen oder Subunternehmen. Für diese neuartige flexible Beschäftigungsebene wurde sogar ein Wort erfunden, das analog zum »Verschlanken« oder »Gesundschrumpfen« als *outsourcing* bzw. »Auslagern« bezeichnet wird. Angesichts der Herausforderungen einer globalisierten Wirtschaft und insbesondere der Gefahren, die von ihrer strukturbedingten Instabilität und der immer mächtiger werdenden Schattenwelt des globalisierten Verbrechens und der Korruption ausgehen – die ich als die Schattenseite der Globalisierung bezeichnet habe –, kehrt allem Anschein nach der Große Bruder heute als selbständiger Berater zurück.

Warum sollten multinationale Firmen gewaltige personelle und materielle Investitionen auf sich nehmen, um sich mit Fähigkeiten auszustatten, über die große Staaten bereits verfügen. Und wie sollen sie sich außerdem noch für die enge, permanente und unendlich schwierige Zusammenarbeit mit ihren Konkurrenten rüsten, ohne die eine wirksame globale Sicherheitsstrategie nicht möglich ist? Wieso sollten sie nicht statt dessen ihre jeweiligen Staaten dazu drängen, in ihrem Namen eng zusammenzuarbeiten und die aufstrebende globale Wirtschaft zu überwachen, damit sie selbst sich ihrem eigentlichen Anliegen widmen können, nämlich Geld zu verdienen? Genau dies tun die multinationalen Firmen gegen Ende des 20. Jahrhunderts und fördern damit energische staatliche Aktivitäten und eine intensive Zusammenarbeit der Staaten, die die Vision eines virtuellen Feudalismus, einer Welt privater, über begrenzte Gebiete herrschender Lehen, widerlegt.

Damit will ich nicht behaupten, daß Staaten weiterhin so aussehen werden wie in der Vergangenheit. Schon jetzt bilden sich Staaten entlang flexiblerer und weniger übergreifender Entwicklungslinien um. Staaten, die ohnehin nicht alle gleich sind (viele sind schwach und einige wenige stark), könnten zu spezialisierteren Einheiten werden. Sie könnten Funktionen beibehalten, bei denen sie im Vergleich zum privaten Sektor Vorteile bieten, während sie andere völlig aufgeben oder dem privaten Sektor zuweisen. Außerdem werden Staaten in keiner Weise mehr völlig eigenständige Gebilde sein; vielmehr werden auch sie fortwährend multinationale Netze und Allianzen bilden – mit Staaten, Firmen und privaten Organisationen sowie unabhängigen Gruppen und Bewegungen – und diese immer wieder umgestalten.

Ein Bereich, in dem Staaten gegenüber Firmen im Vorteil sind, ist die Ausübung von Zwang. Zwar wurden die Überwachungs- und Unterdrückungstechnologien im privaten Sektor entwickelt, um

Profit zu machen, doch eingerichtet und angewandt werden sie eher von Staaten und staatlichen Netzen. An dieser Stelle tritt der Große Bruder wieder auf den Plan, diesmal als ausgelagerter Berater. Die grenzüberschreitenden Netze der Zusammenarbeit bei Zwangsmaßnahmen sind ausgeklügelt und hochentwickelt. Wenn es etwa darum geht, sich der angeblichen Bedrohung der Sicherheit des wohlhabenden Westens durch Immigranten und Flüchtlinge zu stellen, bedient man sich nicht nur länderübergreifender Polizeimaßnahmen, gemeinsamer Datenbanken und raffinierter Methoden der politischen Kontrolle[21], sondern hat auch eine ehrfurchtgebietende Palette von Überwachungsmöglichkeiten zur Verfügung, von Spionagesatelliten bis hin zu Abhöreinrichtungen, die gegen Terroristen oder vermeintliche Terroristen in Stellung gebracht werden können. Diese Art von Tätigkeiten beherrschen Staaten und staatliche Einrichtungen recht gut, und darauf werden sie sich konzentrieren und spezialisieren. Doch sie werden sie nicht zum Selbstzweck oder einzig zur Selbsterhöhung des Staates ausüben, wie in der alten Vorstellung des Totalitarismus. Vielmehr dürfte die Ausübung von Zwang eher zu einer funktionalen Spezialisierung in einer komplexen, vernetzten Welt werden.

Ich habe dieses Buch mit einer Betrachtung des »Jahrhunderts der Nachrichtendienste« begonnen. Insofern paßt es nun gut, wenn ich den Schlußpunkt mit der Rückkehr der Nachrichtendienste setze, die systematisch und zielgerichtet geheime Informationen beschaffen. Der Staat wurde dezentralisiert; die Macht ist jetzt breit gestreut und verteilt; die Überwachung geht in alle Richtungen. Das mitbestimmte Panopticon vermeidet viele, wenn auch kaum alle Zwangselemente früherer panoptischer Macht. Doch diese Entwicklungen erfordern nach wie vor ein weltumspannendes Überwachungssystem, das Zwangsmaßnahmen eher fördert.[22] Man braucht ein solches System, weil die vernetzte Welt tief verwurzelte Elemente der Instabilität und der Widersprüche in sich trägt. Man braucht es, weil nichtstaatliche Mitspieler wie Terroristen die Stabilität des internationalen Staatensystems bedrohen, ganz zu schweigen von Geschäftsleben und Investitionen. Man braucht es, weil der bedrohliche Doppelgänger, die Schattenseite der Globalisierung – grenzüberschreitendes organisiertes Verbrechen und Korruption, Drogenschmuggel, illegaler Waffenhandel, Geldwäsche und so weiter – die vernetzte Welt imitiert und herausfordert.

Mit dem Ende des Kalten Krieges kam es zu Spekulationen, die Sicherheits- und Nachrichtendienste hätten sich überlebt. Das war jedoch nicht der Fall – ein Anlaß für Kritiker, zynischen Spott über bürokratische Behörden auszugießen, die im Kampf um die Erhaltung ihrer Einflußbereiche und Haushaltsmittel neue Feinde erfinden, die an die Stelle der alten, mittlerweile ausgeschalteten treten sollen. Sicher ist daran etwas Wahres, da bürokratische Strukturen kaum jemals freiwillig ihre Vorrechte aufgeben und meist sehr erfinderisch sind, wenn es darum geht, ihr Weiterbestehen zu rechtfertigen. Doch die neuen Gegner, auf die die Nachrichtendienste verweisen, sind nicht erfunden, sondern nur allzu real. Und es gibt gute Gründe für das Argument, daß Nachrichtendienste sowie die von diesen Behörden eingesetzten speziellen Techniken und Methoden tatsächlich genau das sind, was erforderlich ist, um die Netzwerke von Kriminalität und Terror, die die globale Wirtschaft überschatten, aufzuspüren und zu analysieren. »Grenzenlose« Gefahren erfordern eine entsprechend ausgedehnte grenzüberschreitende Zusammenarbeit, und auch in dieser Hinsicht haben die Nachrichtendienste große Erfahrungen mit Allianzen und der gemeinsamen Nutzung von Netzwerken; Erfahrungen, die sie im Kalten Krieg unter dem Druck der Konfrontation mit einer angenommenen gemeinsamen Gefahr sammelten, die vom gegnerischen Block ausging.

Heute sind die Gefahren weniger scharf umrissen. Doch die Erfahrungen aus der vorangegangenen Epoche, in der man grenzüberschreitende Überwachungsnetze aufbaute, und zwar bezeichnenderweise in unmittelbarer Zusammenarbeit der betreffenden Dienste und nicht nach vorheriger Anbahnung formeller Beziehungen auf Regierungsebene, liefern ein interessantes Grundschema dafür, wie derlei in der vernetzten Welt der Zukunft organisiert werden muß. Im Zeitalter des Cyberspace versetzen die neuen Informationstechnologien globale Verbrechensnetze in die Lage, nicht nur die wirtschaftlichen Institutionen des Kapitalismus, sondern auch die politischen Institutionen demokratischer Staaten und auf höchst heimtückische Weise auch die bürgerliche Gesellschaft zu bedrohen. Die Verwüstungen, die der Drogenmißbrauch in den Innenstädten Nordamerikas und Europas anrichtet, genügen als sichtbarer Beweis dafür, wieviel menschliches Elend globale Verbrechenskartelle verursachen können. Doch die gleichen Technologien liefern uns auch die Mittel, ebendiese Gefahren zu bekämpfen. Wir brauchen den Großen Bruder erneut, aber nur – und dies möchte ich mit allem Nachdruck betonen – als einen auf bestimmte Funktionen spezialisierten Berater, nicht als Alleindarsteller.

Zweifellos wurde der Terrorismus von Regierungen als Entschuldigung für exzessive Unterdrückung und die Überwachung bestimmter verdächtiger Gemeinschaften mißbraucht, etwa von Einwanderern aus Ländern, von denen internationale terroristische Aktivitäten ausgehen. Das soll jedoch nicht heißen, daß die Gefahr des Terrorismus von Staaten lediglich herbeigeredet würde. Und die Möglichkeit, daß Massenvernichtungswaffen, seien es nukleare, chemische oder biologische Waffen, nicht nur in die Hände sogenannter Verbrecherregimes wie des Irak fallen, sondern auch von radikalen Organisationen und Individuen mit politisch-religiösen Zielen genutzt werden, die jeder Vorstellung von internationaler oder auch nur regionaler Ordnung Hohn sprechen, stellt eine außerordentlich ernstes Problem dar.

Ein gräßliches Beispiel lieferte die chiliastische Aum-Sekte in Japan, die in drei Zügen der Tokioter U-Bahn tödliches Saringas freisetzte und damit zwölf Menschen tötete sowie 5 000 verletzte. Gruppen, die sich eher herkömmlicher Vernichtungsmethoden bedienen, waren beispielsweise für den Bombenanschlag auf das World Trade Center in New York verantwortlich. Die potentielle Macht, über die solche Gruppen verfügten, wenn sie nukleare Sprengsätze oder chemische oder biologische Kampfstoffe besäßen, ist keine Erfindung hysterischer Staaten. Die vorhandenen Überwachungs- und Unterdrückungsapparate, die ihrerseits über Grenzen hinweg vernetzt sind, stehen bei dem Versuch, solchen möglichen

Bedrohungen zuvorzukommen, an vorderster Front. Das weiter oben[23] beschriebene hochentwickelte System zum Abfangen von Nachrichten gehört ebenso dazu wie eine globale Satellitenüberwachung. Doch man wird sich selbst herkömmlicherer Methoden der Nachrichtenbeschaffung wie der Unterwanderung angepeilter Netze durch Geheimagenten und V-Leute bedienen müssen.

Oder nehmen wir das Problem der Geldwäsche, das der Schlüssel für zahlreiche Aktivitäten auf der Schattenseite der Globalisierung ist. Sie bedrohen das multinationale Kapital ebenso wie die Staaten und bedienen sich der neuen Technologien und der vernetzten Organisationsformen, um kriminelle Aktivitäten zu finanzieren und bestimmte Personen in Behörden wie auch in Firmen zu bestechen. Sache der Nachrichtendienste ist es, die Netzwerke der Geldwäscher aufzuspüren; Anklage zu erheben ist Sache der Polizei. Doch isolierte nationale Einheiten sind diesen grenzüberschreitenden Aktivitäten nicht gewachsen. Die technischen Mittel zur Bekämpfung dieser Gefahr sind vorhanden. Die Überwachungskapazität der zeitgenössischen Technologien ist theoretisch unbegrenzt; mit ihrer Hilfe lassen sich finanzielle Transaktionen nachvollziehen, wo immer sie stattfinden – vorausgesetzt, es kommt zu einer weltweiten Verständigung über ein Aufzeichnungssystem. Tatsächlich gibt es eine Abteilung im US-Schatzamt, FinCen, die gerade dabei ist, eine derartige globale Maßnahme in die Wege zu leiten. Sobald ein solches Überwachungssystem einsatzbereit ist, könnte es jede Transaktion – von privaten Abhebungen am Bankautomaten bis hin zu großen Kapitalbewegungen – kontrollieren. Es wurde und wird Software mit künstlicher Intelligenz entwickelt, um dieses ungeheuer ausgedehnte Datenfeld zu erfassen und auffällige Muster zu erkennen. Stößt man auf verdächtige Geldbewegungen, ist es Sache der Regierung oder der Regierungen, auf deren Gebiet die verdächtigen Aktivitäten festgestellt wurden, einer Ermittlung und Strafverfolgung zuzustimmen. Nicht die Technologie ist das Problem, sondern die Zusammenarbeit in weltweitem Maßstab.

Eine solch weltweite Überwachungsregelung wirft natürlich andere Fragen auf. Verfechter der bürgerlichen Freiheiten werden

Einwände gegen die zudringlichen Augen haben, die Einblick in die finanziellen Angelegenheiten der Bürger nehmen. Selbst wenn sie erkennen, wie wichtig eine Überwachung der globalen Ökonomie des Verbrechens ist, werden multinationale Firmen es vermutlich nicht besonders gern sehen, wenn einige ihrer ebenfalls reichlich gewissenlosen Finanzpraktiken von Außenstehenden überprüft werden. Letztlich muß man auch das Hobbessche Problem der Ordnung angehen. Und damit die Möglichkeit, daß andere, »legitimere« Ursachen für eine Instabilität der globalen Ordnung, etwa Finanzmärkte und Kapitalflüsse, ebenfalls einer besser abgestimmten Überwachung und Kontrolle unterworfen werden. Diese Bereiche bleiben bislang noch multilateralen Überwachungsinstrumenten wie dem Weltwährungsfonds überlassen. Die Vorstellung, heute hätten Regierungen keine Macht, schnelle Kapitalflüsse zu kontrollieren, trifft zweifellos zu, wenn man Staaten als isolierte Einheiten betrachtet, die versuchen, autonome Herrschaftsansprüche durchzusetzen. Eine global vernetzte Welt schließt jedoch die Möglichkeit einer weltweiten Zusammenarbeit nicht aus, deren Ziel ein durchsetzbares System der Wirtschaftsüberwachung ist.[24] Zweifellos ist die Technik dazu vorhanden, ebenso das Motiv, nämlich die Stabilität gegen die Möglichkeit ruinöser Schwankungen abzusichern. Problematischer sind natürlich der Wille und die politischen Voraussetzungen. Doch das Problem ist erkannt und wird in Zukunft auf der Tagesordnung bleiben.

DIE SCHALTHEBEL DER MACHT

Stellen wir uns eine Welt vor, in der das Handlungsvermögen und die Bedeutung des Nationalstaats, wie wir ihn heute verstehen, tatsächlich drastisch abgenommen haben und in der Entscheidungen über private Wirtschaftsinvestitionen und Produktion mit noch weniger Rücksicht auf die noch bestehenden nationalen Grenzen getroffen werden als heute. Politische Herrschaft hat sich weitgehend, wenn auch wahrscheinlich nie vollständig, vom Staatsgebiet

abgelöst, und die politische Macht ist auf viele Knoten an den entscheidenden Schnittstellen der vielfältigen, vorwiegend (keineswegs
aber ausschließlich) wirtschaftlich bestimmten Netzwerke verteilt,
die die Grundstruktur der globalen politischen Ökonomie nach-
zeichnen. Es handelt sich dabei nicht um »nationale« Knoten, auch
wenn einige stärker von einer bestimmten Nationalität beeinflußt
sein dürften als andere. Doch selbst solche mit einer relativ ausgeprägten nationalen Einfärbung beziehen einen Großteil ihrer Stärke
aus ihren Netzwerkverknüpfungen mit anderen Knoten, die häufig
nationale Grenzen überschreiten. Im kulturellen und soziologischen
Sinn gibt es weiterhin Länder, und der Staat lebt in bestimmten
funktionalen Aspekten weiter, doch die einst starke und mächtige
Maschinerie des Nationalstaats wurde weitgehend abgebaut.

Dieses Bild weicht insofern stark vom quasifeudalen Modell ab,
als das Eigentum nicht stabil und unbeweglich, sondern formbar
und mobil ist. Die institutionelle Grundlage bleibt für alle Ausprä-
gungen offen; auf ihr fußen Organisationen, die sich in wechselnden
Allianzen und Partnerschaften mit anderen Organisationen immer
neu formieren. Vom Feudalismus unterscheidet es sich auch insofern, als die politische Macht *nicht* von privaten Wirtschaftsinter-
essen vereinnahmt wurde, selbst wenn sie vielleicht in Allianzen
öffentlicher und privater Interessen gemeinsam ausgeübt wird und
privaten Einrichtungen oder Trägern bestimmte Zwangsmittel überlassen oder zugewiesen werden.

Nach Ansicht Manuel Castells führt eine vernetzte Welt zu einer
»aufregenden Neuorganisation der Machtverhältnisse«:

Die Schalter, die die Netzwerke miteinander verbinden (zum
Beispiel Geldbewegungen, die Medienimperien kontrollieren,
die ihrerseits politische Vorgänge beeinflussen), sind die bevorzugten Werkzeuge der Macht. Somit liegt die Macht in den Hän-
den derer, die die Schalter umlegen. Da vielfältige Vernetzungen
bestehen, werden die Verbindungscodes und Schalter zwischen
den Netzwerken zu den entscheidenden Ausgangspunkten, um
Gesellschaften zu formen, zu führen oder in die Irre zu führen.[25]

Das Problem der Macht, ihres Gebrauchs und Mißbrauchs, bleibt durch alle wirtschaftlichen und gesellschaftlichen Veränderungen bestehen, die die neuen Technologien und Organisationsformen der Produktion und der Verteilung von Gütern und Dienstleistungen sowie die Neuordnung von Wissen und Information mit sich bringen. Was außerdem bleibt, sind die Möglichkeiten einer stärkeren demokratischen Kontrolle der Schalthebel, deren weitere Entwicklung ebenso offen ist wie die Abläufe in einer vernetzten Welt. Die neuen Informationstechnologen haben diesen Weg nicht verbaut, sie haben nur das Terrain neu gestaltet, auf dem die künftigen Kämpfe um die Macht ausgetragen werden.

ANMERKUNGEN

Kapitel 1

1 4. Mose, 13: 1–2.

2 Michael J. Barrett, zitiert im Vorwort zu: Phillip Knightly, *The Second Oldest Profession: The Spy as Patriot, Bureaucrat, Fantasist and Whore*. London: Pan Books, 1987. Dt.: *Die Geschichte der Spionage im 20. Jahrhundert*. Bern, München: Scherz, 1989.

3 John Keegan, *The Second World War*. London: Penguin, 1989, S. 501.

4 Zitiert in: Ronald Radosh und Joyce Milton, *The Rosenberg File: A Search for the Truth*. New York: Holt Rinehart & Winston, 1983, S. 284.

5 Andrew Hodges, *Alan Turing: The Enigma*. New York: Simon & Schuster, 1983. Dt.: *Alan Turing, Enigma*. Berlin: Kammerer & Unverzagt, 1989.

6 Robin W. Winks, *Cloak & Gown: Scholars in the Secret War, 1939–1961*. New York: William Morrow & Co., 1987; Barry M. Katz, *Foreign Intelligence: Research and Analysis in the Office of Strategic Services, 1942–1945*. Cambridge, Mass.: Harvard University Press, 1989.

7 Michael Howard, *Strategic Deception in the Second World War*. London: Pimlico, 1992, S. IX.

8 J. C. Masterman, *The Double-Cross System in the War of 1939 to 1945*. New Haven: Yale University Press, 1972. Dt.: *Unternehmen Doppelspiel*. Wien: Molden, 1973.

9 Mary Kaldor, *The Imaginary War: Understanding the East-West Conflict*. Oxford: Blackwell, 1990. Dt.: *Der imaginäre Krieg*. Hamburg: Argument Verlag, 1992.

10 Tom Mangold, *Cold Warrior: James Jesus Angleton, the CIA's Master Spy Hunter*. London: Simon & Schuster, 1991.

11 Peter Wright, *Spycatcher: The Candid Autobiography of a Senior Intelligence Officer*. Toronto: Stoddard Publishing, 1987. Dt.: *Spycatcher*. Frankfurt: Ullstein, 1988.

12 David E. Murphy, Sergeij A. Kondratschew und George Bailey, *Battlefield Berlin: CIA vs. KGB in the Cold War*. New Haven: Yale University Press, 1997. Dt.: *Die unsichtbare Front*. Berlin: Propyläen, 1997. Zwei der Verfasser dieses Berichts waren mit die wichtigsten Gegenspieler im Spionagekrieg um Berlin.

13 Seymour M. Hersh, *»The Target is Destroyed«: What Really Happened to Flight 007 and What America Knew About It*. New York: Random House, 1986.

14 Michael R. Beschloss, *Mayday: Eisenhower, Khrushchev and the U-2 Affair*. New York: Harper & Row, 1986.

15 Jeffrey T. Richelson, *The US Intelligence Community.* Cambridge, Mass.: Ballinger, 1985, S. 107–17; William E. Burrows, *Deep Black: Space Espionage and National Security.* New York: Random House, 1986.

16 Walter Pincus, »Smaller Spy Satellites May Give U.S. Stealth Capability Over Trouble Spots«. In: *Washington Post* vom 1. Februar 1998.

17 Jeffrey T. Richelson, »Scientists in Black«. In: *Scientific American* (Februar 1998), S. 48–55.

18 David Stafford, *The Silent Game: The Real World of Imaginary Spies.* Toronto: Lester & Orpen Dennys, 1988.

19 Christopher Andrew, *Secret Service: The Making of the British Intelligence Community.* London: Sceptre, 1986, S. 100.

20 John J. Dziak, *Chekisty: A History of the KGB.* Lexington, Mass.: D.C. Heath & Co., 1988.

21 Timothy Garton Ash, *The File: A Personal History.* New York: Random House, 1997. Dt.: *Die Akte Romeo.* München: Hanser, 1997.

22 Owen Lattimore, *Ordeal by Slander.* Boston: Little, Brown, 1950. Eine neuere Untersuchung dieser Affaire, die sich auf freigegebene Dokumente des FBI stützt, findet sich in Robert P. Newman, *Owen Lattimore and the ›Loss‹ of China.* Berkeley: University of California Press, 1992.

23 George Orwell, *1984.* London: Martin Secker & Warburg, 1949. Dt.: *1984.* Zürich: Diogenes, 1983.

24 Evgenij Zamjatin, *My.* In der UdSSR verbot die Zensur die Veröffentlichung des Werks; der Roman wurde in in einer Vorform des Samisdat verbreitet. Französische sowie englische Erstveröffentlichung 1924. Auf dem Höhepunkt des Kalten Krieges erschien 1952 ein Nachdruck, möglicherweise in Hinblick auf den Erfolg von *1984*: Eugene Zamiatin, *We* (übersetzt von Gregory Zilboorg). New York: E.P. Dutton & Co., 1924 und 1952. Deutsche Übersetzung von G. Drohla: *Wir.* Köln, 1958.

Kapitel 2

1 Christopher Dandeker, *Surveillance, Power and Modernity: Bureaucracy and Discipline from 1700 to the Present Day.* New York: St. Martin's Press, 1990, S. 37.

2 Jeremy Bentham, *The Panopticon Writings.* Hrsg. von Miran Božovi. London: Verso, 1995.

3 Michel Foucault, *Surveiller et punir: naissance de la prison.* Paris: Gallimard, 1975. Dt.: *Überwachen und Strafen.* Frankfurt: Suhrkamp, ¹¹1995.

4 Oscar H. Gandy, Jr., *The Panoptic Sort: A Political Economy of Personal Information*. Boulder, Colo.: Westview Press, 1993.

5 Bentham, a.a.O., Einführung, S. 16.

6 Foucault, a.a.O., S. 258 und 264.

7 Karl Marx, *Das Kapital. Kritik der politischen Ökonomie*. Berlin: Dietz Verlag, 1972. Buch I, Siebenter Abschnitt, 22. Kapitel, S. 636.

8 Bentham, a.a.O., S. 31. Der vollständige Titel seines Werks vermittelt eine Vorstellung von Benthams Ambitionen:»Panopticon; Oder das Aufsichtshaus: Enthaltend die Idee zu einem neuen Prinzip der Bauweise, die auf jegliche Art von Einrichtung anwendbar ist, in der Personen aller Art überwacht werden müssen; insbesondere Besserungsanstalten, Gefängnisse, Manufakturen, Arbeitshäuser, Armenhäuser, Fabriken, Irrenhäuser, Lazarette, Hospitale und Schulen, mitsamt einem auf dieses Prinzip zugeschnittenen Durchführungsplan.«

9 Foucault, a.a.O., S. 264.

10 Michel Foucault, *Histoire de la Folie à l'âge classique*. Paris: Collection 10/18, 1961. Dt.: *Wahnsinn und Gesellschaft*. Frankfurt: Suhrkamp, 1969.

11 Foucault, *Überwachen und Strafen,* a.a.O., S. 269.

12 Ebd., S. 277.

13 Anthony Giddens, *The Nation-State and Violence*. Berkeley: University of California Press, 1987.

14 Adam Smith, *The Wealth of Nations*. 1776. Neuausgabe: New York: Random House, 1937, S. 4-5. Dt.: *Der Wohlstand der Nationen*. München: dtv, 1993.

15 Reg Whitaker,»Scientific management as political ideology«. In: *Studies in Political Economy* 2 (1979), S. 75-108.

16 Max Weber, *Wirtschaft und Gesellschaft*. Tübingen: Mohr, ⁵1972.

17 Dandeker, *Surveillance, Power and Modernity,* informiert insbesondere über den militärischen Beitrag zur Überwachungstechnologie.

18 Richard V. Ericson und Kevin D. Haggerty, *Policing the Risk Society*. Toronto: University of Toronto Press, 1997.

Kapitel 3

1 Teile dieses Kapitels sind Auszüge aus Reg Whitakers »The Tower of InfoBabel: Cyberspace as Alternative Universe«. In: Leo Panitch (Hrsg.), *Socialist Register 1996: Are There Alternatives?* London: Merlin Press 1966, S. 173 – 88.

2 Siehe beispielsweise Nicholas Negroponte, *Being Digital*. New York: Vintage Books, 1995. Dt.: *Total digital*. München: Bertelsmann, 1995. Eine etwas aus-

gewogenere und zurückhaltendere Sicht bietet der kanadische Managementberater Don Tapscott in *The Digital Economy: Promise and Peril in the Age of Networked Intelligence*. New York: McGraw-Hill, 1996. Dt.: *Die digitale Revolution*. Wiesbaden: Gabler, 1996.

3 Es ist zugegebenermaßen schwierig, eine einzelne repräsentative Quelle für diese Ansicht zu finden. Am ehesten vielleicht bei Howard Rheingold, *The Virtual Community: Homesteading on the Electronic Frontier*. Reading, Mass.: Addison-Wesley 1993. Dt.: *Virtuelle Gemeinschaft*. Bonn: Addison-Wesley, 1994. Rheingolds politische Ansichten stellen eine Art amerikanischen Anarchismus dar; auffällig ist, daß sich unter »Altlinken« oder Marxisten nur wenige begeisterte Anhänger des Internet finden.

4 David F. Noble, *Automation: Progress Without People: New Technology, Unemployment, and the Message of Resistance*. Toronto: Between the Lines, 1995. Dt.: *Maschinenstürmer oder die komplizierten Beziehungen der Menschen zu ihren Maschinen*. Berlin: Wechselwirkung-Verlag, 1996. Noble ist stolz auf die Bezeichnung »Maschinenstürmer«, die aus dem frühen 18. Jahrhundert stammt.

5 Clifford Stoll, *Silicon Snake Oil: Second Thoughts on the Information Highway*. New York: Doubleday, 1995. Dt.: *Die Wüste Internet*. Frankfurt: Fischer, 1998. Stoll verfaßte auch einen lebensnahen technologischen Thriller, *The Cuckoo's Egg: Tracking a Spy Through the Maze of Computer Espionage*. New York: Doubleday, 1989. Dt.: *Kuckucksei*. Stuttgart: Dt. Bücherbund, 1990.

6 Jorge Luis Borges, *El Aleph*. Buenos Aires: 1949. Dt.: *Labyrinthe*. München: dtv, 1962, S. 187 f.

7 Dies gilt allerdings tatsächlich nur »gewissermaßen«, denn der digitale Code selber muß ja gespeichert werden.

8 Eine durchdachte Beschreibung der Bedeutung von Digitalisierung findet sich in dem Artikel »The Digital Advantage« von Jim Davis und Michael Stack. In: Jim Davis, Thomas A. Hirschl und Michael Stack, *Cutting Edge: Technology, Information Capitalism and Social Revolution*. London: Verso, 1977, S. 121-44.

9 William Gibson und Bruce Sterling, Verfasser des Cyberpunk-Romans *The Difference Engine*, New York: Bantam Books, 1991; dt.: *Die Differenzmaschine*. München: Heyne, 1992, stellen sich ein imaginäres viktorianisches England vor, in dem Babbages Maschine nicht nur gebaut wurde, sondern auch weit verbreitet war.

10 Lee Dye, »50 Years Ago, Information Age Began in Bell Labs«. In: *Los Angeles Times* vom 22. Dezember 1997. Michael Riordan und Lillian Hoddeson, *Crystal*

Fire: The Birth of the Information Age. New York: W. W. Norton & Company, 1997.

11 John Markoff, »New Chip May Make Today's Computer Passe«. In: *New York Times* vom 17. September 1997.

12 John Markoff, »IBM and Digital to Report on New Super-Chips«. In: *New York Times* vom 4. Februar 1998.

13 Mark Prigg, »A New Device Based on Quantum Physics Promises a Revolution in Processing Speed«. In: *The Sunday Times* vom 22. Februar 1998; John Markoff, »Quantum Computers Leap From Theory to a Powerful Potential«. In: *New York Times* vom 28. April 1998.

14 John Markoff, »Tiny Magnets May Bring Computing Breakthrough«. In: *New York Times* vom 27. Januar 1997.

15 Malcolm W. Browne, »Next Electronics Breakthrough: Power-Packed Carbon Atoms«. In: *New York Times* vom 17. Februar 1998.

16 Judy Siegel, »Technion Scientists ›Coax‹ Molecules to Form Electric Circuit«. In: *Jerusalem Post* vom 19. Februar 1998.

17 Robert R. Birge, »Protein-based computers«. In: *Scientific American* (März 1995), S. 90-95.

18 Eine hervorragende Analyse der Entwicklung der Computer im Rahmen des Diskurses des Kalten Krieges und ihrer Rückwirkung auf diesen Diskurs findet sich bei Paul N. Edwards, *The Closed World: Computers and the Politics of Discourse in Cold War America.* Cambridge, Mass.: The MIT Press, 1996.

19 Siehe Julian Stallabrass, »Empowering Technology: The Exploration of Cyberspace«. In: *New Left Review* 211 (Mai/Juni 1995), S. 3-32.

20 John Keats, »On First Looking into Chapman's Homer«, H. W. Carrod, Hrsg., *The Poetical Works of John Keats.* Oxford: Claundon Press, 1939, S. 45. Dt.: *Gedichte zweisprachig.* München: Schneekluth, 1984, S. 35.

21 In Douglas Couplands Roman *Microserfs.* New York: Harper Collins, 1995; dt.: *Mikrosklaven.* Hamburg: Hoffmann und Campe, 1996, der sich um eine Gruppe ehemaliger Techniker von Microsoft dreht, die im Silicon Valley eine eigene Softwarefirma gründen, verliebt sich einer der Protagonisten in einen E-Mail-Partner in Waterloo, Ontario. Er kennt nur dessen Barcode-Adresse; Alter und Geschlecht sind nicht angegeben. Im Roman trifft sich das Paar, und alles geht gut aus. Auch im wirklichen Leben passiert derlei gelegentlich; dennoch bleiben im Cyberspace eingegangene Beziehungen in weiser Voraussicht meistens dort.

22 Glenda Cooper, »Cyberpets Superseded as Girls Seek Perfect Boy for Virtual Romance«. In: *The Independant* vom 19. Dezember 1997.

23 Mark Poster, *The Mode of Information: Poststructuralism and Social Context.* Chicago: University of Chicago Press, 1990; Sherry Turkle, *Life of the Screen: Identity in the Age of the Internet.* New York: Simon & Schuster, 1995, sowie ihr früheres Werk *The Second Self: Computers and the Human Spirit.* New York: Simon & Schuster, 1984.

24 Claus Emmeche, *The Garden in the Machine: The Emerging Science of Artificial Life.* Princeton, N. J.: Princeton University Press, 1994; dt.: *Das lebende Spiel.* Reinbek: Rowohlt, 1994; dänische Originalausgabe: *Dat levende Spil.* Die virtuellen Fische gibt es bereits, und zwar in einem Computer der Universität Toronto; siehe Stephen Strauss, »Artificial Life«. In: *The Globe and Mail* (Toronto) vom 10. September 1994. Demetri Terzopoulos, Xiayuan Tu und Ralph Grzeszczuk, »Artificial Fishes With Autonomous Locomotion, Perception, Behaviour, and Learning in a Simulated Physical World«. In: Rodney A. Brooks und Pattie Maes (Hrsg.), *Artificial Life: Proceedings of the 4th International Workshop on the Synthesis and Simulation of Living Systems.* Cambridge, Mass.: The MIT Press, 1994, S. 17-27.

25 Carol Alvarez Troy, »Envisioning Stock Trading Where the Brokers Are Bots«. In: *New York Times* vom 16. November 1997.

26 Pattie Maes, »Intelligent Software«. In: *Scientific American* (September 1995), S. 85. Siehe auch Maes, »Agents That Reduce Work and Information Overload«. In: Jeffrey M. Bradshaw (Hrsg.), *Software Agents.* Menlo Park, Calif.: AAAI Press/The MIT Press, 1997, S. 145-64.

27 Christopher Lehmann-Haupt, »Cyberspace Through a Darwinian Lens«. In: *New York Times* vom 19. September 1997; es handelt sich um eine Besprechung von Andrew Leonard, *Bots: The Origin of New Species.*

28 *Bladerunner* unter der Regie von Ridley Scott basiert auf einem Science-fiction-Roman von Philip K. Dick, *Do Androids Dream of Electrical Sheep?.* Dt.: *Blade Runner.* München, Heyne, 1982. Es handelt sich hier um einen der Fälle, in dem ein Film das Buch, auf dem er beruht, übertrifft, ganz sicher jedenfalls in Hinblick auf den unheimlichen Nachhall noch lange nach dem Kinostart des Films. So überrascht es nicht, daß *Bladerunner* als Kultfilm auf etlichen Websites des Internets überdauert.

29 Freeman Dyson, *Imagined Worlds.* Cambridge, Mass.: Harvard University Press, 1997, S. 120 f.

30 Steve Connor, »Brain Chip Signals Arrival of Bionic Man«. In: *Sunday Times* vom 16. November 1997; Sandeep Junnarkar,»GeneChip Encodes DNA on Silicone«. In: *New York Times* vom 15. März 1997; Sandra Blakeslee, »Bionic Chip Built to Aid Brain Study«. In: *New York Times* vom 2. Dezember 1997.

31 Robert Jungk, *Heller als tausend Sonnen.* München: Heyne, 1990, S. 184.

32 David G. Stork (Hrsg.), *HAL's Legacy: 2001's Computer as Dream and Reality.* Cambridge, Mass.: MIT Press, 1998.

33 Vinton G. Cerf,»When They're Everywhere«. In: Peter J. Denning und Robert M. Metcalfe (Hrsg.), *Beyond Calculation: The Next Fifty Years of Computing.* New York: Springer Verlag, 1997, S. 33-42.

34 John Markoff,»New Wave in High-Tech: Deus ex (Tiny) Machina«. In: *New York Times* vom 27. Januar 1997.

35 Philip Kerr, *The Grid.* New York: Bantam Books, 1997; ursprünglich in Großbritannien 1995 unter dem Titel *Gridiron* erschienen.

36 Donna J. Haraway,»A Cyborg Manifesto: Science, Technology, and Socialist-Feminism in the Late Twentieth Century«. In: Haraway, *Simeans, Cyborgs and Women: the Reinvention of Nature.* New York: Routledge, 1990. Dt.: *Die Neuerfindung der Natur: Primaten, Cyborgs und Frauen.* Frankfurt: Campus-Verlag, 1995, S. 67 f. Siehe auch Scott McCracken,»Cyborg Fictions: The Cultural Logic of Posthumanism«. In Leo Panitch (Hrsg.), *Socialist Register 1997: Ruthless Criticism of All That Exists.* London: Merlin Press, 1997, S. 288-301.

37 Haraway, a.a.O.

38 »The winter market«. In: *William Gibson, Burning Chrome.* New York: Ace Books, 1987.

39 Borges, a.a.O., S. 100 und 102.

40 Eine neuere Untersuchung zeigte, daß in den Vereinigten Staaten etwa 3,4 Millionen (70 Prozent der Gesamtzahl), in Westeuropa etwa eine halbe Million Computer an das Internet angeschlossen sind, in Afrika dagegen nur 27 100, in Mittel- und Südamerika 16 000 und im Mittleren Osten 13 800. Der Bericht einer von der Regierung unabhängigen Stiftung warnte vor einer neuen Form der Armut – »der Informationellen Armut –, die den Entwicklungsländern drohe.»Es besteht die Gefahr, daß eine neue Informationselite entsteht, von der der größte Teil der Weltbevölkerung ausgeschlossen bleibt ... Die Technologie könnte die Kluft zwischen Reichen und Armen noch vertiefen.« Mark John,»Third World Faces Information Poverty-report«. In: *Reuters* vom 11. Oktober 1995. Selbst diese Untersuchung unterschätzte möglicherweise das tat-

sächliche Ausmaß der Beherrschung des Internets durch amerikanische Benutzer: Kurz darauf erschien eine weitere Studie, die zeigte, daß im ersten Halbjahr 1995 die Zahl der Amerikaner, die Computer-Online-Dienste nutzen, auf zwölf Millionen stieg. In:»On-line-services«, *AP* (New York) vom 15. Oktober 1995. Nach ersten Ergebnissen einer Untersuchung von 1997 verfügen mittlerweile 45 Prozent der amerikanischen Haushalte über einen PC und sogar 80 Prozent derer mit einem Haushaltseinkommen von über 100 000 Dollar pro Jahr. In: *Computer Intelligence* 1998 Consumer Technology Index (CT 198).

41 Siehe die Kapitel 4 und 6.

42 William Gibson, *Neuromancer.* New York: Berkeley 1984. Dt.: *Neuromancer.* München: Heyne, 1987.

43 Ein Beispiel, wie geistlos jede Erörterung dieses Themas sein kann, bei der die zugrundeliegende Wirklichkeit kapitalistischen Eigentums an der Information ausgespart oder ignoriert wird, findet sich bei Anne Wells Branscomb, *Who Owns Information? From Privacy to Public Access.* New York: Basic Books, 1994. Nachdem sie die Titelfrage über 185 Seiten hinweg behandelt hat, kommt sie zu dem atemberaubend banalen Schluß, daß »wir [?] die Art gesetzlicher Infostruktur aufbauen werden, die wir [?] wünschen und brauchen« (S. 186).

44 James Glave, »Pentagon ›Hacker‹ Speaks Out«. In: *Wired News* vom 3. März 1998.

45 Rebecca Trounson, »Hacker Case Taps Into Fame, Fury«. In: *Los Angeles Times* vom 27. April 1998.

46 Eine Anfang 1998 veröffentlichte Untersuchung ergab, daß »64 Prozent von mehr als 500 Organisationen innerhalb der letzten zwölf Monate einen Einbruch in ihr Computersystem meldeten. Gegenüber den gemeldeten Einbrüchen des vorangegangenen Jahres ist das eine merkliche Steigerung von 48 Prozent und von 22 Prozent gegenüber dem Jahr davor.« Matt Ritchel, »Study Finds Rise in Computer Crime«. In: *New York Times* vom 5. März 1998.

47 Kurt Eichenwald, »Reuters Subsidiary Target of U.S. Inquiry Into Theft of Data From Bloomberg«, 30. Januar 1998, und Eichenwald, »Reuters Unit Puts 3 Executives on Paid Leave«. In: *New York Times* vom 31. Januar 1998.

48 Auf einer Konferenz über den »Infokrieg« berichtete ein amerikanischer Spezialist für elektronische Kriegführung von dem bizarren Plan einer Gruppe amerikanischer Hacker, die angesichts französischer Wirtschaftsspionage gegen die USA angeblich von patriotischem Zorn erfüllt waren. Sie wollten einen »elektronischen Angriff gegen die Hauptnervenzentren der französischen Wirtschaft

richten«. Obwohl sie anscheinend technisch durchaus in der Lage waren, beträchtlichen Schaden anzurichten, wurde der Plan abgeblasen, als ihnen das FBI mit Verhaftung drohte. »Dawn of the Infowar Era«. In: *Intelligence Newsletter* 271 vom 14. September 1994, S. 1.

49 Matt Richtel, »New Manhattan Project Hopes to Raise Awareness of Hacking«. In: *New York Times* vom 21. September 1997. Winn Schwartau, *Information Warfare: Cyberterrorism – Protecting your Personal Security in the Electronic Age.* Emeryville, Calif.: Thunder's Mouth Press, 1996.

50 Vertrauliche Information.

51 Der Bundesstaat Maryland nahm 1996 allein damit 12,9 Millionen Dollar ein, daß er Marketingfirmen gegen Gebühr Zugang zu den Datenbeständen seines Kfz-Registers verschaffte. Rajiv Chandrasekaran, »Door Flung Open to Public Records«. In: *Washington Post* vom 8. März 1998.

52 Manuel Castells, *The Information Age: Economy, Society and Culture, Vol. I: The Rise of the Network Society.* Oxford: Blackwell, 1996, S. 62f.

53 Castells, a. a. O., S. 412.

54 Barnaby J. Feder, »Getting Biotechnology Set to Hatch«. In: *New York Times* vom 2. Mai 1998.

55 Don Tapscott, a. a. O., S. 12.

Kapitel 4

1 Robert Uhlig, »Spy Camera Keeps a Private Eye on Au Pairs«. In: *Daily Telegraph* vom 16. Dezember 1997; Gary Strauss, »Nanny Cams Ease Parental Angst«. In: *USA Today* vom 26. Februar 1998.

2 Eine gute kritische Erörterung des Themas Videokameras findet sich bei Peter J. Schuurman, *Spying, Peeping and Watching Over: The Beguiling Eyes of Video Surveillance.* Queen's University, MA Sociology Dept., 1995.

3 David M. Halbfinger, »Spread of Surveillance Cameras Raises Prospect of Prying Eyes«. In: *New York Times* vom 22. Februar 1998.

4 Felicia R. Lee, »Cameras Drive Drug Dealers From Greenwich Village Park«. In: *New York Times* vom 3. Januar 1998.

5 Michael Cooper, »Public TV Surveillance Draws Mixed Reactions«. In: *New York Times* vom 5. Februar 1997.

6 Evelyn Nieveseast, »Welcoming ›Big Brother‹ Watchfully: Public TV Surveillance Draws Mixed Reactions«. In: *New York Times* vom 5. Februar 1997.

7 »In a Small Town, Cameras Keep Watch«. In: *New York Times* vom 7. Dez. 1997.

8 Paul Brown, »Demand for Closed Circuit TV Triggers Fear of Crime«. In: *The Guardian* vom 9. Januar 1998.

9 Teresa Riordan, »Engineer Invents Computerized Surveillance System«. In: *New York Times* vom 13. Oktober 1997.

10 Saul Hansell, »Use of Recognition Technology Grows in Everyday Transactions«. In: *New York Times* vom 20. August 1997; Michael Stutz, »Saving Face With Person Spotter«. In: *Wired News* [online] vom 19. Februar 1998.

11 Ende 1997 wurde in England bei ATM ein Test mit einer Linse zur Iriserfassung angekündigt. Die Technik »kann das Netzhautmuster eines Menschen erkennen – das einzigartige Muster des farbigen Geweberings um die Pupille. Die Anordnung der Fäden, Vertiefungen und Streifen ist bei jedem Menschen ein ebenso einzigartiges Unterscheidungsmerkmal wie ein Fingerabdruck.« Ein autorisierter Benutzer läßt sein Muster aufnehmen; anschließend wird es digitalisiert. »Jedesmal wenn er seine Karte verwendet, muß er aus etwa dreißig Zentimentern Entfernung in eine Kamera blicken. Zur Identifikation der Person wird das aufgenommene Bild der Iris mit dem in einer zentralen Datenbank gespeicherten Code verglichen.« Nigel Hawkes, »Machines Will Pay up in Blink of an Eye«. In: *The Times* vom 2. Dezember 1997.

12 David Banisar, »Big Brother Goes High-Tech«. In: *Covert Action Quarterly* 56 (1996).

13 Steve Wright, *An Appraisal of Technologies for Political Control.* Luxembourg: European Parliament, Directorate General for Research, 1998, 4.1.

14 Fox Butterfield, »Devices May Let Police Spot People on the Street Hiding Guns«. In: *New York Times* vom 7. April 1997.

15 Jeffrey T. Richelson, »Scientists in Black«. In: *Scientific American* (Februar 1998), S. 48-55.

16 Alexander Wooley, »Precision Farming«. In: *The Globe & Mail* (Toronto) vom 15. März 1997.

17 Warren L. Strutzman und Carl B. Dietrich, Jr., »Moving Beyond Wireless Voice Systems«. In: *Scientific American* (April 1998), S. 92f.

18 Michael Learmonth, »Sky Spy«. In: *Metro,* April, S. 16-22.

19 Jim Wolf, »Colorado Spy-quality Satellite Ready to Sell Images«. In: *Reuters* vom 25. Dezember 1998.

20 Gerald Steinberg, »Dual Use Aspects of Commercial High-resolution Imaging Satellites«. In: *Mideast Security and Policy Studies* 37, (Februar 1998)

21 Paul Nuki, »Snoopers to Get Eye in the Sky«. In: *Sunday Times* vom 16. Feb. 1997.

22 Steve Connor, »Menagerie of Cyberbeasts Begins March Out of the Laboratory«. In: *The Times* vom 13. April 1997.

23 Margaret Webb Pressler, »Clandestine Recorders Get the Buzz«. In: *Los Angeles Times* vom 23. Januar 1998.

24 Jeffrey T. Richelson und Desmond Ball, *The Ties That Bind: Intelligence Cooperation Between the UKUSA Countries.* Boston: Allan & Unwin, 1985; James Bamford, *The Puzzle Palace: Inside the National Security Agency, America's Most Secret Intelligence Organisation.* New York: Penguin Books, 1983). Dt.: *NSA, Amerikas geheimster Nachrichtendienst.* Zürich: Orell Füssli, 1986.

25 Mike Frost, ein ehemaliger Angestellter der kanadischen Behörde CSE, verfaßte darüber ein umstrittenes Buch: Frost, *Spyworld: Inside the Canadian and American Intelligence Establishments.* Toronto: Doubleday, 1994.

26 Nicky Hager, *Secret Power: New Zealand's Role in the International Spy Network.* Nelson, New Zealand: Craig Potton Publishing, 1996, S. 29.

27 Margie Wylie, »Who's Your PC Talking To?« In: *Perspectives* vom 11. Februar 1998.

28 John V. Evans, »New Satellites for Personal Communications«. In: *Scientific American* (April 1998), S. 70-77.

29 Alison Mitchell, »Ohio Congressman Threatens Suit Over Intercepted Conference Call«. In: *New York Times* vom 13. November 1997.

30 John Markoff, »High-Tech Eavesdropping Raises New Questions on Personal Privacy«. In: *New York Times* vom 13. Oktober 1997.

31 Peter Wayner, »Technology That Tracks Cell Phones Draws Fire«. In: *New York Times* vom 23. Februar 1998; Chris Oakes, »›E911‹ Turns Cell Phones Into Tracking Devices«. In: *Wired News* vom 6. Januar 1998.

32 David Lyon, *The Electronic Eye: The Rise of Surveillance Society.* Minneapolis: University of Minnesota Press, 1994, S. 102-107.

33 Richard Ford, »Tagging for 6.000 Freed Prisoners«. In: *The Times* vom 17. Februar 1998.

34 Richard Cole, »FBI Says Hacker Took 100.000 Credit Card Numbers«. In: *New York Times* vom 23. Mai 1997.

35 Michael White, »Technology That Guides Missiles Is Used to Zero In on Card Thieves«. In: *New York Times* vom 24. September 1997.

36 Laurie J. Flynn, »New Products Expand Recognition-Technology Market«. In: *New York Times* vom 8. Februar 1998.

37 Ben Elgin, »Web-accessible records jeopardize InternetUser«. In: *ZD Internet*

Magazine vom 2. September 1997; Margot Williams und Robert O'Harrow, Jr., »On-line Searches Fill in Many Holes«. In: *Washington Post* vom 8. März 1998; Blaine Harden, »Paranoids Find a Reason to Be Paranoid«. In: *Washington Post* vom 6. August 1997.

38 Valerie Elliott, »ID Smartcards Back on Agenda, Says Minister: Whitehall's Planned Electronic Revolution Will Mean ›Joined-up Government‹«. In: *The Times* vom 11. Februar 1998.

39 Siehe Kapitel 7.

40 Ronald J. Deibert, *Parchment, Printing, and Hypermedia: Communications in World Order Transformation.* New York: Columbia University Press, 1997, S. 47-110.

41 Charles Pappas, »To Surf and Protect«. In: *Yahoo Internet Life* (Dezember 1997).

42 »Tech Firms: Don't Worry, We'll Guard Your Privacy«. In: *Reuters* vom 8. Dezember 1997.

43 Catherine Q. Seelye, »Companies Agree to Protect Personal Data«. In: *New York Times* vom 18. Dezember 1997.

44 »FTC to Survey Web Privacy Policies«. In: *Wired News* vom 2. März 1998.

45 John Markoff, »Pact to Test Controls on Data«. In: *New York Times* vom 18. Dezember 1997.

46 Robert O'Harrow, Jr., »Picking up on cookie crumbs«. In: *Washington Post* vom 9. März 1998.

47 »Net could revolutionize phone service: New phone technology could be ›unstoppable‹«. In: *USA Today* vom 10. Februar 1998.

48 Ashley Dunn, »The Fall and Rise of Privacy«. In: *New York Times* vom 24. September 1997.

49 Amitai Etzioni, »Some Privacy, Please, for e-mail«. In: *New York Times* vom 23. November 1997.

50 Siehe Kapitel 6.

51 Jon Dillon, »Are the Feds sniffing your re-mail?«. In: *Covert Action Quarterly* (Juni 1996).

52 Siehe Kapitel 1.

53 Wayne Madsen, »Crypto AG: the NSA's Troyan Horse?« In: *Covert Action Quarterly* 63 (inter 1998).

54 Ashley Dunn, »Of Keys, Decoders and Personal Privacy«. In: *New York Times* vom 1. Oktober 1997.

55 Peter Wayner, »British Document Outlines Early Encryption Discovery«. In: *New York Times* vom 24. Dezember 1997.

56 »Team of Computer Enthusiasts Cracks Government-Endorsed DES Algorithm in Less Than Half the Time of Previous Challenge«. In: *PRNewswire* vom 26. Februar 1998.

57 Greg Miller, »Firms Agree on Digital Anti-Piracy Technology«. In: *Los Angeles Times* vom 19. Februar 1998.

58 Jeri Clausing, »Support for Encryption Is Less Than U.S. Claims, Study Says«. In: *New York Times* vom 9. Februar 1998.

59 Ende 1997 wurde eine Zusammenfassung der Ergebnisse veröffentlicht: The President's Commission on Critical Infrastructure Protection. In: *Critical Foundations: Thinking Differently*. Siehe Peter Wayner, »U.S. Commission finds that nation is vulnerable to cyberterrorism«. In: *New York Times* vom 23. Oktober 1997, sowie Chris Oakes, »A New Crypto Furor«. In: *Wired News* vom 7. November 1997.

60 Siehe Kapitel 6.

61 Andy Riga, »Web sites move south to dodge election law«. In: *Montreal Gazette* vom 30. Mai 1997.

62 Chris Cobb, »Rein in the Net, Canadians Say«. In: *Montreal Gazette* vom 22. Dezember 1997.

63 Jeri Clausing, »States Keep Up Efforts on Internet Restrictions«. In: *New York Times* vom 19. Februar 1998.

64 Jeri Clausing, » Gore Announces Efforts to Patrol Internet«. In: *New York Times* vom 3. Dezember 1997.

65 Pamela Mendels, »Plan Linking Internet Subsidy to Filters Finds Critics«. In: *New York Times* vom 24. Januar 1998.

66 Carl S. Kaplan, »Is a Better CDA Preferrable To Opaque Censorship?« In: *New York Times* vom 30. Oktober 1997.

67 Carl S. Kaplan, »Filtering Companies Assailed for Blocking ›Unpopular‹ Voices«. In: *New York Times* vom 11. Dezember 1997; Matt Richtel, »Filters Use Different Approaches And Get Different Results«. In: *New York Times* vom 31. Januar 1998.

68 Siehe Kapitel 2.

69 Heather Menzies, *Whose Brave New World? The Information Highway and the New Economy*. Toronto: Between The Lines, 1996, S. 125-28.

70 David F. Noble, *Progress Without People: New Technology, Unemployment, and the Message of Resistance*. Toronto: Between The Lines, 1995. Dt.: *Maschinenstürmer oder die komplizierten Beziehungen der Menschen zu ihren Maschinen*. Berlin: Wechselwirkung-Verlag, 1986.

71 Richard V. Ericson und Kevin D. Haggerty, *Policing the Risk Society*. Toronto: University of Toronto Press, 1997, S. 435.

72 Ebd., S. 432.

73 Allen R. Myerson, »Virtual Migrants: Need Programmers? Surf Abroad«. In: *New York Times* vom 18. Januar 1998.

74 Lee Sproull und Sara Kiesler, »Computers, Networks and Work«. In: *Scientific American* (September 1991).

75 David Lyon, *The Electronic Eye*. Cambridge, Mass.: Polity Press, 1994, S. 119-135.

Kapitel 5

1 Colin J. Bennett, »The Public Surveillance of Personal Data: A Cross-national Analysis«. In: David Lyon und Elia Zureik (Hrsg.), *Computers, Surveillance, and Privacy*. Minneapolis: University of Minnesota Press, 1996, S. 237.

2 Oscar H. Gandy, Jr., *The Panoptic Sort: A Political Economy of Personal Information*. Boulder, Colo.: Westview Press, 1993, S. 63, und Gandy, »Coming to Terms With the Panoptic Sort«. In: Lyon und Zureik, *Computers*, S. 139. In eckigen Klammern habe ich einige zusätzliche Punkte angeführt.

3 David H. Flaherty, *Protecting Privacy in Surveillance Societies: The Federal Republic of Germany, Sweden, France, Canada, and the United States*. Chapel Hill, N.C.: The University of North Carolina Press, 1989.

4 Richard V. Ericson und Kevin D. Haggerty, *Policing the Risk Society*. Toronto: University of Toronto Press, 1997.

5 Rajiv Chandrasekaran, »Doors Flung Open to Public Records«. In: *Washington Post* vom 8. März 1998.

6 Nina Bernstein, »Lives on File: Privacy Devalued in Information Economy«. In: *New York Times* vom 12. Juni 1997.

7 Ebd.

8 Robert O'Harrow, Jr., »Are Data Firms Getting too Personal?« In: *Washington Post* vom 8. März 1998.

9 Bernstein, a.a.O.

10 Peter H. Lewis, »Forget Big Brother«. In: *New York Times* vom 19. März 1998.

11 Joshua Quittner, »Invasion of Privacy«. In: *Time* vom 25. August 1997.

12 Priscilla Regan, *Legislating Privacy: Technology, Social Values, and Public Policy*. Chapel Hill: University of North Carolina Press, 1995.

13 Calvin C. Gotlieb, »Privacy: A Concept Whose Time has Come and Gone«. In: Lyon und Zureik, *Computers*, S. 156-71.

14 Der von den Republikanern für den Obersten Gerichtshof nominierte Robert Bork mußte dies zu seinem Leidwesen feststellen, als er sich vor einigen Jahren dem Verfahren der Bestätigung durch den Senat unterziehen mußte: Politische Gegner waren in den Besitz der Information gelangt, daß er sich früher pornographische Filme ausgeliehen hatte.

15 Kapitel 1.

16 Als einer der ersten wies Mark Poster auf die Existenz und einige der Auswirkungen dieser Schattenwelt hin: *The Mode of Information*, a. a. O.

17 John Schwartz und Robert O'Harrow, Jr., »Databases Start to Fuel Consumer Ire«. In: *Washington Post* vom 10. März 1998.

Kapitel 6

1 Andrew O'Hagan, *The Missing*. New York: New Press, 1997. Zitiert in: Neal Ascherson, »Lost«. In: *The New York Review of Books*, XLV:1 vom 15. Januar 1998, S. 31.

2 Clifford D. Shearing und Philip C. Stenning, »From the Panopticon to Disney World: The Development of Discipline«. In: Anthony N. Doob und Edward L. Greenspan (Hrsg.), *Perspectives in Criminal Law: Essays in Honour of John Ll. J. Edwards*. Toronto: Canada Law Books, 1984, S. 347.

3 Lisa Napoli, »A Sailor Says Navy Is Using AOL Profile to Oust Him«. In: *New York Times* vom 9. Januar 1998.

4 Lisa Napoli, »AOL Admits Error in Sailor's Case«. In: *New York Times* vom 21. Januar 1998.

5 Vor einigen Jahren zeigte der australische Film *The Coca-Cola Kid* einen typisch amerikanischen Verkaufsleiter, der mit dem Fallschirm über Australien absprang, um einen ortsansässigen Konkurrenten für nichtalkoholische Drinks aus dem Geschäft zu drängen. Er macht sich umgehend daran, die Musik der australischen Eingeborenen für eine Coke-Verkaufsstrategie einzusetzen, die das Produkt mit der Eingeborenenkultur gleichsetzt.

6 Ronald J. Diebert, *Parchment, Printing, and Hypermedia: Communications in World Order Transformation*. New York: Columbia University Press, 1997, S. 144 f.

7 Charles Taylor, »The Politics of Recognition«. In: Amy Gutmann (Hrsg.), *Multiculturalism and the Politics of Recognition*. Princeton: Princeton University Press, 1994, S. 25-74.

8 In den sechziger Jahren nutzte man die Idee in einer eher hierarchisch kontrollierten Umgebung. *Candid Camera* (etwa der Sendung »Versteckte Kamera« ver-

gleichbar) plante und inszenierte ausgeklügelte komische Situationen, in die ahnungslose Personen gelockt und dann von einem Fernsehpublikum verspottet wurden, das bei dieser Farce mitspielte. *America's Funniest Home Videos* ist hingegen von Beiträgen abhängig, die Amateurfilmer liefern, und bedient sich oft unfreiwillig komischer Szenen, die zu Hause und eher für den privaten als für den kommerziellen Gebrauch gefilmt wurden. In vielen Fällen könnten die Kurzfilme durchaus absichtlich inszeniert worden sein, doch der springende Punkt ist, daß im Gegensatz zu dem manipulativen und eher autoritären Ansatz der früheren Generation jetzt der Kunstgriff populistisch und demokratisch ist. Der Unterschied beruht einfach auf der weiten Verbreitung von Handkameras.

9 Tom Blanton (Hrsg.), *White House E-Mail: The Top Secret Computer Messages the Reagan/Bush White House Tried to Destroy.* New York: The New Press, 1995.

10 Jack Shafer,»The Web Made Me Do It«. In: *New York Times* vom 15. Februar 1998.

11 Jean Starobinski, *Jean-Jacques Rousseau: La transparence et l'obstacle.* Paris: Editions Gallimard, 1971.

12 Russell Baker,»Quiet, Quiet, Louie, There's a Bug in That Martini Olive«. In: *New York Times* vom 13. Februar 1998.

Kapitel 7

1 Abbe Mowshowitz,»Virtual feudalism«. In: Peter J. Denning und Robert M. Metcalfe (Hrsg.), *Beyond Calculation: The Next Fifty Years of Computing.* New York: Springer-Verlag, 1997, S. 213-31.

2 Ebd., S. 226.

3 Dieselbe Zukunftsvision, jedoch ohne das Etikett des »Feudalismus«, schildern James Dale Davidson und William Rees-Mogg genüßlich und voller Begeisterung in: *The Sovereign Individual: The Coming Economic Revolution, How to Survive and Prosper in It.* London: Macmillan, 1997. Mowshowitz betrachtet die Verelendung derjenigen, die bei der Informationellen Revolution auf der Strecke bleiben, in gewisser Weise amoralisch-unparteiisch; Davidson und Rees-Mogg begrüßen als Anhänger des britischen Thatcherismus diese Revolution, da sie die wohlverdiente Strafe für jene Armen darstelle, die in der Vergangenheit die Kühnheit besessen hätten, einen Wohlstandstransfer von den Reichen zu erwarten.

4 Mowshowitz, a.a.O., S. 227.

5 C.D. Shearing und S.C. Stenning, *Private Security and Private Justice: A Review of Policy Issues.* Montreal: Institute for Research on Public Policy, 1983.

6 »Zapatista Rebel Supporters Wage Virtual War«. In: *Wired News* vom 4. Februar 1998.

7 Manuel Castells, *The Information Age: Economy, Society and Culture*, Bd. 2: *The Power of Identity.* Oxford: Blackwell, 1997, S. 68-83.

8 Castells, a.a.O., S. 79.

9 »A Rebel Movement's Life on the Web«. In: *Wired News* vom 6. März 1998.

10 Tony Clarke und Maude Barlow, *MAI: The Multilateral Agreement on Investment and the Threat to Canadian Sovereignty.* Toronto: Stoddart, 1997.

11 Madelaine Drohan, »How the Net Killed the MAI: Grassroots Groups Used Their Own Globalization to Derail Deal«. In: *The Globe & Mail* (Toronto) vom 29. April 1998.

12 Ebd.

13 Edward Rothstein, »Finding Utopia on the Internet«. In: *New York Times* vom 27. Oktober 1997.

14 Elizabeth G. Olson, »Nations Struggle With How to Control Hate on the Web«. In: *New York Times* vom 24. November 1997.

15 James Harding, »China: Crackdown on Internet ›Subversion‹«. In: *Financial Times* vom 31. Dezember 1997.

16 Erik Eckholm, »China Cracks Down on Dissent in Cyberspace«. In: *New York Times* vom 31. Dezember 1997.

17 Diese Verschlüsselungstechnik namens Stego wurde von Romana Machado entwickelt, einer der vielen schillernden Persönlichkeiten im Cyberspace, die auch unter dem Namen Cypherella bekannt ist. Sie ist ein ehemaliges Model aus Kalifornien und legt ihre Erfahrungen im Verschlüsseln auf einer eigenen Webseite dar; ihre persönlichen Vorzüge stellt sie auf einer anderen, erotischen Website aus.

18 Manuel Castells, *The Information Age*, Bd. 3: *End of Millennium.* Oxford: Blackwell, 1998, S. 201 f.

19 C. B. Macpherson, *The Political Theory of Possessive Individualism: Hobbes to Locke.* Oxford: Clarenden Press 1962. Dt.: *Die politische Theorie des Besitzindividualismus.* Frankfurt: Suhrkamp, 1980.

20 Hobbes, *Leviathan* Teil 2, Kapitel 13. Hammondsworth, Middlesex: Penguin Books, 1968. Dt.: *Leviathan.* Frankfurt: Suhrkamp, 1994.

21 In der »Festung Europa« ist dies mit Sicherheit der Fall: Michael Spencer, *States of Injustice: A Guide to Human Rights and Civil Liberties in the European Union.* London: Pluto Press, 1995; Tony Bunyan (Hrsg.), *Statewatching the New Europe.* Nottingham: Russell Press, 1993; Steve Wright, *An Appraisal of Technologies*

for Political Control. Luxemburg: Europäisches Parlament, Generaldirektion für Forschung, 1998.

22 Stephen Gill, »The Global Panopticon? The Neoliberal State, Economic Life, and Democratic Surveillance«. In: *Alternatives 2* (1995), S. 1-49.

23 Siehe Kapitel 4.

24 Die Finanzkrise in Asien 1997/98 veranlaßte sogar einige neoliberale Wirtschaftswissenschaftler dazu, sich laut zu fragen, ob der IWF mit seiner traditionellen Rolle, Regierungen zur Übernahme neoliberaler Grundsätze zu zwingen, nicht besser durch eine Körperschaft ersetzt werden sollte, die darauf vorbereitet ist, Finanzmärkte und Institutionen zu regulieren, statt erst einzugreifen, wenn sie zusammengebrochen sind.

25 Castells, *Information Age,* Bd. 1: *The Rise of the Network Society.* Oxford: Blackwell, 1996, S. 471.

Erste Auflage 1999

© der deutschen Ausgabe: Verlag Antje Kunstmann GmbH,
München 1999

© der Originalausgabe: Reg Whitaker 1999

Die Originalausgabe erschien unter dem Titel *The End Of Privacy.
How Total Surveillance Is Becoming A Reality* bei New Press, New York

Umschlaggestaltung: Michel Keller, München

© der Titelabbildung: Bavaria Bilderdienst, Gauting

Satz: Frese, München

Druck & Bindung: Clausen & Bosse, Leck

ISBN 3-88897-217-5